雇用終了の法理

小宮文人

雇用終了の法理

学術選書
50
労働法

信山社

はしがき

　今日，わが国の雇用関係は，大きな変動期を迎えている。一昨年のアメリカにおけるサブプライムローン問題等により顕在化した国際的な金融不況によって，1990年代のバブル崩壊以降の長期的経済の低迷から持ち直し傾向にあったわが国の経済・雇用状況は著しく悪化した。こうした状況下で，戦後50年以上にわたって政権を維持してきた自民党から政権が民主党に移って以降，その雇用政策にも変化の兆しが見え始めている。バブル経済崩壊後，雇用に関する立法が相次いだが，今までのところ，解雇法制は比較的安定を維持してきた。しかし，裁判法上形成された現在の解雇法理には，依然として，経済学説を中心とする批判が加えられており，また，理論的にも解雇権濫用の立証責任，解雇の金銭解決など多くの未解決の問題がある。他方で，解雇法理の周辺を取り巻く諸問題，例えば，有期労働契約の満了，契約の自動終了，退職強要の問題など法的な解明と解決が急がれる部分がある。

　本書は，解雇にとどまらず，その他の労働契約終了原因を明らかにして，それらの個々の終了原因の相互関係を考えながら，雇用終了に関するわが国の判例を整理・分析し，労働契約終了法の全体像を論じようとするものである。そして，筆者が特に強い関心を有する解雇以外の周辺部分については，とりわけ詳細に論じる。

　筆者は，昭和56年に大学に職を得てから，一貫して，日英米の解雇法をはじめとする雇用終了に関する法を研究対象としてきた。しかし，未だ日本の雇用終了法全般を論ずるに至らず，今までパッチワーク的に行ってきた研究を体系的にまとめたいと思ってきた。幸運にも，昨年3月末から半年間に亘り，ケンブリッジ大学で自由に研修する機会を得ることができ，本書の執筆を考えた。本書は，上記の積年の思いを実現できる程度のものとは言いがたいが，今までに考えてきたことをひとまずまとめて公表できたことを嬉しく思う次第である。

　私は，大学院生時代から，昨年他界された北海道大学での指導教官・恩師保

i

はしがき

原喜志夫教授の他，同じく恩師下井隆史元北大教授及び道幸哲也現北大教授の厳しくも暖かい指導を受けて，まがりなりにも労働法研究者になることができた。その後，幸運にも，欧米の幾つかの大学において，故 David Feller 教授（カリフォルニア大学），Theodore St. Antoine 教授（ミシガン大学），故 Keith Thurley 教授，故森嶋道夫教授，Bob Simpson 教授（以上，ロンドン大学），Roger Blanpain 教授（ルーヴァン・カトリック大学），故 Paul O'Higgins 教授（ケンブリッジ大学）等の卓越した教育・研究者のご指導を受ける機会に恵まれた。本書において，これらの先生方に改めて御礼を申し上げる機会を得たことは，私にとってこの上ない喜びである。また，本書の執筆のためにすばらしい生活・研究環境を与えてくださったチャーチルカレッジの皆様，とりわけ学寮長 Sir David Wallace 教授及びフェローに指名して下さった Mathew Kramer 教授に深く御礼申し上げる。

最後に，このたびも，本書の出版に際して，温かいご支援を下さった信山社出版の渡辺左近氏及び柴田尚到氏には深く感謝するものである。

本書は，私の日本労働法に関するはじめての単著であるから，誰よりも，私をこの労働法の世界に導いて下さった恩師保原喜志夫先生に，ご冥福を祈りつつ捧げるものである。

なお，本書の内容は，書き下しの部分もあるが，その約半分程度は約15年間に亘って単行論文として大学の紀要や学術雑誌に掲載したものに修正を加えてリメイクしたものである。このため，全体からみて，若干不調和または基調に適合しない部分があることをお断りしたい。なお，本書のリメイクの基礎となった論文は次のとおりである（発表順）。

「切られてたまるか：雇用終了の法理を考える（第一回），（第三回），（第六回）」法学セミナー 488 号 100 頁以下（1995 年），同 490 号 99 頁以下（1995 年），同 493 号 94 頁以下（1996 年）。

「解雇・雇止め・退職強要の法律問題」ジュリスト 1149 号 48 頁以下（1999 年）。

「雇用終了における労働者保護の再検討」日本労働法学会誌 99 号 32 頁以下（2002 年）。

「解雇の法的規制と救済」西村健一郎ほか編『新時代の労働契約法理論』（信山社，

はしがき

 2003 年) 363 頁以下。

「有期労働契約法 (上) (下)」労旬 155 号 6 頁以下 (2003 年), 労旬 1556 号 14 頁以下 (2003 年)。

「『準解雇』再論」労旬 1576 号 4 頁以下 (2004 年)。

「退職と擬制解雇」労働法の争点〔第 3 版〕(2004 年) 167 頁。

「内部告発の法的諸問題」日本労働法学会誌 105 号 70 頁以下 (2005 年)。

「労働契約の終了」北大労働判例研究会編『労働契約法制の課題』(明石書店, 2006 年) 209 頁以下。

「有期労働契約の拘束・保障機能と自動終了機能の相克」季労 223 号 123 頁以下 (2008 年)。

平成 22 年 1 月

小 宮 文 人

〔付記〕 本書は, 私が代表者を勤める平成 20 - 22 年度科学研究費補助金 (基盤研究 C)「企業再編を考慮した雇用終了に関する使用者の雇用・賠償責任の比較法的研究」の成果の一部である。

目　次

　はしがき

序章　解雇規制法理から雇用終了法理へ………………………………1
　第1節　はじめに……………………………………………………1
　第2節　解雇権濫用法理をめぐる動き……………………………3
　第3節　解雇自由の原則……………………………………………6
　第4節　わが国の解雇規制の法的根拠と雇用終了法理の確立の必要性……8
　　　1　解雇規制の法的根拠（8）
　　　2　経済学説の解雇規制に対する見解（11）
　　　　(1)　解雇規制反対論（12）
　　　　(2)　解雇規制賛成論（13）
　　　3　賛否論からみる雇用終了法理の問題点（16）
　　　　(1)　経済効率論の意義（16）
　　　　(2)　アメリカの実証研究（17）
　　　　(3)　実証研究の意義（18）
　　　　(4)　雇用終了法理のあり方（20）

第1章　解雇権の一般的規制法理としての解雇権濫用法理………27
　第1節　はじめに……………………………………………………27
　第2節　解雇権濫用法理の特徴……………………………………28
　第3節　解雇権濫用の立証責任……………………………………29
　　　1　最高裁判例の解釈（29）
　　　2　新たな学説の動向（31）
　　　3　就業規則の解雇事由規定（34）
　第4節　解雇理由の告知……………………………………………36

         1　最判山口観光事件以前 (36)
         2　懲戒解雇の場合 (38)
         3　普通解雇の場合 (40)
         4　労基法の規定 (40)
         5　若干の考察と結論 (41)
　第5節　整 理 解 雇……………………………………………42
         1　はじめに (42)
         2　「整理解雇」の定義 (44)
         3　整理解雇の濫用性判断 (46)
         　(1)　判例上の整理解雇の濫用性判断枠組みと立証責任 (46)
         　(2)　「要件」・「要素」の実際的な違い (48)
         4　要件・要素ごとの検討 (52)
         　(1)　人員削減の必要性 (52)
         　(2)　整理解雇回避の努力 (54)
         　(3)　人選の合理性 (56)
         　(4)　組合，労働者との協議・説明 (58)
         5　企業解散解雇 (60)
         　(1)　真実解散 (60)
         　(2)　真実解散と法人格否認 (63)
         　(3)　真実解散と事業譲渡 (65)
         　(4)　偽装解散と法人格否認の法理 (68)
         　(5)　立法措置の必要性 (71)
　第6節　職務能力・適格性欠如解雇……………………………72
         1　はじめに (72)
         2　職務能力・適格性欠如解雇の要件・要素 (73)
         　(1)　セガ事件の事実の概要と判旨 (74)
         　(2)　セガ事件決定の意義と判例分析 (77)
　第7節　濫用的解雇の救済方法…………………………………86
         1　解雇無効・地位確認判決 (86)
         2　未払賃金の支払命令 (89)

目　次

　　　3　就労請求（90）
　　　4　中間収入の控除（93）
　　　　（1）民法536条2項に基づく処理（94）
　　　　（2）労基法26条との関係（96）
　　　5　金銭賠償・補償金（97）
　　　　（1）判例の概観（97）
　　　　（2）損害賠償による救済の必要性（98）
　　　　（3）損害賠償の法的根拠（103）
　　　　（4）損害賠償の内容（104）
　　　　（5）金銭解決の立法化問題（112）
　　　　（6）参考──諸外国の解雇補償金（117）

第2章　労働契約の自動終了 ……………………………………… 125
　第1節　有期労働契約の終了規制 …………………………………… 125
　　　1　はじめに（125）
　　　2　自動終了機能──雇止めの問題（129）
　　　　（1）有期労働契約の自動終了機能（129）
　　　　（2）有期労働契約の雇止めに関する判例の分類（133）
　　　　（3）東芝柳町最判の趣旨と問題点（138）
　　　　（4）日立メディコ最判の趣旨と問題点（141）
　　　　（5）雇止めの相当事由と濫用性の具体的判断（148）
　　　　（6）判例法理の適用実態の評価（153）
　　　　（7）立法的提案（155）
　　　　（8）参考──諸外国の更新規制制度の概要（158）
　　　3　雇用保護機能・人身拘束機能──期間中の解雇と辞職（162）
　　　　（1）有期労働契約に関する法律規定（162）
　　　　（2）拘束機能と期間中の辞職（163）
　　　　（3）雇用保障機能と期間中の解雇（165）
　第2節　自動退職取扱規制 …………………………………………… 169
　　　1　はじめに（169）
　　　2　定年制度（169）

3　傷病休職期間の満了（175）
　　　　（1）傷病と解雇（175）
　　　　（2）休職制度の意味（177）
　　　　（3）猶予期間の限界（178）
　　　　（4）休職事由消滅と復職（180）
　　　　（5）休職事由消滅の立証責任（180）
　　　　（6）使用者の解雇又は退職取扱い回避の努力（182）
　　　　（7）健康診断（185）
　　　　（8）休職期間満了時の雇用終了の通知（186）

第3章　退職強要の規制法理 …………………………………………… 188
　第1節　はじめに ……………………………………………………… 188
　第2節　解雇，合意解約，辞職の区別 ……………………………… 188
　　　1　合意解約の申込み・承諾と辞職（188）
　　　2　解雇と合意解約（192）
　第3節　解雇の承認 …………………………………………………… 193
　第4節　意思表示の瑕疵 ……………………………………………… 195
　第5節　退職強要 ……………………………………………………… 198
　　　1　退職強要に対する慰謝料請求（198）
　　　2　退職追込み（200）
　　　　（1）学説・判例の動向（201）
　　　　（2）若干の検討（204）
　第6節　退職追込みと英米のみなし解雇 …………………………… 207
　　　1　はじめに（207）
　　　2　退職追込み行為に対する規制の必要性（207）
　　　3　アメリカとイギリスのみなし解雇（209）
　　　　（1）アメリカの場合（209）
　　　　（2）イギリスの場合（216）
　　　4　わが国における退職追込み行為規制（218）
　　　　（1）英米法を参考にして（218）

目次

　　　　(2)　擬制解雇及び準解雇の法理 (220)
　　　　(3)　職場環境整備義務 (224)
　　　　(4)　退職追込みの立法的解決 (225)

第4章　懲戒解雇の法規制 …………………………………………… 228
　第1節　懲戒解雇の意義 ……………………………………………… 228
　第2節　懲戒処分の法的根拠 ………………………………………… 229
　第3節　懲戒解雇の適法性と退職金不支給・減額 ………………… 231
　　　1　懲戒解雇の適法性 (231)
　　　2　退職金不支給・減額 (232)
　第4節　懲戒解雇事由と普通解雇事由 ……………………………… 235
　　　1　懲戒解雇事由と普通解雇事由の限定 (235)
　　　2　懲戒解雇事由の存在を理由とする普通解雇 (236)
　　　3　懲戒解雇の普通解雇への転換 (238)
　第5節　即時解雇との関係 …………………………………………… 239
　第6節　懲戒解雇手続 ………………………………………………… 240
　　　1　労働協約の人事(解雇)協議・同意条項違反 (240)
　　　2　労働協約の懲戒委員会の議を経ない懲戒解雇 (241)
　　　3　就業規則の懲戒解雇手続違反 (242)
　　　4　懲戒解雇手続規定のない場合 (243)
　　　5　若干の考察 (244)
　第7節　内部告発の問題 ……………………………………………… 246
　　　1　はじめに (246)
　　　2　規範的根拠と一般法理 (248)
　　　3　内部告発の具体的判断基準 (251)
　　　　(1)　告発対象事実と公益 (252)
　　　　(2)　公益目的 (253)
　　　　(3)　真実性または真実と信じることの相当性 (254)
　　　　(4)　内部通報の必要性 (255)
　　　　(5)　告発先 (257)

　　　　　(6)　匿名の告発（259）

　　　　　(7)　機密資料の取得・開示（259）

　　　　　(8)　立証責任（262）

　　　4　公益通報者保護法の功罪（262）

　　　5　若干の付言（265）

結語　雇用終了法理の展望 ………………………………………… 266

　事項索引（巻末）

　判例索引（巻末）

序章　解雇規制法理から雇用終了法理へ

第1節　はじめに

　労働契約の終了の法規制は，労働契約法制の要の1つであるということができる。そして，その意義は2つの観点から認められる。

　第一に，労働契約の存続の有無にかかわるものであり，雇用からの収入によって生活し，また，雇用を通じて自己の社会的価値を体現している労働者の利益の視点からは，労働契約の終了は，生活の糧のみならず自己の尊厳をも失いかねないことを意味する。したがって，使用者のイニシアチブの下で労働者が合理的な理由なく雇用から離脱せざるを得ない状況に置かれることは，憲法の生存権ないし労働権あるいは個人の尊厳ないし幸福追求権に照らして法的規制の対象とされるべきである。

　第二に，労働契約が使用者の主導で恣意的に終了させられるなら，労働者の労働条件が低下することは必至である。労働者が使用者に雇用されるとき（労働契約締結時），理論上は労働者と使用者は労働基準法等の強行法規または公序良俗に反しない限り，自由にその賃金その他の労働条件を決定できることになっているが（契約自由の原則），実際には，雇入れ交渉が行われることはなく，ほとんどの場合，使用者が労働条件を一方的に決定している。確かに，ひとたび労働契約が締結されると，労働条件は，労働者の合意なく一方的に変更することはできないが，雇用終了規制が存在しない場合は，労働者は，事実上，労働条件の低下に合意せざるを得ないのであろう。

　ところで，労働契約の終了原因には，当事者の消滅（労働者・使用者の死亡，使用者たる法人の清算終了），就業規則等にあらかじめ定められた終了事由の発生（例えば，定年年齢の到達，休職期間の満了等），当事者の合意（合意解約），一方当事者の解約告知（使用者の解雇及び労働者の辞職）があり，労使があらかじ

め労働契約に期間を設定する有期労働契約の場合には，その期間満了も契約の終了原因となる。このうち，法律・判例が主に規制の対象としてきたのは使用者が一方的に労働契約を終了させるものとしての解雇である。これは，その性質上，使用者の恣意による労働者の権利や利益の侵害の恐れが大きいからである。しかし，有期労働契約の期間満了による終了や定年退職制または休職期間の満了といった労使の事前の合意を基礎とする労働契約の終了や合意解約による終了，さらには，労働者の辞職や事業譲渡さえも，解雇規制を潜脱する可能性がある。より具体的には，有期契約を締結し，それを反復更新して，労働者が不要になったら，契約更新を拒絶する（雇止めの問題），労働者に不快な労働条件を押し付けまたはその自尊心を破壊するような策動をして，労働者の退職を引き出す（退職追込み）ことが可能である。そしてさらに，営業譲渡や会社分割による企業再編，子会社の解散という手段を用いて，整理解雇法理の実質的な規制を受けずに労働者を解雇することも不可能ではない。それ故法律・判例も限定された範囲においてではあるが，これらに関しても法規制を行ってこざるを得なかったのである。

他方，今日の経済のグローバル化と通信情報技術革新による世界競争の激化の下においては，厳しい解雇規制は，使用者に経済的な負担を課し，雇用量の減少を招き，国際競争力を減少させ，あるいは，非典型労働者の割合の増加及び正規労働者・非正規労働者間の賃金格差の拡大につながるとの見解がとりわけ経済学者などから強く唱えられている。こうした経済学説は，諸外国においてはかなり古くから主張されてきたのであるが，とりわけわが国においては，バブル経済崩壊後の経済の長期的低迷またはグローバル経済下における国際経済競争力の低下という状況の下で，解雇権濫用法理が極めて厳しい解雇規制を行っていることが問題であるとの前提に立ち，その勢力を増してきた傾向がある。こうした見解の中には，特に，企業が費用削減のため正規従業員から非正規労働者に雇用の比重を移して格差社会を広げる重要な要因となっている等という十分に考慮に値する見解もみられるようになっている。

ところで，今まで，雇用終了に関する個々の法理を論じる著書は多いが，雇用終了全体を関連付ける雇用終了法理なるものを論じたと評価できる著書は，小西國友教授の名著『解雇と労働契約の終了』を除き，あまり知られていない

といってよいと思われる。ある意味では、雇用の終了は、正面から正々堂々と行われることは少なくなり、これを上手に回避するたくさんの途があるというのが現状ではなかろうか。筆者は、EU労働法の大家であるブランパン教授から、解雇法はすでに重要な研究対象ではないとまで言われたことがあるが、上記の意味では、必ずしも、放言と言えないのではないだろうか。本書は、こうした現状を踏まえた上で、わが国の雇用終了法理を構成する個々の法理を検討するとともに、相互の関係を探り、雇用終了法なるものの全体像を捉えようとするものである。実際、わが国の裁判所は、解雇権濫用法理の潜脱を防止すべく、わが国独自の雇用終了法理を形成すべく、解釈の枠をはみ出るほどの努力をしてきたとみることができる。また、この方向性の延長線上に、現在問題となっている格差社会の拡大を阻止する手段さえ見えてくるのではないかと思われる。

　しかし、本書は、上記の企てのすべてを達成しようとするものではなく、そのほんの序説にすぎないことを自認せざるを得ない。以上のことを前提として、まず、わが国の解雇権濫用法理が形成・確立されてきた経緯と解雇自由の原則との関係からみていくこととする。

第2節　解雇権濫用法理をめぐる動き

　解雇は、労働者が雇用契約を一方的に終了させる行為としての辞職と対照的な行為と捉えることができる。しかし、労働者は、雇用を通じて生活し自己実現せざるを得ない存在であるがゆえに、第二次大戦後に至って西ドイツをはじめとする西欧先進国など多くの国々は、解雇に対しては特別の法的規制を加えるようになった。特に、ILOが1963年に「使用者の発意による雇用の終了」に関する第119号勧告を採択した後、この潮流は顕著となり、1970年代前半にはフランス、イギリス、イタリアなどがほぼそろって解雇を一般的に規制する法律を制定した。のみならず、随意解雇を原則としてきたアメリカ合衆国においてさえ、1970年代に入ると多くの州の裁判所が一定の範囲で不法行為または債務不履行を請求原因とする違法解雇の損害賠償請求を認容するようになってきたのである。そして、ILOは、1982年に、使用者の経済、技術、構

序章　解雇規制法理から雇用終了法理へ

造等の理由による解雇を含めた「使用者の発意による雇用の終了」に関する条約（第166号条約）を採択すると同時に，1963年勧告を廃止して新たな勧告（第158号勧告）を採択した。さらに，欧州共同体では，1975年以降，整理解雇および事業譲渡に伴う解雇を規制する指令または修正指令が採択されてきている。

わが国についていえば，個別法が特定の理由による解雇を禁止し，労働基準法上解雇予告の定めをおいていたほかは，解雇の理由を一般的に規制する法律上の規定が存在しなかったのであるが，裁判上，戦後早くから解雇権濫用法理が萌芽し始め，1970年代後半には，解雇が「客観的に合理的な理由を欠き社会通念上相当として是認することができない場合には権利の濫用として無効」[1]になり，また「普通解雇事由がある場合においても……当該具体的な事情のもとにおいて解雇に処すことが著しく不合理であり，社会通念上相当として是認することができないときには，当該解雇の意思表示は，解雇権の濫用として無効になる」[2]とするという形で同法理の確立をみたのである。もちろん，一朝にしてこうした解雇規制が定式化したわけでないことはいうまでもない。終戦直後の解雇自由説から脱して，正当事由説との激しい対峙を経て，解雇権濫用説が大勢を占めたのは1950年代後半からであり[3]，1970年代後半に至って上記のように定式化されたのである[4]。また，整理解雇に関しては，1960年代には多くの判例が現れ，1970年代後半には4つの要件をもってその有効性を判断する整理解雇の法理が解雇権濫用法理の重要な一角として形成されたといえる[5]。

判例法理の形成過程において，正当事由説を支持する学説がその論拠として主張した法的根拠のほとんどは同説が放棄された後においても解雇権濫用説を支持する理由として，判例上，主張されてきた[6]。実際のところ，前記の如く

1　日本食塩製造事件・最二小判昭和50・4・25民集29巻4号456頁。
2　高知放送事件・最二小判昭和52・1・31労判268号17頁。
3　劉志鵬『日本労働法における解雇権濫用法理の形成』JILL Forum Special Series No.5（日本労働研究機構，1999年）。
4　前掲注（1）及び（2）の日本食塩製造事件及び高知放送事件の最高裁判決。
5　盛誠吾「企業リストラと労働判例の動向（上）」季労173号125頁（1995年）。
6　米津孝司「解雇権論」籾井常喜編『戦後労働法学説史』（1996年）657頁。

定式化された解雇権濫用法理は，実質的には，解雇には正当な事由が必要であるとする正当事由説と大差がないと考えられる傾向があった。しかし，1990年代初頭のバブル崩壊以降の金融不安やグローバル経済下に進行してきた規制緩和の動きに呼応して，2000年頃には，下級審判例の中には，解雇は原則として自由であるから解雇権濫用法理における解雇理由の証明責任は労働者が負うとする見解が現れるようになった[7]。そして，こうした判例の出現と前後して，経済学者の中からも経済学的な見地から，解雇権濫用に関する判例法理のあり方に疑問を呈する多くの著書や論文が発表された[8]。その一方で，労働法学説の多くは憲法の人間の尊厳や労働者の人格的利益あるいは雇用契約の特殊性から解雇権濫用説の理論的な弱点を補強するようになったが，中にはこれに満足せず，解雇は雇用契約の類型的な解釈と信義則によって客観的に合理的な理由が存しない場合にはその権利の発生が否定されるとともに，その権利発生要件を充足しても，なおかつ信義則や権利濫用の一般条項により権利の行使が規制されると主張するものが出てきた[9]。

　こうした状況下において，国も解雇規制の制定法化に着手し，2003年に労働基準法を改正して，新たに18条の2を定めて「解雇は，客観的に合理的な理由を欠き，社会通念上相当であると認められない場合は，その権利を濫用したものとして，無効とする。」と規定した。この規定は，判例法上確立された解雇権濫用法理を明文化するものであり，立法に当たって，裁判実務を変更するものではない旨の衆参両院の付帯決議がなされている。さらに，その後，労働契約の基本的事項を定め，労働者の保護と個別労働紛争の防止を目的とする労働契約法が制定され，上記の労基法18条の2の規定はそのまま労働契約法16条に移植された。

---

[7] 東京魚商業協同組合事件・東京地判平成12・1・31労判793号78頁等。

[8] 最初の著書は，八代尚史『雇用改革の時代』（中央公論新社，1999年）であると思われる。

[9] 本久洋一「解雇制限の規範的根拠」日本労働法学会誌99号12頁（2002年）。

第3節　解雇自由の原則

　さて，わが国において「解雇」とは，使用者による一方的な雇用契約の解約を意味するものと解されてきた。これは，形式上，労働者の一方的な雇用契約の解約である辞職と対照的な行為である。そして，民法627条は，期間の定めのない雇用契約は労働者と使用者は「いつでも解約の申入れをすることができる」（改正前の「何時ニテモ解約ノ申込ヲ為スコトヲ得」）と定めていることから，通説は労使ともに理由なく解約することができると解釈してきた。すなわち，「何時ニテモ」というのは特別の理由を要しないという意味であるというのである[10]。しかし，最近，同条の立法過程の検討を踏まえて，この通説を否定する新しい見解が主張されている。それによれば，「何時ニテモ」とは，「文字通り解約の時期を問わない（whenever）の意であって，必ずしも理由の如何を問わない（with or without reasons）ことを意味しない」とする[11]。確かに，法典調査会議事速記録の穂積陳重の陳述からはそのように読むことも可能であろう[12]。しかし，期間の定めの有無に関係なく適用される民法628条の規定は，「やむを得ない事由（改正前の「己ムコトヲ得サル事由」）があれば即時解除できるとしているのであるから，むしろ使用者は予告をすれば如何なる理由でも解雇できると解するのが妥当であると思われる。そして，穂積陳重の陳述がなされた時期（1894年），すなわち，民法改正に参考にしたと思われる欧米先進国では当時すでにレッセ・フェール（自由放任）の経済思想が雇用契約にも投影されていたことから考えると，民法改正の当時は，期間の定めのない契約に関しては，労使ともに，原則として，特別の理由がなくとも予告をすれば，その意思どおり雇用契約を終了させることができるという趣旨であったと思われる。

　しかし，民法627条の規定から，直ちに解雇が辞職と全く同様に本来自由であるべき性格を有するものだということにはならない。解雇の自由と辞職の自由との間にはその実質的な根拠には大きな違いがあるからである。すなわち，

---

[10] 我妻栄『債権各論（民法講義）（中二）』（岩波書店，1962年）590頁。
[11] 青木宗也＝片岡曻編『労働基準法I』（青林書院，1994年）250頁（渡辺章執筆部分）。
[12] 民法調査会『民法議事速記録第34巻』（1994年）56-60頁参照。

第3節 解雇自由の原則

辞職の自由は，労働者の人身拘束からの自由という側面があるが，解雇の自由にはそうした側面は存しないか，または存するとしても労働者の辞職の場合とは質的に異なる。労働者の場合は，人身拘束の意味はまさに強制労働そのものであるが，使用者の場合にはその意に反して労働者を使用することになるにすぎない。のみならず，使用者が自然人でない法人などの場合には，そもそも，人身拘束ということが問題とならないというべきだからである。したがって，辞職の自由の保障と取扱の公平性（または相互性）を別とすれば，解雇の自由の主な実質的根拠は契約の自由にあると考えざるをえない。しかし，解雇の自由と辞職の自由とが労使に与える実質的影響は同質とはいえないから両者の公平取扱いはいわば形式的なものにすぎないし[13]，また契約の自由が存するからといって，使用者が一旦成立させた雇用という継続的な人的関係を一方的に切断することまで全く自由であるとはいえないであろう。言い換えれば，辞職の自由は強行法規的な側面を有するが，解雇の自由は強行法規的な側面を有しない。のみならず，解雇自由の原則とは，解雇の理由を一般的に規制する実定法が存しないという消極的事情を説明する相対的な法命題にすぎず，その行使が諸々の事情によって規制されることを否定する絶対的な法命題でないということができる[14]。したがって，民法627条制定当時でさえ，「使用者は労働者をどのような理由で解雇するかは本来自由である」とまではいえないものであったと解される。終戦後まもなく，それまで通説だった解雇自由説が判例学説上敗退した基盤はここにあったといえよう[15]。

---

[13] 下井隆史「労働契約法における基礎理論的問題をめぐって」日本労働法学会誌42号 31頁以下，48-49頁（1973年）。

[14] 野田進「解雇」『現代労働法講座10巻』（1962年）202頁以下，211頁。

[15] 因みに，以前は年間雇用の推定や合理的予告期間などにより制限されていた母国イギリスのコモン・ローを継受しながら，19世紀後半の経済活動の飛躍的拡大を契機に随意契約の法理を約因論と結びつけて判例上強固な原則として確立したアメリカ合衆国でさえも，今日，多くの州において，継続雇用の約束に特別な約因がない場合でさえ，使用者の労務管理上の方針や実践，労働者の長期の勤続，継続雇用を示唆する言動や職業慣行などによって継続雇用が事実上推定され，解雇には正当事由が必要になる場合があるとされているのである（小宮文人『英米解雇法制の研究』（信山社，1992年）85頁以下参照）。

序章　解雇規制法理から雇用終了法理へ

第4節　わが国の解雇規制の法的根拠と雇用終了法理の確立の必要性

1　解雇規制の法的根拠

それでは，どのような法的根拠によって解雇が規制されなければならないのであろうか。第一に，雇用契約が相互依存関係の大きい人的継続的契約である点に求められる。この点に関していえば，信頼関係に着目する判例や学説は古くから多く存在したことを確認しておかなければならない[16]。雇用契約は，単なる人的継続的契約にとどまらず，特に相互依存関係の大きい契約である。労働者の使用者への依存が極めて大きい。それは，現代の雇用が，本質的に，事業遂行のために労働者を企業へ組み入れるという性格を強くもっていることにある。このため，労働者は，通常，雇用契約の締結によって，生計維持と職業能力・キャリアの維持向上を当該企業に賭するのであり，雇用の継続中，その生計維持と職業能力の維持向上をはかりながら企業利益に貢献している[17]。そして雇用継続の前提があるからこそ，労働者は企業特有の職業的能力の向上に努力し，それに基づき将来の生活設計を行い，職場共同体との精神的絆を形成していくのであり，また，労働者は，このコミットメントのために雇用を辞さずまたは雇用から放逐されないように努力するのである。使用者が期間の定めのない契約を締結してその企業組織に労働者を組み入れるのは，労働者の継続雇用を前提とするコミットメントにより労働者の職業的能力及びその可能性を独占して事業を行うためである。すなわち，必要な労働者を外部市場から調達するより，その人事権や業務命令権を行使して継続雇用する労働者を事業の必要に応じて利用する方が使用者の利益にかなうからである[18]。

---

[16] 劉・前掲注（3）の著書18-26頁は，昭和30年から昭和35年までの合計67件の解雇権濫用判決のうち，信義則に違反する解雇を濫用とする判例が14件あり，濫用の標識を示さない判例を除き，最も支配的なものとなったとする。

[17] 野川忍「解雇の自由とその制限」日本労働法学会編『講座21世紀の労働法』（有斐閣，2000年）154頁以下，173頁。

[18] 本久・前掲注（9）の論文21頁。

しかし，この事業遂行のための企業への組み入れという性格は，雇用契約の性格自体から多くを説明できるが，その程度は各国の雇用実態によって異なると思われる。わが国では，大企業を中心として，労働者は，長期雇用を暗黙の前提として，職種・仕事の内容・場所などを限定もしないで雇い入れられ，使用者が昇進，配転，出向などの広範な人事権を有し，これに見合った賃金，昇給制度（職務，市場，フローをベースにしたものではなく，人，組織，ストックをベースとした[19]，いわば企業のメンバーシップに基づいた賃金，昇給制度[20]）を採用し，労働条件の変更も就業規則の変更という形で広く行うことが認められるなら，労働者のコミットメントはきわめて高いものとならざるを得ない。企業への組み入れという性格をより一層強くもっているということができる。また，使用者の解雇の必要性もより一層低下するはずである。それゆえ，使用者には，労働者の雇用継続に配慮するより強い信義則上の義務があることになる[21]。

　第二に，解雇が通常失業に直結する性格を有するということである。すなわち，労働者は労働を通して生活の糧を得る者であるが，労働者が用いる労働の能力・技術は必ずしも柔軟性を有するものではないから，一度，それに適合した職場を失うと類似の職場を探す必要が生じるが，これは必ずしも容易ではな

19　須田敏子『日本型賃金制度の行方―日英の比較で探る職務・人・市場』（慶應義塾大学出版会，2004年）32頁以下。

20　濱口桂一郎『新しい労働社会―雇用システムの再構築へ』（岩波書店，2009年）11頁以下。

21　判例が解雇権の濫用性判断において「長期雇用」ないし「終身雇用」に言及するのもこれと深い関係がある。昭和26年から昭和30年まで東京地裁に在任した千種判事は，その著書で解雇権濫用法理の形成と長期雇用との関連を指摘しているし，昭和29年から34年在任の西川判事も座談会で長期雇用と解雇権濫用の関係について発言している。この点の詳細は，劉・前掲注（3）の著書23-26頁参照。その後，昭和45年以降，採用拒否，就業規則，配転等の事件で「終身雇用」（なお，この用語は J. G. Abegglen, Japanese Factory (Free Press, 1958) で用いられた a life commitment の訳語であるといわれる）を重要な考慮要素にするようになり（例えば，秋北バス事件・最大判昭和43・12・25民集22巻13号3459頁），50年代以降にはとりわけ人員整理の事件において「終身雇用」を使用者が雇用維持を図る信義則上の必要性と結びつけるようになってきたものと思われる（初期の判例として，天馬製紙事件・静岡地富士支判昭和50・8・19労経速893号7頁）。整理解雇につき，終身雇用と信義則の関係を強調する代表的な判例として，千代田化工建設（本訴）事件・東京高判平成5・3・31労判629号19頁。

く，一定期間，失業状態に置かれることは避けられない。そして，企業組み入れの程度が高く，労働市場の開放の程度が低いわが国においては，この期間はより一層長くなるはずである。また，職務上の能力の維持向上という観点からみて多大の損害を被ることは明らかである。さらに，解雇のされ方や理由によっては，それがしばしば労働者の能力・適格性に対する烙印となり，市場価値の低下に繋がることが多い。さらに，わが国のように産業に横断的賃金水準または職種ごとの賃金が形成されていないところにおいては，解雇は，一般に，再就職後の賃金のより大幅な低下を招く。換言すれば，解雇規制について戦後いち早く主張されてきた憲法の規定する生存権（25条1項）及び労働権（27条1項）保障の私人間における配慮が必須であるということである[22]。

　第三に，人格権の保護の必要である。解雇が労働者に与える負の影響は，物質的または経済的な側面だけではない。それが労働者の幸福追求権や個人の尊厳（憲法13条，民法2条）を侵害する側面があることを見逃すわけにはいかない。比較的最近，労働者の人間としての尊厳を解雇規制の法的根拠として全面的に展開する学説があらわれた[23]。人は社会的な存在であって，社会に自分なりに貢献していることを自覚することによって人格を発展させている[24]。したがって，雇用の喪失は，この人格的発展を阻害する。また，雇用喪失の恐れは，使用者に対する人格的従属を強め[25]，労働者の人間としての尊厳を侵害する危険を有する。

　第四に，不当な解雇が規制されないことになれば，使用者は不当な解雇の圧力をもって労働条件を一方的に不利益に変更することができることになるし，

22　本久・前掲注（9）の論文17頁。

23　村中孝史「日本的雇用慣行の変容と解雇制限法理」民商119巻4・5号582頁以下，107-610頁（1999年），土田道夫「解雇権濫用法理の法的正当性」日本労働研究雑誌491号4頁以下，12頁（2001年），本久・前掲注（9）の論文16頁。人格的尊厳を解雇規制の規範的根拠の中核にする見解は，外国の文献に多く見られる。例えば，H. Collins, Justice in Dismissal (Oxford, 1992), p.15-21; D. Cuypers & e. Verhulp, 'Flexicurity and Employment Protection, a Happy Marriage?' in F. Pennings et al (eds), Social Responsibility in Labour Relations (Wolters Kluwer Law International, 2008), pp. 5-6.

24　下井・前掲注（13）の論文50頁。

25　本多淳亮「解雇自由の法理」民商35巻5号28頁以下，31頁（1957年）。

また労働条件の不利益変更に応じない労働者を解雇することができることになるから，結局，雇用契約の内容決定における労使の対等性を保障できなくなってしまうということである。したがって，解雇規制は，労基法3条1項及び同法2条1項の労働条件決定における労使対等を実質化するために不可欠ともいえる。

　以上を要約すれば，わが国においては，解雇は，雇用契約に本質的な継続した相互依存関係的性格と労働者の企業への組み込みないし囲い込みというべきわが国の雇用の実態，それらを前提とした労働者の継続期待の保護が新憲法の導入した生存権，労働権，幸福追求権及び個人の尊厳の理念と直結しているということができる。戦後，前記のような下級審裁判例の積み重ねで形成され，最高裁によって確立された解雇権濫用法理も，こうした規範的な根拠を前提として労働者の保護を図ろうとしてきたものと推察されるが，それが判例法理として形成されたものであるだけに，その法理の明確性及び透明性に問題を残してきた。このため，下級審の判例の中には，公然と，民法627条の存在を強調し，解雇は本来自由である旨を闡明するものが出てきた。実際，従来から，解雇権濫用法理において，果たして主張・立証責任を誰が負うのかという点について，判例・学説上必ずしも十分な理論的コンセンサスが形成されてこなかったのである。これをどうすべきかについては，第1章第3節「解雇権濫用の立証責任」で詳しく考察することとし，以下では，1990年代後半から特に注目されるようになった経済学からみた解雇規制の意義と雇用終了規制のあり方について考察する。

2　経済学説の解雇規制に対する見解

　ところで，わが国の解雇権濫用法理については，前述したように，1990年代のバブル経済崩壊以降，経済学説，特に新古典派経済学説から，わが国の経済効率を引き下げ，国民経済に負の影響を及ぼし，国際経済競争を低下させ，その結果は雇用量の低下や労働条件の低下につながるとの主張が強くなされるようになった。しかし，こうした経済学的視点からの批判は，実は，国際的には，それよりかなり以前から，アメリカの経済学者，特にシカゴ学派を中心として，主張されてきたものであり，わが国での主張は，ほぼこれと類似のもの

序章　解雇規制法理から雇用終了法理へ

が多いということができる[26]。そして，その見解に対しては，解雇規制がかえって経済的効率をもたらすという見解も展開されてきたのである。まず，これらの外国及びわが国における議論をみてみよう。

(1)　解雇規制反対論

アメリカ合衆国では，従来から随意雇用（解雇自由）の原則が支配していたが，1950年代以降に次第にその例外を認める判例が発展してきた。このような動きを強烈に批判したのが，Epstein教授である[27]。その基本的な考え方は，第一に，随意雇用の原則の下では，使用者も労働者も解雇または辞職の脅威により，双方の雇用関係中の行動を監視する経費を節約することができるとする。これを労働者の怠惰に関していえば，労働者が仕事の業績が悪いと解雇されるという恐れがあるから，一生懸命働くのであり，雇用保障が与えられていれば，労働者は怠惰になるということになる[28]。第二に，使用者が不当にある労働者を解雇すると，他の労働者たちの信頼を失い，労働者たちが離職し，または従来どおり働かなくなる。社会的にも使用者の信用が低下し，良い労働者を雇えなくなる。したがって，従業員や社会の評価の故に使用者は理由なく解雇しなくなるから，法的な規制は不要であると主張する。第三に，随意雇用の原則は，将来にわたる不完全な情報の問題に対する賢明な対応である。なぜなら，両当事者が雇用関係の成り行きを見る姿勢を許容し，情報が強化された時点でより正確な選択が可能とされるからである。

そして，その第四は，解雇が規制されると，訴訟等が提起され，使用者に多

---

[26]　この点については，筆者は1996年のUniversity of London, LSE提出の博士論文 'A Comparative Study of the Law of Dismissal in Japan, Great Britain and the United States from the Perspective of Employment Protection', p. 443で，明らかな事実によって裏付けられているとは言えないと論じたことがある。なお，小宮文人「論文紹介："Stewart J. Schwab, Life-Cycle Justice: Accommodating Just Cause and Employment at Will"」アメリカ法1995年1号（1995年）も参照。

[27]　R. A. Epstein, 'In Defense of the Contract at Will', 51 University of Chicago Law Review (1984), p. 947.

[28]　荒木尚志＝大内伸哉＝大竹文雄＝神林龍編『雇用社会の法と経済』（有斐閣，2008年）18頁（大竹文雄執筆部分）。

大な管理コストが生じることになる。この点を敷衍して、Harrison 教授は、自由に解雇できる労働者を好む使用者の主観的な嗜好と解雇規制の硬直性や訴訟経費に関わる計量可能な経費とからなる費用が生じるが、この費用は、結局、賃金減額という形で労働者に転嫁されることになる。さらに、解雇が困難と考えると新たな採用を控えるため、雇用量が減少するという形で、労働者の失業を長引かせる可能性が高くなると主張する[29]。その第五として、Epstein は、随意雇用の原則は、決して、交渉力の非対称性に関わらないとする。なぜなら、使用者が解雇権を行使するときは、必ず、暗黙の対価を払わなければならないからである。すなわち、企業特殊的知識を獲得した労働者を解雇した場合、当該労働者はその知識の一部しか新たな雇用において活用できないが、使用者も当該労働者よりましな労働者になるか否か知れない労働者を募集し、採用し、訓練する費用を負うから、その費用負担はほぼ均衡するということである。

　解雇に正当事由を必要とするという政策を採用すれば逆選択の問題を解決して経済効率を高める可能性があるとの見解を主張する Levine 教授は、Epstein 等の主張する随意雇用原則擁護論を、次のように、要約している。「これらの主張の基調をなすものは、正当事由による保護が企業にコストを掛ける以上に労働者により多くの価値をもたらすものであるならば、それは既に採用されているはずであるという部分均衡論である。正当事由が外部から押し付けられるなら、より強い雇用保障を賄うために賃金が下げられ、雇用の保障より賃金の低下が雇用の保障を超える不利益を限界労働者に与えることになる。したがって、正当事由政策の強制は、労働者に価値がある以上に企業・労働者間の利益を引き下げるだけである。」[30]

(2) 解雇規制賛成論

これに対し、賛成論に立つ論者は、次のように解雇規制のメリットを主張す

---

[29] H.L. Harrison,'The "new" terminable at will employment contract: an interest and cost incidence analysis' 69 Iowa Law Review（1984）, p. 327, at pp. 335 - 338; 八代尚宏『雇用改革の時代』（中央公論社，1999 年）55 - 56 頁，71 - 72 頁。

[30] D. I. Levine, 'Just-Cause Employment Policies in the Presence of Worker Adverse Selection', 9 Journal of Labor Economics（1991）, p. 294, at p. 295.

序章　解雇規制法理から雇用終了法理へ

る。その第一は，Epstein は解雇の脅威を強調するが，労働者の怠けや職務不良等のモラルハザードに対しては，使用者は解雇という手段を採らなくても労働者が怠けないようにするための多くの手法を有している。解雇以前に減給や停職といった懲戒処分を課すことも可能である[31]。例えば，使用者が繰延べ利益支払制度（注文を取ったときではなく，その品物が顧客に届いたときに販売員に支払われるボーナス制度とか，年齢とともに賃率が増加する賃金制度など）を採用することにより，労働者の怠惰を防止することが可能である。使用者がこうした制度を採用する場合，今度は，これが使用者の機会主義を引き起こすことになる。すなわち，使用者がそのボーナスや賃率が最高になる前に解雇する機会主義的インセンティブとなるからである。そこで，この機会主義を防止するためにも，解雇規制が必要となる[32]。のみならず，この機会主義の問題は，労働者が長期の OJT により蓄積される企業特殊的知識・技能を有する場合には，そうした知識・技能を他所で活用できなくなるというダメージを与えることになる[33]。

　第二に，Epstein は，企業に対する従業員の評価や社会的評価による不当解雇のチェックを強調しているが，実際にそれがどの程度いえるかについては疑問があるとされる。この点は，Epstein の説を支持する Rosen 教授も留保を示唆している[34]。そこには情報障害という取引費用があるからである。通常の求職者は特定の企業の労務関係を容易に知ることはできない。特に，求職者が将来の使用者となり得る会社の雇用慣行について尋ねることは困難だろう。のみならず，企業は，あたかも雇用保障をしているかのようなイメージを作り出すこともできるのである[35]。したがって，使用者の解雇についての情報を得るた

---

[31] Ibid, at pp. 6, 10 and 11; 小宮文人「現実的政策提言を欠いた新古典は原理主義キャンペーン」季刊労働者の権利 270 号 6 頁以下（2007 年）。

[32] Note, 'Employer Opportunism and the Need for a Just Cause Standard', 103 Harvard Law Review (1989), p. 510, at p. 524.

[33] 中馬宏之「『解雇権濫用法理』の経済分析―雇用契約理論の視点から」三輪芳朗＝神田秀樹＝柳川範之編『会社法の経済学』（東京大学出版会，1998 年）425 頁以下。

[34] S. Rosen, 'Commentary: In Defense of the Contract at Will', 51 University of Chicago Law Review (1984), p. 983.

[35] 内部告発の問題とも共通する。

めには多くの費用がかかり，社会的評価は十分なチェック機能をもたない。要するに，使用者の機会主義からの保護を市場に委ねておくわけにいかない。このことは，逆に，使用者の機会主義（不当解雇）を法的に規制することによって，労働者にかかる調査費用を削減して効率性を高めることができることを意味する[36]。

第三に，Esptein は，解雇と辞職にかかる費用が低いことが（アメリカ合衆国で）随意雇用が広く普及した理由を物語っており，随意雇用を説明するために経済的支配や交渉力の非対称性の理論に訴える必要はないとしているが，Lizer 教授は，労働者にも同等の利益があるようにいうのは不当であるとする。確かに使用者は取引費用を節約することができるが，通常の労働者は，辞職する権利を利用する移動力を有しないし，または，随意雇用の地位の見返りとして何らかの譲歩を引き出す売りもないとする[37]。これは，Epstein が前提としている使用者と労働者の対等性への疑問である。

第四に，雇入れ時に労働者に関する正確な情報を得られないことから生じる逆選択の問題は，試用期間を置くことによって解決できる。

第五に，より積極的な理由として，労働者は高い信頼関係のある職場環境でこそ仕事上最高の成果を上げることができるのであり，労働者が裁量をもって働ける信頼関係のある環境を作るためには解雇規制が必要であるということがあげられる[38]。Fox の考えを敷衍すれば，労使の信頼関係がない場合，労働者は自分たちが信頼されておらず，厳重に監督されていると考える。これに対し，労使の信頼関係が強い場合，労働者は仕事の士気が高まり，組織の目標にコミットして，進んで仕事をする。組織への忠誠は組織的な責任感を育み，契約上の職務を超えて需要に応じる。また，上司と目標が共有されるから，交渉を正当化することはできなくなり，不合意は共通の目的に照らして調整することができる，ということになる。上記のように，解雇規制が信頼関係のある安定

---

[36] Ibid. at p. 524.

[37] P. Linzer, 'The Decline of Assent: At-Will Employment as a Case Study of the Breakdown of Private Law Theory', 20 Georgia Law Review（1986），p. 323, at 415.

[38] A. Fox, Beyond Contract: Work, Power and Trust Relations（1974），chapter 1；荒木ほか・前掲注（28）の『雇用社会の法と経済』23頁。

した労使関係を構築することになるならば，労働者は，新技術の導入や企業内移動をより積極的に受け入れるインセンティブをもつことになるのみならず，使用者は技術訓練に投資し，労働者は生産性を増加させるインセンティブをもつことになる[39]。

第六に，不当解雇が規制され使用者が安易に解雇しないということは，失業者に支払われることになる雇用保険等の社会保障給付がその分節約されることを意味し，社会全体としての経費の節減になる[40]。

3 賛否論からみる雇用終了法理の問題点

(1) 経済効率論の意義

以上の議論状況からすると，経済効率という観点からみて，解雇規制がマイナスになるとの理論的な確証は得られないというしかない。実際，例えば，スカンジナビア諸国のように，解雇規制が厳しいところでも高い雇用率を誇っている例がある[41]。産業の違いや労働の内容の違い（チームワーク労働・変化の多い高度な技術を有する労働か，低技術・監督下の労働か）などによって，プラスになるかマイナスになるかが異なるだろうし[42]，解雇規制のレベル，企業内の賃金，労働時間，職務のフレキシビリティの程度や企業外労働者の調達の程度などによる違いも結果を左右する可能性が大きい[43]。とりわけ，わが国のように，労働者を低賃金で雇い入れ，OJTを施しながら，内部で配転，昇給，昇進させ，長期に雇用する雇用慣行が強いところでは，解雇規制賛成論の議論がより説得

---

[39] M. Emerson, 'Regulation or Deregulation of the Labour Market', 32 European Economic Review (1988), p. 775, at p. 778; S. Deakin and F. Wilkinson, 'Labour law and economic theory: A reappraisal' in H. Collins et al ed., Legal Regulation of the Employment Relation (Kluwer Int'l, 2000), p. 29, at pp.61-62；小宮文人「解雇制限法」日本労働研究雑誌446号24頁以下（1997年），前掲注（28）の『雇用社会の法と経済』16頁。

[40] A. Vandenberghe, The Economic Purposes of Dismissal Regulation: An Analysis of Dutch Dismissal Law, OSA-Seminar, Tilburg (2000), p. 4.

[41] EP Procedure file, Summaries of 11/07/2007-non-legislative resolution on 'Modernising labour Law to meet the challenges of the 21st century: Green Paper.

[42] Emerson, op. cit, p. 779.

[43] T. Bredgaard and E. Larsen, Comparing Flexcurity in Denmark and Japan, CARMA, 2007.

力を有するであろう。いずれにせよ，もはや純粋に理論的な議論によって解雇規制の是非を議論する意味は必ずしも大きくはないと考える。

(2) アメリカの実証研究

しかし，上記のような制約の下でも，単なる理論ではなく，実証的な研究の中には，やはり無視することはできない意義を有するものもある。特に，最近のアメリカ合衆国における，解雇規制の特定労働者層の雇用に及ぼす実証研究に注目したい。アメリカ合衆国においては，従来，随意雇用の原則が全面的に維持され，制定法に基づく各種の差別的理由による解雇を除き，全く理由がない解雇のみならず不当な理由による解雇も適法かつ有効であるとされていたのであるが[44]，1960年以降，多くの州において，例外的な形で解雇を規制する判例法理が発展してきた[45]。上記の，Epstein のような経済学者の見解は，これに呼応する形で展開されてきたものである。そして，アメリカ合衆国におけるそれらの解雇規制の程度が州によってさまざまであるため，解雇規制の雇用に対する効果の実証研究が比較的行いやすい環境にあるということができる。このため多くの経済学者による実証研究が重ねられてきた。

アメリカの例外的解雇規制法理（これを一般に不法解雇法理（Wrongful Discharge Law）と呼ぶ）として，各州に比較的広がっている主なものは，①刑罰を伴う制定法規等に反するような解雇を不法行為として補償的及び懲罰的損害賠償の対象とするもの（公序違反としての例外），②誠実・公正取引に反する仕方で解雇してはならないという法律上の黙示約款の違反を不法行為として補償的及び懲罰的損害賠償の対象とするもの（誠実・公正取引義務違反としての例外），及び③正当事由なくしては解雇しないという事実上の黙示契約の不履行として補償的の損害賠償の対象とするもの（黙示契約違反としての例外）の3つに大別することができる。そして，合衆国48州のうち，これらの例外法理を認めた州の数は，1999年までに，①が43州，②が11州，③が41州となっている。

---

[44] Payne v. Western & Atlantic Railroad, Supreme Court of Tennessee, 81 Supr. Ct. Tenn., 507 (1884).

[45] この点についての詳細は，小宮文人『英米労働法制の研究』（信山社，1992年）99頁以下参照。

比較的最近の実証研究の中には，不法行為の例外を認める州において，調査対象州の雇用が3%，黙示契約不履行の例外を認める州において，1%から2%の割合で雇用が減少したとする例もあるが[46]，その後の①から③の各例外を認める州と認めない州との同時期の雇用の変化を比較してより正確に検証しようとした Miles 教授の研究は，そうした雇用の減少は認められなかったとした。しかし，より最近になって，Miles と同様の州間比較を用いた上で，例外法理導入の前後5年間のサンプルを用いた Autor 教授等の実証研究の結果が公表された。Autor 教授等は，その論文において，③の例外（黙示契約違反法理）を認める州において，平均0.8%から1.6%の雇用減少効果があることを確認した。そして，その減少効果は，労働者全体に等しいものではなく，特に，女性，若年及び教育歴の低い労働者に大きいとする。しかし，賃金の減少効果は認められなかったとしている。なお，Autor 教授等は，この研究結果は調査対象期間に限られたものであり，もし，今後，労働者が③の法理によって与えられる利益を評価するなら，労働の総供給は増加して雇用減少効果を緩和するとともに賃金減少効果を高めるだろうとしている[47]。

(3) 実証研究の意義

この実証研究の意義は，例外的に解雇に正当事由を必要とする黙示契約を認める州の解雇規制に賃金減少効果は認められないが，雇用量に若干負の影響が見られ，その影響が女性，若年及び教育歴の低い労働者に強く現れるという点を指摘したことである。そして，この最後の点が特に重要であると思われる。これに関連し，比較的最近の別の実証研究が，解雇規制は，失業期間を引き延ばしたり，アウトソーシング労働者を増加させたりする効果があることを指摘している。例えば，Kugler 教授等は，青年に関する全国長期調査の分析により，次のような結果を公表した。再雇用の蓋然性の低下は，現在雇用されている者より現在失業中の者に多く現れるとしている。解雇規制による解雇費用が増加

---

[46] J. N. Dertouzos and L. A. Karoky, Labor-Market Responses to Employer Liability (Santa Monica, CA: Rand, 1992).

[47] D. H. Autor, J. J. Donohue III and S. J. Schwab, 'The Costs of Wrongful-Discharge Laws', 88 Review of Economics and Statistics (2006), p. 211.

する結果，使用者が採用に慎重になり，不良労働者の比率が高い失業者を避ける傾向があるからとする[48]。また，Autor教授は，別の論文で，解雇に正当事由を要求する黙示契約違反法理を認める州と認めない州とを比較すると，派遣労働者数を含めた「臨時的な」労務契約の増加割合が前者において後者より，約22％も高くなっていたとする[49]。派遣業者の雇用する派遣労働の雇用については，その性格が臨時的なので，継続的な契約上の権利が黙示的に認められる可能性が低い。企業は，労働者が特定的人的資本に投資することを促進するためには積極的な解雇コストをかけることが適切であると考える。裁判所による強制的な解雇コストの負荷は，その強制的コストが企業の適性コストを超える職務をアウトソーシングする原因となる。アウトソーシングの要件に見合う仕事は，企業特定的でない一般的な技能に依存する仕事であるため，特に高度でない職務を行う派遣労働者の増加を招くというのである[50]。

　これらの研究から知り得ることは，1つには解雇に正当事由を要求することによる雇用の減少効果は，必ずしも大きいとはいえそうもないということである。しかし，アメリカの黙示契約違反の例外に基づく解雇規制とわが国の解雇規制の程度の違い，及び経済のグローバル化を考慮すると，やはりわが国の解雇規制がそれなりの雇用減少効果を有するであろうことは否定できないと思われる。特に，比較優位を求めて，わが国の企業が東アジア，東南アジアの新興国，さらにはインドなどに安価な労働力と販売市場を求めて進出している状況のもとでは，人件費を抑えられないことは，わが国の企業の海外移転を加速することになる[51]。もっとも，多くの海外進出企業が製造した中間財を逆輸入して，研究開発等のサービス部門に資金投入してその雇用が拡大するといった面があることは否定できない[52]。また，安価な輸入製品の増加が付加価値の高い製品輸出の競争力を高めたり，国内需要を増加させることによる雇用の拡大も

48　A. D. Kugler and G. Saint-Paul, 'How Do Firing Costs After Worker Flows in a World with Adverse Selection?', 22 Journal of Labor Economics（2004），p. 553.

49　D. H. Autor, 'Outsourcing at Will: The Contribution of Unjust Dismissal Doctrine to the Growth of Employment Outsourcing', 21 Journal of Labor Economics（2003），p. 1.

50　Ibid, at p. 7 and pp. 14−15.

51　八代尚宏『日本的雇用慣行の経済学』（日本経済新聞社，1997年）148頁。

あり得る。しかし、これらがどの程度いえるかは明らかではない[53]。また、世界的に市場の不確実性が増大している状況のもとでは、企業が長期の企業競争力の強化ではなく、短期的な利益追求に走る傾向があることは否定できないところであろう。そのツケが非典型労働者等規制や交渉力の弱いところに回されることは、アメリカのみならず、わが国にも妥当する現象であるとみることができる。わが国においても、誰でも代替できる仕事を行う労働者は多く、現に、格差社会、特に正規労働者と非正規労働者の雇用保障及び処遇の格差が重大な社会問題になっている。したがって、いわゆる長期雇用労働ないし期間の定めのない労働者の保護を前提とした解雇権濫用法理が典型労働者と非典型労働者（特に有期労働者及び派遣労働者）の格差に与えているであろうと思われる効果を無視することはできないのである[54]。この点は、わが国の解雇規制批判的な経済学者が特に強調してきた点でもある[55]。

(4) 雇用終了法理のあり方

しかし、すでに検討したような解雇規制の経済的メリット、殊に労働者の能力・技能の長期的育成と労使の安定した協力関係の促進という企業競争力に欠かせないメリットに鑑みれば[56]、解雇規制緩和という方向は企業競争力の強化という観点からも極めて冒険的なものであるということができると思われる。Autor教授等も、上記論文において、それらの事実の発見は、不当解雇法の労働者及び社会に与える利益の否定的な評価をなすものではないとしているところである。前述のようなわが国の雇用制度のメリットを破壊するような方策は採り得ない。しかし、このまま典型雇用から非典型雇用への移行を野放しにしていては、結局、解雇規制それ自体がメルトダウンしてしまう恐れがあるし、延いては、労働力の全体的質の低下を招き、経済効率性の悪化に繋がると思われる[57]。むしろ、典型、非典型を問わず、労働者が自らその能力と意欲を向上

---

52 小野充人「雇用の変化からみた日本の産業空洞化の考察」国際貿易と投資49号129頁（2002年）。

53 八代・前掲注（51）の著書156頁。

54 前掲注（28）の『雇用社会の法と経済』22-23頁。

55 八代尚宏『雇用改革の時代』（中央公論社、1999年）95頁。

させて，全体として企業の労働生産性が高まる方向を企図すべきであろう。そうした方向，すなわち，典型，非典型の垣根を低くする雇用法の改正は，法的公正の観点からも早急に望まれる事項であると思われる[58]。このことは，わが国の雇用契約終了法理において，特に重視すべき要素であるといわなければならない。

換言すれば，非典型労働を改善するためには，わが国の解雇規制を緩和するのではなく，むしろ，それを縁辺労働者にできるだけ拡大することが求められているというべきであろう[59]。わが国の解雇規制法理の理論的枠組みは，その雇用関係と雇用実態の反映であり，経済効率の観点からも正当性を有するもの

---

[56] 欧州議会は，2007年7月11日の非立法議決において，次のように論じている。「委員会報告書は，解雇保護を緩和し，雇用契約規制を弱めることが雇用の成長を促進するという主張には証拠はないこと，スカンジナビア諸国の例は高度の解雇保護と雇用規制が高度の雇用成長と両立していることを指摘している。議会は，不安定で低賃金の職が益々多くの部門に影響を与えつつある再配置に対する適切な答えではなく，逆に，その答えは，目下競争力の欠如に喘いでいる諸部門を援助することのできる研究，開発，訓練，生涯学習に対する投資である。」（前掲注（41）EP Procedure file, Summaries of 11/07/2007）そして，イギリスのブレア政権も，最低の公正雇用規制と労使のパートナーシップを国際競争力強化の礎として位置づけている。小宮文人『現代イギリス雇用法』（信山社，2006年）31頁以下。なお，イギリスはもとより，アメリカさえも協調的関係と技術革新・企業内移動の受入れをわが国の1970年代までの企業競争力の原動力とみていたことは特筆すべきであろう。Special Task Force, Department of Education and Welfare, Work in America (1972), pp. 96-100 参照。

[57] 厚生労働省「平成21年労働契約に関する実態調査（事業所調査）報告書」（平成21年9月）は，有期契約労働者を雇用していない事業所の雇傭しない理由としては，「正社員に比べ，技能の伝承ができず，将来的な技術水準の維持に不安があるから」が35.5％と最も多く，次いで「正社員に比べ，サービスや品質維持に不安があるため」が27.8％であったとしている。

[58] 土田道夫「解雇権濫用法理の法的正当性」日本労働研究雑誌491号4頁以下，14頁（2001年），同「解雇濫用法理の正当性」大竹文雄＝大内伸哉＝山川隆一編『解雇法制を考える』（勁草書房，2002年）91頁以下，114頁。

[59] 技術や知識伝承のためにも，また，非典型労働者の士気を向上させるためにも必要といえる。イギリスでもブレア政権以降，すべての労働者の能力ややる気を促進するパートナーシップや基本的公正取扱が企業の国際競争力向上の不可欠の要素とみなされている（小宮文人『現代イギリス雇用法』（信山社，2006年）29頁以下）。

と考えられるから，現行制度の解雇規制法理を修正・緩和するならば，雇用関係や雇用実態と齟齬を来たす可能性が高く，また，現在保護されているが交渉力の弱い常用労働者層が雇用を失う可能性が大きいといえる[60]。行わなければならないのは，正規労働者の雇用保障の引下げではなく，有期労働者，パートタイム労働者（パートタイマー），派遣労働者等の非典型労働者の雇用保障の引上げであると思われる。この観点から，有期労働者の雇用保護については，第2章で特に詳細に検討する。また，パートタイマーというだけでは，解雇においてフルタイマーと差別することができないことを明確にすべきである。派遣労働者については，登録派遣の業種を絞り込んで原則常用派遣とする必要があると思われる[61]。

しかし，上記の雇用における公正は，単に雇用保障の引上げのみで達成できるものではなく，賃金等の労働条件に関する典型労働者とのギャップを縮めるより強力な均等待遇促進のための立法措置が不可欠である。のみならず，そうした措置は典型雇用から非典型雇用への転換インセンティブを低下させるためにも必要なのである。均等待遇の法的保障は，職という概念を有さず，横断的な職ごとの標準的賃金レベルを有さないわが国においては，もっとも解決の困難な問題である。そのために，結果として，典型労働者の賃金等の労働条件が下がることをも許容せざるを得ないし，それに備えて，労働契約の内容公正を保障できる仕組みが必要である。この点については後述する[62]。

他方で，労働者が自ら容易に合意解約や辞職ができるようにするための職種転換や転職促進の制度設計を考えるべきであろう。企業の業種転換の助成，労働者の移動を円滑にするための適用対象者の拡大や雇用給付期間の延長等の雇

---

[60] D. Cuypers & e. Verhulp, 'Flexicurity and Employment Protection, a Happy Marriage?' in, F. Pennings et al (eds), Social Responsibility in Labour Relations (Wolters Kluwer Law International, 2008), p. 5.

[61] この方向は，すでに平成21年12月22日の第141回労働政策審議会職業安定部会労働力需給制度部会報告案に示されている。

[62] 渡辺章「雇用終了形態の多様化と法的問題所在について」季労200号36頁以下，39頁（2002年）。その実現は，雇用調整やワーク・ライフ・バランス政策実現にも有益である。小倉一哉「ワークシェアリングは雇用促進に有効だったか」日本労働研究雑誌573号84頁以下（2008年）参照。

用保険制度を改善し，公的職業訓練制度の充実，育児休業や公的保育施設の充実・改善などを図る必要があろう[63]。さらに，解雇が不当とされる場合でも，労働者と使用者の利益調整が計れるような金銭的な解雇救済手段を充実させる必要があると思われる。実際，何が何でも同一の雇用にとどまろうとする労働者は必ずしも多くはなく，金銭救済を魅力あるものとすれば，使用者側からの雇用解消等の法的手法を考えなくとも，便法としての地位確認判決を求める労働者は減少するものと考えられる。この金銭救済の問題は，第1章第7節で検討する。

　もう1つの企業経営と雇用保障との調整の手法として，最近，主張されるようになったのは，一定の規模以下の小規模企業に関し，または，雇入れから一定の期間内の雇用に関しては，解雇の法的規制の適用を除外することである。後者は，試用期間中の解雇規制を緩めることであり[64]，すでに有期契約や紹介予定派遣を利用したりして達成可能な状態にあるともいえる。前者に関しては，新たな立法措置が必要となる。確かに，欧米諸国においては，立法によって解雇規制が導入されてきたこともあり，一般に一定規模以下の企業は解雇規制が適用除外されている。確かに，中小企業の雇用保障費用が産業の国際競争力に及ぼす影響は無視できないであろう[65]。しかし，これから新たな規制を行うのではなく，今ある解雇規制を外すことや[66]，企業規模によって雇用保障に一律に軽重を設けることは法的公正や衡平に反すると思われる。のみならず，企業規模の大小は，現在でも解雇権濫用判断の重要な要素として裁判所によって考慮されていること（第1章第5節及び第6節参照），一定規模以下の企業への適

---

[63] T. Bredgaard and F. Larsen, Comparing Flexicurity in Denmark and Japan（CARMA, Demark, 2007), pp. 38 – 39.

[64] 確かに試用期間内の解雇規制は若干厳しすぎるようにみえる。

[65] 欧州委員会は，立法規制を立案する際にも中小企業の利益をまず考慮する必要があるとしているとのことである。この点につき，石田信平「中小企業に対する労働法規制の適用除外—イギリス」季労224号114頁以下，121頁（2009年）参照。

[66] オーストラリアでは，2005年に従業員100人未満の企業への不公正解雇法理の適用が排除されることになったが，こうした法改正には批判があるという。この点に関しては，天野晋介「中小企業に対する不公正解雇法理の適用除外—オーストラリア」季労224号123頁以下，129頁（2009年）。

用除外制度を設けることによって，新たな種類の非正規労働者を作り出すことになるのは好ましい選択とはいえないと思われる[67]。また，解雇規制の適用除外は労働契約の内容の変更と密接に関連することを銘記すべきであろう。

ところで，厳格な解雇規制に関する別の批判の1つとして，わが国の経済学説の中には，解雇規制を厳格にすると，使用者は，解雇規制を回避するため陰湿な圧力をかけて労働者を退職に追い込もうとしたりする傾向があるとして，これを厳格な解雇規制の見直しを求める1つの理由とする見解も散見される[68]。しかし，これは，本来経済効率性とは関係のない問題であり，有意な解雇規制がある限り，極端に厳格か否かに関わらず，生じる現象であると思われる。現に，アメリカ合衆国においても，解雇規制を免れるための退職追込み行為が頻繁に見られ，判例法上，そうした行為を解雇と同様に取り扱う「みなし解雇」法理を形成してその規制を行っているし，特に，国際的にみて，規制の比較的弱いイギリスの不公正解雇法においてさえ，同法導入時にそれを見越して，「みなし解雇」規定を導入したのである[69]。このように解雇以外の雇用終了に対して，解雇規制を拡張的に及ぼすことが，公正な雇用終了の体系的法規制のために有益であると考える。この点については，第3章で詳細に検討する。また，類似の問題は，解雇を回避する手段となり得る就業規則の自動退職条項の設定や恣意的な目的を有する営業譲渡などについても存在する。これらについても，第2章で詳細に検討する。これらの問題は，広く見れば，各種の違法な解雇規制の潜脱行為をどのような形で規制するのが妥当かということであるが，できる限り解雇規制の手法を拡張する形で規制することを考えるべきであると思われる。

最後に付言すれば，以上のように現行の解雇規制を維持・発展させ，さらには雇用終了規制を広げるという立場をとるからには，ある程度の労働条件の規

67　解雇の司法救済や行政救済を求める労働者の多くが中小企業の労働者であることを忘れてはならない。なお，わが国の中小企業の経済的困難は，金融，税制及び大企業による中小企業への負担の付回しに起因することをも考慮する必要がある。

68　大竹文雄「経済学からみた雇用保障」JILフォーラム『法と経済の視点は何がどう違うか』(2001年)3頁以下。

69　これらの点についての詳細は，注(45)の小宮『英米解雇法制の研究』13頁以下。

制のフレキシビリティを認めざるを得ない。こうした観点から，労働契約法は，理論的な問題を残しつつも，従来の就業規則の判例法理を明文化したが，他方で，変更解約告知に関する規定を定めなかった。労働契約法の就業規則による労働条件の変更は労働者の合意を経由しないという問題があることは否めないが，就業規則に拠らない労働条件を定める労働契約も認められており，その場合には就業規則による労働条件の変更は不可能となる。反対に，使用者が解雇の脅威を後ろ盾として労働条件の変更（変更解約告知）が事実上行われることは否定できない。また，更新に対する労働者の合理的期待が肯定できるような有期契約に関して，使用者が労働条件を引き下げる申込みを承諾しなければ更新しないと主張することもある。そうした解雇や雇止めの脅威を取り除く手立てが必要であることはいうまでもない。そこで，学説の中には，労働者が変更か解雇かの二者択一を迫られないようにするため，労働条件変更の可否を争う権利を留保して，使用者の労働条件の変更申込みを承諾する留保付承諾を法解釈によって可能にしようとする有力説がある[70]。しかし，この問題の抜本的な解決は，もはや立法によってなされるべきであると思われる。

　そうした立法は，2005年の「今後の労働契約法制の在り方に関する研究会」最終報告書で雇用継続型契約変更制度として提案された。そこには，2つの異なる案が含まれていた。1つは，上記の留保付承諾を認め，変更の効力を裁判手続における変更の合理性判断に委ねるとするものである。すなわち，労働者は取り敢えず，暫定的に変更に従う方式である。もう1つは，変更が経営上の必要に基づき，かつ，変更の内容が合理的であるときは，他の手段で変更ができない場合に，使用者が労働者と十分な協議を行うことを条件として，使用者に一方的変更権を与えるというものである。そして，労働者が使用者の変更権の行使に従って就労しつつ当該変更の効力を争っている場合，この争いを理由とする解雇を無効とし，また，使用者がこの変更手段で解雇を回避できるのにそうしなかった場合は，解雇を無効にするとするものである。この提案は，「労働関係においては労使当事者の自主的な交渉を重視すべきであるから

70　土田道夫「変更解約告知と労働者の自己決定（下）」法時68巻3号61頁，荒木尚志『雇用システムと労働条件変更法理』（有斐閣，2001年）278頁以下。

……労使当事者間の協議等を基礎とした手続とすることが適当」との政策判断がある。これだと，最終的には，一方的な変更を労働者が自己の負担で訴訟を提起して事後的に争うパターンになる。これとは異なり，使用者に一方的変更権を与えず，変更しようとするときは，事前に協議するだけでなく，協議が整わないときは，裁判所に請求することにすべきという提案が毛塚勝利教授[71]によってなされ，後に連合総研の労働契約法試案でも示されている[72]。これだと，労働者は，暫定的にも使用者による変更に従う必要はなく，変更の必要性と変更内容の合理性に関する司法審査で変更請求が認められてはじめて，その変更された労働契約に拘束されることになる。ただし，この試案は「請求の趣旨に反しない範囲で，変更内容と変更の効力発生時を定めることができる」として裁判所に一定の裁量権を与えている。この点を含め検討すべき事項は多いが，上記3つの処理の中では労働者に最もリスクと負担の少ない解決方法として，更なる検討が期待される。

---

[71] 毛塚勝利「就業規則理論再構成へのひとつの試み（二・完）」労判430号4頁（1984年），同「就業規則法制の『問題点』と検討課題」季労145号56頁（1987年），「労働契約変更法理再論」『労働保護法の再生』（信山社，2005年）3頁以下。

[72] 労働契約法制研究会『労働契約法試案』（連合総合生活開発研究所，2005年）121頁以下。なお，この変更請求は，使用者のみならず労働者にも認められるとする。

第1章　解雇権の一般的規制法理としての解雇権濫用法理

第1節　はじめに

　雇用の終了原因のうち，早いころから労働者保護の見地から規制されてきたのが，解雇である。それは，解雇は，使用者が一方的に雇用を終了させるものであり，使用者の恣意が介在する可能性が高いからである。この解雇規制は，判例法上形成・確立された解雇権濫用法理（現在では，労働契約法16条に規定されている。本書は，これを従来の判例法理をそのまま確認した規定と理解している），各種制定法の規定及び就業規則や労働協約の解雇規定によっても行われている。その中でも特に重要なのは一般規制法理としての解雇権濫用法理である。そこで，本章では，各種制定法の規定と労働協約については省略し，解雇濫用法理の内容とその適用状況につき，特に，会社の経済的都合による整理解雇と労働者の能力・適格性を理由とする解雇の場合を中心として検討する[1]。なお，ここでいう解雇とは，普通解雇のことを意味する。これとは異なる懲戒解雇と呼ばれる制裁的に行われる解雇があるが，これについては，別途，第4章で検討する。

---

[1] このほかの解雇理由として，労働者の非違行為（規律違反行為）及びユニオン・ショップ協約に基づく組合の解雇要求があげられる。このうち，非違行為に対する普通解雇は，本書においては，非違行為を当該労働者の雇用継続を維持できない事由による普通解雇と理解する。これは，広い意味での従業員の不適格性を理由とする解雇と捉えるものである。なお，ユニオン・ショップ協定に基づく解雇，すなわち従業員でなければならないという組合と使用者の労働協約に基づく解雇については，そもそもその効力を認めるべきかに関して，激しい対立がある。しかし，集団的労働関係に絡む特殊な問題があるので，本書では取り扱わないこととする。

第2節　解雇権濫用法理の特徴

　最高裁判所が，それまで多くの下級審によって積み上げ形成されてきた解雇権濫用法理を確認し確立した判決の1つといわれる高知放送事件に，その法理の特徴をみることができる。この事件では，アナウンサーである労働者が寝過ごして2週間に2回ラジオニュースを放送できなかったこと（いわゆる規律違反）を理由とする解雇の相当性を否定したものである。その判断に当たって，同判決は，会社の就業規則所定の普通解雇事由に該当する当該労働者の違反行為が実際に存在したことを前提として，労働者の非行の性格，会社の被った被害の性格や規模，労働者の事後の態度，改悛の程度，労働者の過去の非行歴や勤務成績，他の労働者の処分との均衡，同様の規律違反を理由とする解雇の先例の存否等の諸般の事情という広範な事項を判断要素として，当該事由で解雇することが，社会通念に照らして相当といえるか否かを判断している。このことから，解雇権濫用法理の特徴の1つを，解雇権は他の可能と思われる最後の手段として行使されたものでなければならないということであるとみることができる。これは，国際的にみて解雇規制が弱い国に属するイギリスにおいて，良識あるいかなる使用者でも解雇しないといえるような解雇のみを不当とされているのと比べると厳しい審査基準であるが，ドイツやフランスにおいても解雇を最後の手段と位置づけていることからみて特に厳しいものとはいえない。

　高知放送事件では，当該解雇が解雇権の濫用に当たるとして，解雇が無効となり，当該労働者が今まで勤務してきた高知放送の従業員としての地位を有することが確認され，使用者に対して解雇時以降の未払賃金の支払が命じられた。すなわち，解雇権濫用法理のもう1つの特徴は，濫用に当たる解雇を無効とし労働者の従業員としての地位を確認し，未払賃金の支払を命じるという救済方法にあるとみることができる。この点，ドイツ，オランダ，スウェーデンでも，原則として，正当な事由のない解雇を無効とするが，実際には，補償金で処理されている。イギリス，イタリア，フランス，ベルギー等においても，基本的には，補償金による救済となっている。

　解雇権濫用法理の3つめの特徴は，労働者の解雇無効の主張・立証責任の所

在が曖昧にされてきたということである。以下，まず，この最後の点について，検討する。

第3節　解雇権濫用の立証責任

1　最高裁判例の解釈

　既に述べたように，わが国においては，雇用契約に本質的な継続的・信頼関係的性格と労働者の企業への組み込みないし囲い込みというべきわが国の雇用の実態，それを前提とした労働者の継続期待の保護が新憲法の導入した生存権，労働権，個の尊重の理念と直結しているということができる。こうした状況を前提とし，裁判上，形成・確立された解雇権濫用法理は，既に述べたように，日本食塩製造事件及び高知放送事件の最高裁判決によって集約されているのであるが，法律として定められたものではなく，無数の下級審の裁判例を積み重ねて集約され，具体的な事件との関係で言渡されたものであるため，その法理の内容は立証責任の所在を含め必ずしも明確なものとはなっていない。

　特に，立証責任の問題は，かなり玉虫色の状態にされてきたといえる。前掲日本食塩製造事件最高裁判決は，「客観的に合理的な理由を欠き社会通念上相当として是認することができない場合には，権利の濫用として無効になる」としている。また，前掲高知放送事件最高裁判決は，就業規則の「普通解雇事由がある場合においても……当該具体的な事情のもとにおいて解雇に処すことが著しく不合理であり，社会通念上相当として是認することができないときには，当該解雇の意思表示は，解雇権の濫用として無効になる」とする。そして，日本食塩製造事件最高裁判決の担当調査官が，同判決の解説で「説明として解雇権の濫用という形をとってはいるが，解雇には正当な事由が必要であるという説を裏返したようなものであり，実際の運用は正当事由必要説と大差はないとみられる」[2]と説明したこともあり，学説の多くは，日本食塩製造事件最高裁判決の立場を実質的に正当事由説的なものと捉える傾向にあった。また，高知放送事件最高裁判決は，解雇の行使が就業規則の解雇事由に限定され（限定列

---

[2]　『最高裁判所判例解説・民事篇・昭和50年度』（法曹会，1979年）175頁。

挙），しかも当該事由に該当する事由があっても，社会的相当性が否定されることがあることを示すものと解釈された。ただ，この社会的相当性の立証は，「著しく不合理であり」という文言からすると，労働者側に残ると解される可能性が強かった。

　しかし，比較的最近，解雇は本来自由になし得るものであるから，解雇権の濫用を基礎付ける事実については労働者がこれを主張立証すべきことになると論ずる下級審判決[3]が現れ，労基法18条の2に解雇権濫用法理を明文化した平成15年改正の際の争点となり，「解雇権濫用の評価の前提となる事実のうち圧倒的に多くのものについて使用者側に主張立証責任を負わせている」裁判実務を変更するものではない旨の衆参両院の付帯決議がなされた。しかし，付帯決議に用いられている「立証責任」とは真の意味の立証責任なのか，それとも証拠提出責任を含むのかが不明であるし，「事実のうち圧倒的に多くのもの」というのも極めて曖昧というしかない[4]。

　解雇権濫用法理が民法1条の権利濫用という一般原則に基づいていることを形式的にみれば，確かに解雇権濫用の主張・立証責任は労働者にあるということになる。しかし，解雇権濫用法理に関する限り，そのように解することは，著しく公平の原則に反し，現実離れしている。労働法分野に詳しい判事がかつて述べたように，「……がなかった」という消極的事実の立証を労働者に求めることは困難を強いることになるし[5]，また解雇権の行使は，労働者の生活の現状を使用者が一方的に不利益に変更するものであるからである。

　したがって，このような趣旨を踏まえ，一般的な学説は，解雇権濫用の形式

---

[3] 代表判例として東京魚商業協同組合事件・東京地判平成12・1・31労判793号78頁など。同判決は，原告に対し「解雇に値するような行為や落ち度は何もないこと」，「被告らの経済的事情に照らしても原告を解雇する必要性がなかったこと」の主張立証を求める。

[4] もっとも，根本到「解雇規制と立法政策」西谷敏ほか編『転換期の労働法の課題』（旬報社，2003年）270頁以下は，18条の2の規定の文言から，解雇が相当であると主張する使用者側に主張立証責任が課せられることが明確になったとする（特に273頁）。

[5] 千種達夫「解雇をめぐる法律問題」労働法懇談会『専門講座労働法』（如水書房，1953年）189頁以下，198-202頁。この考え方は，ヨーロッパ法の発展の歴史からも無理な論法ではないとしてこれを支持する有力な学説もある（有泉亨「解雇の法的構造について」季労17号23頁以下，32頁（1955年））。

的な立証責任は労働者にとどまるが，実質的に立証責任を転換する趣旨であると捉えているということができる。その1つの代表的な見解は，最高裁判決の趣旨は，例えば，「客観的に合理的な理由」については，裁判所が民事訴訟法149条の釈明権を行使して，使用者に主張と証拠提出を促し，その心証が取れない場合は，解雇権行使の濫用を認めるというような形での証明責任の実質的転換を要求するものである[6]。ただ，このような見解をとっても，高知放送事件の就業規則の普通解雇該当事由があっても「著しく不合理であり」という文言から，「社会通念上相当なものとして是認することができないとき」の立証責任は形式的にも実質的にも労働者が負うということになるようにもみえる[7]。もっとも，同判決の具体的判断過程と結論部分では，「著しく」の部分が検討されておらず，「不合理を欠くうらみなしとはせず，必ずしも社会的に相当なものとして是認できないと考えられる余地がある。」としているだけであるから，「著しく不合理であり」という文言にどれだけの意味が付与されていたかという疑問がある。

2　新たな学説の動向

このように解雇権濫用法理の解釈に基づく立証責任の実質的転換を論ずるだけでは，グレーゾーンを解明するためには限界があることは明らかである。例えば，どこまでが客観的に合理的な解雇事由の問題で，どこまでが社会相当性の問題かという区別の仕方によって，使用者の具体的な立証責任の範囲が大きく異なってしまうというような問題が生じる。そこで，既に論じたようなわが国における雇用ないし雇用契約の実態と憲法上の諸規定を前提とすれば，雇用

---

[6]　古川景一「解雇制限と証明責任・証拠提出責任」季刊労働者の権利238号70頁以下，72頁（2001年）。もっとも，この労働者の証明責任をどのように転換すべきかについては，未だ学説上の十分なコンセンサスがあるとまではいえない。例えば，山川教授は「原告である労働者の平素の勤務状況が労働者として通常のものであったこと，ないし特に問題がなかったことが，当該労働者が容易に入手ないし提出できる証拠によって主張立証されていれば足りる」とする（山川隆一「労働法における要件事実」筑波大学大学院企業法専攻十周年記念論集『現代企業法学の研究』（信山社，2001年）613頁以下，622頁，同「解雇訴訟における主張立証責任」季労196号44頁以下，50頁（2001年））。

[7]　古川・前掲注（6）の論文73頁。

第1章　解雇権の一般的規制法理としての解雇権濫用法理

契約の解釈によって、解雇には正当事由が必要であるとの正当事由説をとることも可能ではないかとの見解が主張されるようになった。例えば、本久教授は、合目的意思解釈と信義則上の義務の組み合わせにより、解雇権濫用法理における客観的合理性基準と社会相当性基準との二段階構造を意識しながら、解雇制限規範を再構成しようとされる[8]。また、古川弁護士は、安全配慮義務や職場環境配慮義務に関する判例を参考に、雇用終了に関して労働関係上の信義則に基づく継続性配慮義務を主張されている[9]。

そこで検討するに、古川説は、配慮義務の履行請求をする場合に関しては、「債務者に抗弁（権利消滅事実）として債務の本旨に従った履行をなしたことの主張立証責任を負わせることで一致もみている」から、労働者側は、「債務者に抗弁として債務の本旨に従った履行をなしたことを主張立証する責任を負わせることができるので、労働者側は、義務内容を具体的に特定する必要はあるが、義務違反の具体的事実の主張立証責任は負わない」とする。古川説は、ドイツ法の雇用契約上の配慮義務を参考にしている。ドイツでは正当事由の立証責任が使用者にあることは法律に定められているから[10]、同説は、ドイツにおいて解雇に際して使用者には配転等の配慮をして解雇を回避し得たことなどまで立証する責任があるとすることを重視しているものと思われる[11]。確かに、損害賠償請求との関係では、わが国でもセクハラや退職追込み行為に関して職場環境配慮義務を肯定する下級審判決があるのみならず、学説の中には違法解雇避止義務を認める有力な見解もあり[12]、これに沿う判例も出ている[13]。ただ、これらの見解は、配慮義務違反の損害賠償請求に関わるもので、安全配慮義務

8　本久洋一「解雇制限の規範的根拠」日本労働法学会誌99号16頁以下（2002年）。

9　古川景一「解雇権濫用法理と要件事実・証明責任、及び解雇に関する正当事由必要説の再構成試論」季労194号77頁以下（2000年）。

10　村中隆史「西ドイツにおける解雇制限規制の現代的展開（上）」季労135号145頁以下、147頁（1985年）等。

11　和田肇『労働契約の法理』（有斐閣、1990年）11-113頁によれば、ドイツでは雇用終了に関し、雇用契約上の配慮義務は、立法上の厳しい雇用終了規定があることを前提としているもののように思われる。

12　小西國友『解雇と労働契約の終了』（有斐閣、1995年）61頁以下。

13　宣伝会事件・東京地判平成17・1・28労判980号5頁参照。

第3節 解雇権濫用の立証責任

違反の場合と同様に義務違反の立証責任は労働者にある。解雇無効の前提としての継続性配慮義務履行の立証責任が，理論上，古川説の主張のように，当然に，債務者（使用者）が負うことになるといえるかは定かではなく，むしろその主張の実質的根拠は，次の本久説の説くように，労働契約の本質にあるとみることができる。

本久説は，「第一に，使用者の労働契約締結目的は，事業にあるのだから，業務上の必要性によって正当化されない解雇を認める合理性はないし，認めるべきではない」，「第二に，事業に伴う使用者の社会的責任に照らすと，たとえ解雇の業務上の必要性が認められる場合であっても，初期の目的が別の手段によって実現可能である場合には，解雇の客観的合理的な理由は認められない」とするものである。そして，「客観的合理的理由を解雇権の発生要件」と構成しているので，同説は日本食塩事件最高裁判決の「客観的に合理的な理由」の中身を事業目的に照らし解雇回避が期待できない場合に限定し，これが証明できない限り，解雇権のは発生しないと構成するものである。第三に，この範囲を超える「社会相当性の問題は，信義則及び濫用禁止等の一般条項による規制に服する」としている。

本久説の第一の理論については[14]，使用者が雇用継続を期待させ，労働者のコミットメントを引き出して，労働者の生存・人格的尊厳の帰趨が当該雇用・職場にかからしめている状況下においては，使用者と労働者との間に，客観的に合理的な理由なくしては解雇しないという定型的な黙示の合意があると推認することもできるから[15]，そもそも客観的に合理的な理由があるといえない場合は，解雇権の濫用が一般的に推認されるというべきであろう。次に，第二の

---

[14] かつて，安屋教授が，使用者の意思はその企業の目的によって自ら拘束され，一定の解雇基準が定立されておらず当該労働組織体の慣行もない場合，「実質的には使用者は自ら拘束されるものとしてその基準は企業の生産性の要求に合致したものでなければならないから，解雇については生産性の維持向上という企業の目的に合致せざる解雇は無効である」と論じたことが思い起こされる（安屋和人「解雇法の構造について」法と政治8巻1号31頁以下，35-36頁及び51-53頁（1957年））。ただ，安屋説は「使用者の行為が法的に有効であるためには自ら設定した行為の準則たる組織体内の法秩序にしたがって行なうべき」であるなどとしているところからみて，本久説のように労働契約締結意思の合目的的解釈として論じるものではなかったと思われる。

理論についてであるが，もし，例えば，会社に剰員が生じた事実があり，または，労働者がある仕事ができないという事実がある場合，形式的には事業遂行目的から客観的な理由がないとはいえないのであるが，わが国の雇用関係は企業への組込みの程度が極めて強く，職務・職場移動，労働時間，賃金その他の労働条件のフレキシビリティが高い等の実態に照らしてみれば，やはり客観的に合理的理由がないと考えられる。換言すれば，「客観的に合理的な理由」の存在と社会相当性の存在は一応区別されるものであるが，社会相当性だけが問題とされる場合は極めて限定されていると考えることができる。

　以上のように考えると，最高裁の解雇権濫用法理は，「説明として解雇権の濫用という形をとってはいる」が，実質は「正当事由必要説」に立つ法理を裁判所が判例を通じて創造したもので，通常の濫用法理とは区別されるものであると解すべきである[16]。そして，それがそのまま平成15年改正労基法18条の2及び現行労働契約法16条で確認されたものと理解できるのである。

3　就業規則の解雇事由規定

　ところで，前掲高知放送事件最高裁判決は，就業規則所定の普通解雇事由該当性を前提としたものであるが，そうした規定の法的効果をどのように捉えるかについても学説・判例は必ずしも一致していない。判例の中には，従来から解雇自由の原則を前提として，「使用者が就業規則に解雇事由を規定した場合

---

[15] 解雇には客観的に合理的な理由が必要であるとの黙示合意の一般的推認に関して，アメリカ合衆国の判例法の変容が参考になる。先進国中，唯一，コモン・ロー上の強固な原則としての解雇自由の法理（随意雇用の原則）が支配的なアメリカ合衆国においてさえ，1970年代から，裁判所が諸般の事情を考慮に入れて，解雇に正当事由を必要とする黙示的合意があることを認める解雇の黙示契約違反の例外規制を認める州が多数となったことは，既に序章第4節2で論じたとおりである。殊に，カリフォルニア州においては，雇用継続（longevity）の実態等を主な要素として，そうした黙示的合意を肯定しているのである（小宮文人『英米解雇法制の研究』（信山社，1992年）99頁以下）。これと比較して，わが国においては，戦後形成されてきた大企業を中心とするわが国の雇用実態から考えて解雇には客観的に合理的な理由が必要であるとの黙示合意があることを一般的に推認することに無理はないと思われる。

[16] 東京大学労働法研究会『注釈労働法上巻』（有斐閣，2003年）329頁（野田進執筆部分），小宮文人「解雇に関する判例の動向とその評価」法時73巻9号33頁（2001年）。

においても，特段の事由のないかぎり，右の解雇事由は例外的なものにとどまり，これによって自由な解雇権を自ら制約したものということはできないから，使用者が，その解雇権の行使が権利の濫用にわたると認められる場合を除いて，就業に特に規定された解雇事由に該当しない解雇といえども，これを有効になしうるものと解すべきである。」[17]等とするものがある[18]。

　しかし，高知放送事件判決における最高裁の立場は，普通解雇事由該当性がなければ解雇は権利濫用として無効であると解していると考えられ[19]，多くの判例もこの立場をとっている[20]。こうした立場は，労基法89条3項が解雇事由を絶対的必要記載事項としている趣旨とも合致する[21]。労基法が解雇事由を絶対的必要記載事項とし，その周知を義務付けているのは，労働契約関係の内容の合理性を客観的に保障し，また労働契約関係を明確にして，労働契約関係の安定を確保し労働者を保護しようとするものであるから，同事由の定めと無関係に労働者を解雇することは許されないというべきであろう[22]。解雇権濫用の規定が18条の2（現在は，労働契約法16条）に盛り込まれると同時に「解雇の事由を含む」という文言が89条3項に挿入されたという事実は，この趣旨をより明確にするものである。また，繰り返しになるが，わが国の一般的雇用関係に鑑みれば，使用者は解雇できる場合を特定することによって，労働者のコミットメントを推進することを目的としているとみるのが合理的であるとい

17　寿建築研究所事件・東京地判昭和49・12・9労経速868号4頁。
18　旧い判例として，太陽タクシー事件・福岡地判昭和36・12・27労民集12巻6号1129頁など。最近の判例として，例えば，ナショナル・ウエストミンスター銀行（第三次仮処分）事件・東京地決平成12・1・21労判782号23頁などがある。
19　もっとも，本件判決から就業規則の解雇事由規定の限定列挙性を導き出すことはできない。しかし，東芝柳町工場事件・最一小判昭和49・7・22民集28巻5号927頁で，最高裁は，「就業規則に解雇事由が明示されている場合には，解雇は就業規則の適用として行われるものであり，したがってその効力も右解雇事由の存否の如何によって決せられるべきであるが」と述べている。
20　旧い判例として，大平製紙事件・東京高判昭和35・2・10労民集11巻1号104頁など。最近の判例として，サン石油（視力障害者解雇）事件・札幌高判平成18・5・11労判938号68頁など。
21　東京大学労働法研究会『注釈労働基準法上巻』補遺（2003年）13頁。
22　笹屋事件・神戸地判昭和34・10・31労民集10巻5号853頁。

うべきである。

　したがって，就業規則の解雇事由規定は，原則として，限定列挙規定であると解するのが妥当であり，これに反して裁判所が例示列挙説を採用することができるのは，それを使用者が主張立証できる場合だけと解すべきである[23]。のみならず，前述の考え方からすれば，そもそも，「客観的に合理的な解雇事由」が存しない場合は解雇できないのであるから，就業規則の解雇事由規定の解釈にあたっては，その趣旨を踏まえ，文理解釈を超えてより厳格に解釈することが必要になることがあり得る。換言すれば，就業規則にルーズな規定（包括条項を含む）をおいても，上述した「客観的に合理的な事由」がそれを実質的に修正し，補充することになると考えるべきであろう[24]。

第4節　解雇理由の告知

1　最判山口観光事件以前

　解雇理由の主張立証にかかわるもう1つの重要な問題として，使用者が解雇の際に，解雇理由を労働者に通知する私法上の義務があるか，また，通知した理由以外の理由を裁判上主張することが許されるかである。この点に関し，最高裁は，かつて，懲戒処分の一種である諭旨解雇の効力に関する熊本電鉄事件で，使用者が解雇時に理由を告知しなければならない理由はないとした[25]。そして，下級審も一般に解雇理由を開示しなくとも解雇は無効にならないとしていた[26]。また，訴訟上，解雇理由の追加・変更も許容とするのが多かった[27]。例えば，普通解雇に関するヤマト交通事件で，大阪地裁は，「解雇の際被解雇者に対し解雇理由を告知することが，解雇の要件であるとは解しがたいし，また，解雇の適否は，解雇の際明示された解雇理由のみを対象として判断しなければならないという根拠もない。したがって，訴訟上解雇の適否が争いになっ

23　例示列挙説を採る，解雇事由の原則の前提から，「使用者が，就業規則に普通解雇事由を列挙した場合であっても，限定列挙の趣旨であることが明らかな特段の事情がある場合を除き，例示列挙の趣旨と解するのが相当である。」とする。

24　同旨の見解として，本久・前掲注（8）の論文26頁。

25　熊本電鉄事件・最二小判昭和28・12・4民集7巻12号1318頁。

第4節　解雇理由の告知

たときには，使用者において，解雇の際生じていた解雇理由であれば，明示した以外の理由であっても」主張できるとした[28]。また，解雇の意思表示のときに使用者が認識していなかった解雇事由さえも後日これを解雇事由として主張することを妨げないとするものも多い[29]。

　もっとも，懲戒解雇に関しては，解雇当時使用者に判明していなかった事実を訴訟上処分事由として追加主張することは許されないとする判例もあった[30]。そして，さらには，普通解雇に関しても，前記ヤマト交通事件で大阪地裁は，上記説示に続けて，「ただ，明示されない解雇理由は，通常，解雇当時使用者に認識がなく，後日の調査によって判明したものと考えられるから，被解雇者の不当労働行為，権利濫用を理由とする解雇無効の主張に対して，十分な防御方法としての価値をもたない場合が多いであろう」と述べ，また，東京地裁も，三朝電機製作所事件において，普通解雇につき，「右意思表示の動機として労働者の組合活動とその意思表示の動機如何を判定する場合いずれが決定的であったかを判定するに当り，あるいはまた解雇の意思表示が権利の濫用に該当するか否かに関し，その意思表示の動機如何を判定するに当り，右意思表示当

26　長野県厚生連事件・長野地判平成5・8・5労経速1508号11頁，カプコン事件・大阪地決平成6・12・8労経速1565号30頁など。但し，岡山電機軌道事件・山口地下関支判昭和39・5・8労民集15巻3号453頁は，労基法20条の立法趣旨から立論して，「元来解雇にあたっての理由は労働基準法が予定している解雇権の適正な行使を確保し，その濫用を防止する意味で，その理由であることを明確にして被傭者に表示することが必要であるというべく，当該解雇の効力に関するものである限り表にされなかった事項を単なる事情にせよその理由として斟酌することは許されない」とした。

27　済生会中央病院事件・東京地判昭和61・1・23労判467号32頁（懲戒解雇）など。なお，京福タクシー事件・福井地判昭和58・12・23労判424号35頁は，同様の立場を採りながら，協約に懲戒手続規定がある場合は別の事由を主張できないとする。

28　大阪地判昭和35・3・24労民集11巻2号184頁，爽神堂七山病院事件・大阪地判昭和62・3・2労判494号85頁など。懲戒解雇の判例として，旭化成工業事件・宮崎地延岡支判昭和38・4・10労民集14巻2号514頁，炭研精工事件・東京高判平成3・2・20労判592号77頁など。

29　東京通信機工業事件・山形地米沢支判昭和52・2・18労民集28巻1・2号30頁。

30　札幌中央交通事件・札幌地判昭和39・2・24労民集15巻1号84頁，群馬信用金庫事件・前橋地判昭和57・12・16労判470号61頁。

時使用者に判明していなかった非行を除外すべきであるとの制約を蒙る」[31] などとして、使用者の認識の如何が実質的な制約となることを示唆していた。さらには、稀な判例といえるが、解雇が就業規則の普通解雇事由に基づいてなされた場合、当該「事由が存しなかったとすれば、本件解雇は、前記就業規則の適用を誤ったものとして、無効となる由であるが、右事由の存否の判断にあたっては、本件解雇当時被告が認識していた事実のみを資料とすべきことは当然である」[32] とするものがあった。

2 懲戒解雇の場合

その後、最高裁は、懲戒解雇に関して、山口観光事件[33] において、懲戒解雇時に認識していなかった事由によりその有効性を根拠付けることはできないとした。その理由は、「懲戒解雇は、一種の秩序罰を課するものであるから、その適否は、その理由とされた非違行為との関係で判断されるべき」であり、「懲戒当時に使用者が認識していなかった非違行為は、特段の事情のない限り、当該懲戒解雇の理由とされたものでないことは明らかであるから」、その存在をもって当該懲戒処分の有効性を根拠付けることはできないというものである。この理由付けからすると、解雇時の告知理由が具体的に明示特定されていない場合でも、使用者が解雇時に解雇事由を認識していたなら、訴訟において当該理由を主張することができることになりそうである。同判決以降の下級審の判例は、一般に、使用者が懲戒解雇時に認識していなかった理由を訴訟において主張することを認めない[34]。ただ、内容が多岐にわたるので最終的決定の契機になった事由しか懲戒解雇通知に書かなかったが他の事由の認識があり、かつ、解雇事由とする意思だったから追加主張できるとする判例や[35]、当初の事由と密接に関連する事実については追加主張できるとする判例がある[36]。これらは

---

31 東京地判昭和43・7・16判タ222号27頁。
32 浦安農協事件・広島地呉支判昭和59・10・26判タ549号291頁がある。
33 最一小判平成8・9・26労判708号31頁。
34 新星自動車事件・東京地判平成11・3・26労経速1697号14頁など。
35 富士見交通事件・東京高判平成13・9・12労判816号11頁。
36 アイビーエス石井スポーツ事件・大阪地判平成17・11・4労経速1935号6頁。

「特段の事情」の一例とみることができる。

　しかし，こうした見解では，使用者が懲戒解雇時に認識していたが，告知していない事由でも解雇できることになり[37]，前記熊本電鉄事件最判は生きていることになる。山口観光事件最判の見解は，懲戒解雇が秩序罰である以上，罰を与える時点で事由が存するだけでは足りず，当該事由が当該罰の理由とされている必要があり，そのためには当該事由の存在を使用者が認識している必要があるという趣旨であろう。しかし，判旨が懲戒解雇の刑罰との類似性をその根拠としているのであれば，それでは十分ではない。確かに，その認識があれば，懲戒解雇にはそれを基礎付ける理由はあるということはできるが，その罰（重大な不利益）を受けるのは被処罰労働者であるから，単に使用者が認識しているという使用者の主観的な側面が肯定できれば足りるというものではない。むしろ，当該秩序罰が当該事由に基づくものであることを被処罰労働者が正確に知り得る状態に置くことによって初めて正当化されるというべきだと思われる[38]。このことは，通常は，使用者の労働者に対する理由の告知を要求することになろう[39]。労働者に処分理由も与えず，制裁処分を行うことは，個人の尊厳を無視する人格権の侵害行為というべきである。であれば，多くの学説が主張するように，「理由として表示しなかった非違行為」を懲戒解雇の理由として主張することは認めるべきではないというべきであろう。その後の下級審の判例の中には，懲戒解雇の当時使用者が示さなかった事実を訴訟において主張することは許されないとする例があるのも当然である[40]。

---

[37] もっとも，解雇時に告知されない事由は，通常，解雇当時使用者に認識がなかったものと推定されるので，通常は，使用者が認識していたことを立証することは困難となるとはいえる。

[38] 下井隆史・判例評論460号72頁。

[39] もっとも，当該事由が被解雇者にも明白である場合は格別といえるかもしれない。十和田観光電鉄事件・青森地八戸支判昭和34・3・2労民集10巻2号107頁，山陽電機軌道事件・広島高判昭和40・9・13労民集16巻5号631頁。

[40] 熊坂ノ庄スッポン堂事件・東京地判平成20・2・29労判960号35頁。

3　普通解雇の場合

　山口観光事件最判の見解には，もう1つの問題がある。それは，「懲戒解雇は，一種の秩序罰を課するものであるから」としていることからすると，普通解雇にはあてはまらないことになる可能性が高いことである[41]。例えば，上田株式会社事件で東京地裁は「使用者の行う普通解雇は，民法に規定する雇用契約の解約権の行使にほかならず，解雇理由に制限がない……から，就業規則等に使用者が労働者に対して解雇理由を明示する旨定めている場合を除き，解雇理由を明示しなかったとしても解雇の効力になんらの影響を及ぼさず，また，解雇当時に存在した事由であれば，使用者が当時認識していなかったとしても，使用者は，右事由を解雇理由として主張することができると解すべきである。」[42]とする。

4　労基法の規定

　ところで，この解雇事由告知の問題に関しては，労基法22条2項の規定も問題となる。平成15年労基法改正により，労働者が解雇予告のときから退職するまでの間に請求した場合には，使用者は遅滞なく解雇理由の証明書を交付しなければならないことが新たに定められたからである。同条の行政解釈は，使用者には，解雇理由を具体的に示すこと，就業規則の具体的該当条項及びそれに該当するに至った具体的な事実関係を記入することが要求されている（平成15・10・22基発第1022001号）。そして，これは，使用者の恣意的な解雇の防止，労働者の解雇を争うか否かの迅速な判断及び第三者機関の解雇の効力の迅速的確な判断に資することを目的とするものである[43]。これは，あくまで罰則付きの公法的規制であって，このことから，当然に，上記のような私法的な解雇の効力に関わる解雇時の解雇理由の開示義務，訴訟時における解雇理由の追加・変更の問題に直結するものとはいえない。しかし，労働契約法16条の「権利濫用として無効」という解雇権濫用法理を確認する規定がもともと労働

---

[41]　山口観光事件・山口地判平成7・6・28労経速1571号9頁。

[42]　東京地決平成9・9・11労判739号145頁。同旨のものとして，大通事件・大阪地判平成10・7・17労判750号79頁。

[43]　菅野和夫『労働法（第8版）』（弘文堂，2008年）452頁。

基準法18条の2として定められたことからすると，同法22条2項と連動するものであると解することもでき[44]，当該証明書に記載された解雇理由に訴訟上追加・変更を加えることは不可能ではないとしても，特段の事情を証明しない限り，許されない趣旨とも解される。また，それが許容されるとしても，解雇の社会相当性の判断に際して考慮要素になることは当然であろう[45]。

5　若干の考察と結論

しかし，解雇事由の告知のない普通解雇の無効を導き出す決定的な根拠を労基法22条2項の規定に求めることはやや困難と思われる。ただ，次のような点をも考慮すると，普通解雇においても，解雇理由の通告が必要であるとともにその訴訟上の追加・変更は認められないと解すべきである。まず，第一に，解雇理由の告知及び訴訟時における解雇理由の追加・変更に関し，懲戒解雇と普通解雇を区別することに正当性が認められるのかということである。確かに普通解雇は原則的には制裁罰としての性格を有しないが，とりわけ非違行為や協調性を理由とする場合には，普通解雇が制裁的に用いられることが多いし，それが禁止されているわけでもない[46]。そして，普通解雇によって被る不利益は懲戒解雇に比べて小さなものとはいえ，解雇によって一方的に生活の糧を失いかつ人格的基盤が失われるという重大な不利益を負う点において共通している。第二に，確かに懲戒解雇は就業規則の根拠規定に該当する事由なくして行うことはできないが，前述のように普通解雇も客観的に合理的理由なくして（また，就業規則の解雇理由なくして）行うことができない。解雇は自由だから，理由が実在していれば，認識していなかったとしても問題ないとはいえないのである。第三に，解雇は，判例上も，他に採るべき代替手段を尽くした後の最終的手段と位置づけられているのであるから，使用者は解雇しようとする前に必要な措置を講じている必要がある。したがって，解雇事由を認識しないで解

---

[44] 島田陽一「解雇・有期労働契約法制の改正の意義と問題点」労旬1556号4頁，7頁（2003年）。

[45] 岩村正彦ほか「座談会・改正労基法の理論と運営上の留意点」ジュリスト1255号24頁（荒木尚志教授の発言）。

[46] 群英学園（解雇）事件・東京高判平成14・4・17労判831号65頁。

雇するはずがないと考えるのが，判例法上の解雇の位置付けに整合する。そして，解雇事由を認識しながら，労働者の要求にもかかわらず，その事由を告知しないことを認める必要はないと思われる。なぜなら，解雇当時使用者が告知していなかった主要な事実を解雇の効力が争われてから持ち出すことは，懲戒処分の場合と同様に，手続の公正に欠けることは明らかであり，また，解雇時の解雇理由告知は，客観的に合理的な理由のない解雇の効力を否定する判例法理のもとで実効性ある訴訟提起を保障するためにも不可欠であるといわなければならない[47]。

第5節　整理解雇

1　はじめに

　業績の悪化した企業は，しばしば，生産を縮小し，あるいは合理化して余剰人員を整理（解雇）せざるを得ない。使用者には経営に必要な措置をとる自由があるはずであるから，経営不振による余剰人員の整理は合理的な解雇事由となり得る。しかし，その結果はなんの責任もない労働者の雇用を奪うことになる。そこで，裁判所は，大企業に一般的な長期雇用慣行の存在と雇用調整の実態とをふまえつつ，整理解雇の有効性を決定する枠組みを解雇権濫用法理の適用の一形態として，形成，発展させてきた。これがいわゆる整理解雇の法理である。他の普通解雇の場合とやや異なるのは，その法的有効性を判断する要件なり要素なりがかなり具体的に明確にされてきたことである。すなわち，一般に，整理解雇が解雇権の濫用に当たるか否かを判断するに際しては，裁判所は，いわゆる整理解雇の4要件ないし4要素と呼ばれる事項（①人員整理の必要性，②解雇回避努力，③被解雇者選定基準及びその適用の合理性（以下，人選の合理性）及び④手続の相当性）を審査するものとされる。

　この4要件ないし4要素がどのように形成，適用されてきたかということについては，保原教授の戦後昭和55年までの整理解雇の判例を分析した論文に

---

[47]　道幸哲也＝小宮文人＝島田陽一『雇用をめぐる法律問題』（旬報社，1998年）58頁以下（道幸哲也執筆部分），川口美貴＝古川景一「労働契約終了法理の再検討」季労204号34頁以下，54頁（2004年）。

よって明らかにされた[48]。しかし，その研究対象とされた期間の終わりのころには，就業規則の解釈と関連して，解雇がその手続上信義則に反し，解雇権の濫用にわたると認められるときなどにおいては，解雇の効力は否定されるが，それは解雇の効力の発生を妨げる事由であって，解雇事由の有無の判断に当たり考慮すべき要素とはならないとする東洋酸素事件控訴審判決[49]が出現し，保原教授は，この「判決を契機とした若干の修正が整理解雇の判例に現れる可能性を否定することはできない。」としていた。また，その要件としての，人員削減の必要性についても，昭和50年代の判例の中には，解雇にしなければ「企業の維持存続が危殆に瀕する」とか「会社の経営状態が倒産必至」という程度の必要性を要求する判例が多くあったが，前記東洋酸素事件控訴審判決以降，「高度の経営危機にある」ことで足りるとする判例が一般的となり，昭和60年以降の判例には，いわゆる予防型ないし先取り型の整理解雇を認める判例が散見されるようになっていた[50]。

上記の保原教授の予想を裏付けるかのように，判例はその後，必ずしも統一的とはいえないような方向に展開してきた。この様子は，平成元年から12年までの判例を詳細に検討した北大労働判例研究会の諸論文に明らかにされている[51]。それには，いくつかの要因が関係している。中でも重要なものとして，3つのものをあげることができる。

第一に，平成11年ごろから出現した解雇自由の原則の前提を前面に打ち出した東京地裁の一連の判例に顕著にみることができるように，厳格な解雇規制の見直し志向が強まったことである。こうした判例は，経済のグローバル化やバブル経済の崩壊後における経済の停滞や終身雇用慣行の動揺が関係している。これらの判例の問題点を整理し，批判したものとして，西谷論文がある[52]。

第二に，実態として，整理解雇が企業全体の縮小ではなく，特定の部署の閉

---

[48] 保原喜志夫「整理解雇をめぐる判例の法理（一）〜（七・完）」判評275号2頁以下，277号2頁，278号2頁以下，297号2頁以下，298号2頁以下，300号10頁以下，303号9頁以下（1981年〜1984年）。

[49] 東京高判昭和54・10・29労民集30巻5号1002頁。

[50] 四日市カンツリー倶楽部事件・津地四日市支判昭和60・5・24労判454号16頁。

[51] 「整理解雇判例法理の総合的検討〈上〉〈下〉」労旬1501号4頁以下，1502号4頁以下（2001年）。

第1章　解雇権の一般的規制法理としての解雇権濫用法理

鎖，部門閉鎖，部門縮小，企業解散あるいは事業譲渡などといった原因で行われるようになってきたことである。これは，産業構造の変容，企業の組織再編，労働者の職務の専門化などと深く関連しているが，野田教授は，この点を指摘し，整理解雇を4つに類型化（①規模縮小，②出向・転籍拒否型，③労働条件切下げ拒否型，④労働契約承継拒否型）して4要件・4要素の意義を再検討している[53]。同様に，川口教授は，雇用の廃止・削減を理由とする解雇，雇用転換への労働者の不適応を理由とする解雇，使用者が変更権を有しない場合の変更申込みに対する労働者の不承諾を理由とする解雇に分けて要件の設定をこころみている[54]。

そして，第三に，第一とも関連するが，上記東洋酸素事件控訴審判決でみられるように，就業規則の解雇事由を法的にどのように位置付けるかという問題と関連して，要素・要件を議論する判例が増えてきたことである。

以下では，主に平成元年から平成19年までの判例を整理，概観した上で，以上のような有益な先行研究を参考にしつつ，整理解雇の法理のあり方等について，検討を加えたい。

2　「整理解雇」の定義

まず，判例が整理解雇をどのようなものとして捉えているのか，という点である。わが国の整理解雇法理は，裁判所の判例の集積によって形成されているものであるため，明確な法律上の整理解雇の定義はなく，その定義も裁判所に委ねられている。判例は一般的には，整理解雇の概念を経営上の都合による解雇という程度に広義に解しているが，中には，より広く「人員削減のため労働者を解雇することをいうもの」とする例や，逆により狭く「整理解雇とは，一般に，解雇の対象とされた労働者には解雇に値するような行為や落ち度がないことを前提に，専ら経済的事情に基づいて多数の労働者の中から解雇の対象者

---

[52] 西谷敏「整理解雇の再構築」季刊労働者の権利238号59頁以下（2001年）。

[53] 野田進「整理解雇の諸類型と要件」『新時代の労働契約法理論』（信山社，2003年）13頁。

[54] 川口美貴「経営上の理由による解雇規制法理の再構成」日本労働法学会誌98号29頁以下（2001年）。

第5節 整理解雇

を選択してする解雇をいう」とする例もある。しかし，例えば，前者は，経営上の問題であることは争いがない事例であるし，後者は整理解雇以外の解雇事由が同時に主張されている事例であるから，その具体的事例によって定義を使い分けているものといえる。中には，傍論的にではあるが「労働者帰責性のない営業上の理由によってされる解雇をいい，事業の一部である部門閉鎖による一部解雇だけでなく，全事業の閉鎖に伴う全員解雇も含まれる」とする例もあるが，整理解雇の効力・効果の有無をめぐって整理解雇の4要件ないし4要素なるものの適用範囲の問題に混乱をもたらす可能性があることを考えると必ずしも妥当とはいえない。私見としては，整理解雇の定義を「整理解雇とは，企業が経営上必要とされる人員削減のために行う解雇である。」という学説[55]に従っておきたい。この定義によれば，経営悪化の如何に関わりなく企業が生産・サービスの縮小，機械化又は組織再編に伴って生じた余剰人員を解雇する場合はもとより，合理化で特定職種が消滅したため生じた余剰人員の解雇も整理解雇に含まれることになる。なお，特定の職種の消滅には当たらないが，新技術導入などによる雇用転換への労働者の不適応を理由とする解雇も，実質的な理由は経営上の必要性による人員削減であるから，整理解雇に含まれるといえる[56]。また，この定義は，株式譲渡を理由とする解雇はもとより[57]，企業自体が存続しなくなる解散・企業閉鎖による解雇などを包含しないが，他方，法令に基づく企業活動の縮小により生じた余剰人員の解雇など[58]も含みうるものである。そして，その定義に「経済的事情」や「経営不振などのために」という限定をつける必要性は存しないというべきである[59]。なお，本節は，この定義からもれる解散・企業閉鎖の問題などについても検討の対象とするが，有期契約や採用内定に関する判例は検討の対象としていない。

---

55 菅野和夫『労働法（第8版）』（弘文堂，2008年）457頁。
56 川口・前掲注（54）の論文。
57 外港タクシー本訴事件・長崎地判平成13・7・24労判815号70頁。
58 桐生レミコン事件・東京地判昭和52・6・28労判280号30頁。
59 下井隆史「整理解雇の法律問題」日本労働法学会誌55号21頁（1980年）は「経営不振などのために従業員数を縮減する必要に迫られたという理由により一定数の労働者を余剰人員として解雇する場合」と定義する。

3 整理解雇の濫用性判断

(1) 判例上の整理解雇の濫用性判断枠組みと立証責任

　整理解雇法理は,解雇権濫用法理の一適用場面であるから,その立証責任も,既に述べた構造が当てはまる。すなわち,前掲日本食塩製造事件最高裁判決によって確立され,現行労働契約法16条によって確認されている原則は,解雇理由の立証責任を実質的に使用者に転嫁するものであるということになる。ここでは,整理解雇の立証責任に関する具体的な判例を検討する。

　平成元年以降の整理解雇の判例は,就業規則の普通解雇事由に定められた「やむを得ない業務上の都合」「業務の継続が不可能となり,業務の縮小・廃止をするとき」等の規定を検討するものと,就業規則を問題とせず,直接,整理解雇の要件ないし要素を当てはめるものとに大別できる。そして,前者についていうと,その多くが限定列挙規定と解しているようである。ただ,注目すべきことは,これらの判例は2つのグループに大別できるということである。1つは,就業規則の規定を「いわゆる整理解雇の要件を定めたもの」として,整理解雇法理を適用して当該解雇の効力を判断するものであり,もう1つは当該規定の文言解釈から当該解雇の効力を判断するものである。

　しかし,判例が整理解雇の効力を判断する仕方は,比較的最近まで,就業規則の普通解雇事由規定の解釈として事件を処理するか否かに直結していなかったようである。多くの判例は,いわゆる整理解雇の法理を適用して,実質的に立証責任を使用者に転嫁して処理してきたのではないかと思われる。その後,解雇自由の原則を闡明し,労働者に形式的にも実質的にも立証責任がある旨を論じる下級審判例が現れるに至り[60],判例の中には,意識的に就業規則の解雇事由規定を解釈することにより,立証責任の配分を論ずるものが現れた。その典型は,ジェネラル・セミコンダクター・ジャパン事件である[61]。この事件で裁判所は,就業規則の普通解雇規定「職制の改廃,経営の簡素化,事業の縮小その他会社業務の都合により剰員を生じたとき」,「その他会社業務の都合上,やむを得ない事由があるとき」は解雇できるという規定を解釈し,原告の請求原因を雇用契約関係があり,解雇の意思表示がなされたこと,被告の抗弁を就

---

[60] 角川文化振興財団事件・東京地決平成11・11・29労判780号67頁,東京漁商業協同組合事件・東京地判平成12・1・31労判793号78頁等。

第5節　整理解雇

業規則の解雇事由に該当すること，再抗弁を解雇権の濫用ないし信義則違反があることと整理した。そして，上記就業規則を充足するか否かの判断に当たっては，人員削減の必要性，解雇回避の努力，人選の合理性の諸要素を総合して判断するとし，具体的諸事情を総合すると，被告は就業規則の解雇事由に該当する事実を証明できなかったので，被告の抗弁は理由なく，解雇は無効であるとする。この判決によれば，被解雇労働者や組合への説明，協議といった手続の相当性は，労働者が証明すべき再抗弁事由ということになる。しかし，その後の判例の中には，こうした就業規則の普通解雇事由規定の文言解釈によらず，整理解雇法理の先例判決を根拠に，これらの3要素の存在は使用者が主張立証すべき抗弁であり，手続の相当性（または信義に反する対応）については，労働者が主張すべき再抗弁であると整理する判例が多い[62]。このことは，裁判所が上述したような立証責任の実質的な使用者への転嫁を一般的に行っていることを物語っているとみることもできる。

　ところで，これらの判例のように，4要素を3つの要素と残りの1つの要素とに分けて立証責任を労使に配分する手法の最大の問題は，果たして，残りの1つの要素である手続の相当性を他の要素である解雇回避の努力から完全に切り離すことができるのか，ということである。整理解雇につき，労働組合と協議するのは，通常は，協議を通して解雇を，回避の方法，被解雇者選択基準設定の方法，不利益緩和の方法等を模索すること前提としているはずだからである[63]。他方，手続の相当性がどうして問題にされるのかというと，整理解雇では，専ら使用者側の経営上の事情によって，帰責事由のない労働者を解雇するのであるから，労働者の被る不利益に十分に配慮して手続を踏むべきであるという，いわば信義則上当然の要請に基づくものと考えられる。しかし，その手

61　東京地判平成15・8・27労判865号47頁。もっとも，こうした処理の仕方は，既に東洋酸素事件・東京高判昭和54・10・29労民集30巻5号1002頁でも採られていた。

62　山田紡績事件・名古屋地判平成17・2・23労判892号42頁，同控訴事件・名古屋高判平成18・1・17労判909号5頁，コマキ事件・東京地決平成18・1・13判時1935号68頁，東京自転車健康保険組合事件・東京地判平成18・11・29労判935号35頁等。

63　例えば，東京教育図書（本訴）事件・東京地判平成4・3・30労判605号37頁，ジャレコ事件・東京地決平成7・10・20労経速1588号17頁等は，協議の問題を解雇回避努力に含めて検討している。

続が解雇回避努力や被解雇者選択基準の合理性に影響するとはいえても，それ自体が解雇の客観的に合理的な解雇事由の存否を決定するものとはいえない。そこで，私見としては，従来手続の相当性の対象としてきたことの大部分は被解雇者選択の合理性と解雇回避の努力の有無の判断に取り込まれて判断され得るから，手続の相当性は，解雇の客観的に合理的な理由の領域に入らず，その相当性の立証は，信義則の一般原則に服して，労働者側に立証責任があるといってもよいのではないかと考える。

(2) 「要件」・「要素」の実際的な違い

既にみたように，整理解雇に関する初期の判例のほとんどは，整理解雇の4要件を適用して解雇の有効性判断を行っていたが，その後，ナショナル・ウエストミンスター銀行第一次仮処分異議事件（以下，ナット・ウェスト仮処分異議決定）[64]において，東京地裁が「4要件は解雇権の濫用の判断要素を類型化した判断基準であり，その一つ一つが当然に有効な解雇の必要条件ではなく，一つ一つを分断せず，全体的，総合的に捉えるべきである」として以降，判例により形成されてきた4つの判断基準を要件とする判例と，要素とする判例とが入り混じる状況になった。これを整理解雇該当性を否定した判例と余剰人員と適格性欠如を総合考慮したものを除く，平成元年以降平成19年までの整理解雇の「要件」・「要素」という文言を使用する判例（68件）についてみると，解雇の有効性の判断において，従来のように明示的に4要件の充足を要求するものも依然としてかなりあり（23件），中には，5要件を充足することを必要とする判例[65]や4条件等が満たされなければならないとする判例[66]さえある。しかし，特に，平成13年以降，その数が大きく減少している。これに対し，「要素」という文言を使用する判例は明らかに増加してきている（13件）。

しかし，その後の判例の中にも，単に要件というより，むしろ明確に「各要件をいずれも充足する必要がある」[67]（筆者下線付加）と要件を強調している例も散見される。これとは逆に4要件という文言を使いながら「4要件の該当性

---

64 東京地決平成10・8・17労経速1690号3頁。
65 大阪造船所事件・大阪地決平成元・6・27労判545号15頁。
66 千代田化工建設（本訴）事件・東京高判平成5・3・31労判629号19頁。

の有無，程度を総合的に考慮して判断」とする判例が6件ある[68]。なお，ナット・ウェスト仮処分異議決定以前の判例の中にも「4要件等の諸事情を総合勘案」するとする判例[69]も散見された。また，同仮処分異議決定後の多くの判例は，「要件」・「要素」という文言は用いず，従来要件とされてきた4つの事項（要件か要素を明示しない）を掲げ，または，それらの事項を小見出しとして，それらを総合考慮ないし4つの事項または他の諸般の事情も含めて総合考慮するなどとする判例が大半を占めるようになっている。要するに，判例は極めて多様化しており，統一して理解することが難しくなっている。

ところで，最近増加している「要件」・「要素」という文言を用いない判例が果たして4つの事項を「要件」的に捉えているのか，「要素」的に捉えているのかは，必ずしも明らかではない。要素と捉えれば，類型として1つの要素が満足されなくとも，他の要素が満足されていれば総合考慮して整理解雇は有効となるということができるが，要件と捉えるとそうはいかない。しかし，要件と捉えても，要件の1つ，例えば，人員削減の必要性がかなり低いものであってもこれを認めることにすれば，他の要件の充足度が高い場合は，要件の総合考慮で整理解雇は有効となるとすることは可能であろう。4要件該当性を要求する判例の中には，前述の「4要件の該当性の有無，程度を総合的に考慮して」判断するなどの例があるが，これがある要件の充足性が弱い場合でも，他の要件がそれを補うことがあるとの趣旨であると考えられる。総合考慮の具体的な判例をみると，4要件のいずれも満たしているとするもの[70]，いずれも満たしていないとするもの[71]，人選基準の他は全て満たしていないとするもの[72]，全

---

67 北原ウエルテックス事件・福岡地久留米支決平成10・12・24労判758号11頁，三田尻女子高校事件・山口地決平成12・2・28労判807号79頁，東北住電装信州工場事件・長野地上田支決平成15・11・18労判861号85頁。

68 シンガポール・デベロップメント銀行（仮処分）事件・大阪地決平成11・9・29労判778号84頁，同仮処分異議事件・大阪地決平成12・5・22労判786号26頁，大誠電機工業事件・大阪地判平成13・3・23労判806号30頁，同控訴事件・大阪高判平成15・1・28労判869号68頁，宝林福祉会事件・鹿児島地判平成17・1・25労判891号62頁，社会福祉法人仁風会事件・福岡地判平成19・2・28労判938号27頁。

69 日新工機事件・神戸地姫路支判平成2・6・25労判565号35頁，高松重機（本訴）事件・高松地判平成10・6・2労判751号63頁。

て不相当でないとするもの[73]であって，通常の4要件充足を要求する判例と顕著な結果の違いはみられない。

　ナット・ウェスト仮処分異議決定以降平成19年までの具体的な判例をみると，「要素」という文言を使用する判例，または「要素」なのか「要件」なのかを明示しない判例で，かつ，整理解雇の有効性を認めたものは，整理解雇有効とした事例は，ほとんどが4つの事項（要件または要素）に違反しないと判断したものであるということができる。したがって，1つの事項に反しても有効とした判例は極めて少ないということになる。例外としては，工場閉鎖であるため人選の合理性を配転可能性に絡めて判断している東洋印刷（仮処分）事件[74]，人選については，ホームヘルパー派遣事業委託解消によるホームヘルパーとしての残留は不可能との判断をした長門市社会福祉協議会事件[75]，従来の4要件とは異なる考慮要素を掲げ，これを満たすとしたナショナル・ウエストミンスター銀行第三次仮処分事件[76]，一応，4つの事項について検討するが，委託解消業務に従事することを目的として雇用されていたとの理由で4つの事項のいずれについても前提を欠くまたは反するとまでいえない等とした角川文化振興財団事件[77]，たとえ4つの事項に反する事実があるとしても解雇権濫用とまではいえないとした島之内土地建物事件[78]がある。これらのうち，前2事件は，その事実関係からみて，4要件の充足を必要とするとの立場をとっても結果が変わらない可能性があるが，後の3つについては，結果が変わる可能性が高い。

　また，ナット・ウェスト仮処分異議決定以降の判例で検討すると，4要件充

70　前掲注（68）の大誠電機工業事件一審・二審判決。
71　前掲注（69）の高松重機（本訴）事件，前掲注（68）の宝林福祉会事件判決。
72　前掲注（68）の社会福祉法人仁風会事件判決。
73　前掲注（68）のシンガポール・デベロップメント銀行仮処分異議事件決定，同本訴事件・大阪地判平成12・6・23労判786号16頁。
74　東京地決平成11・10・4労旬1482号24頁。
75　山口地決平成11・4・7労経速1718号3頁。
76　東京地決平成12・1・21労判782号23頁。
77　東京地決平成11・11・29労判780号67頁。
78　大阪地決平成13・10・31労判816号85頁。

第5節　整理解雇

足を要求する判例の中には、解雇回避努力を欠くことだけで無効としたものが2件[79]あるのに対し、その他の立場をとる判例（そもそも整理解雇に該当しないとする例を除く）の中には1件もない。4要件充足を要求することの解雇無効効果が大きいことを物語るものといえる。もっとも、人選の合理性を欠くというだけで無効にしたものは、4要件充足を要求する判例には1件もないのに対し、その他の立場をとる判例には4件あるのであるが[80]、そもそも、いくら4要素といっても、被解雇者の人選が恣意的であるような場合にも解雇が有効になるはずがないので、これは当然といえる。その意味で、これを要素と呼ぶのは明らかにミスリーディングであると思われる。

　さらに、4要件の充足を要求する判例における労働者の勝訴率は圧倒的に高く、ナット・ウェスト仮処分異議決定以降、18件中16件で労働者側が勝訴している。これに対し「要件」という文言を使用しない判例では、42件中18件でしか労働者側が勝訴していないのである。しかし、これには、全ての要件を充足できるか否かの違いのみではなく、まさに主張・立証責任の所在が関係している可能性がないとはいえない。整理解雇の要素と解し、かつ、就業規則の普通解雇規定の限定列挙的解釈を採らない場合、解雇権濫用の立証責任が労働者に課されるとの解釈が採られている可能性がないとはいえないからである。しかし、私見によれば、もとより、前掲日本食塩製造事件最高裁判決の判旨に従っても、客観的に合理的な解雇理由が存在することの実質的な立証責任は使用者に負わされるべきであり、これに反する下級審の処理の仕方は不当といわなければならない。

79　前掲注（68）のシンガポール・デベロップメント銀行仮処分事件決定、前掲注（74）の東洋印刷仮処分事件決定。

80　明治書院（仮処分）事件・東京地決平成12・1・12労判779号27頁、道後温泉観光バス事件・松山地判平成14・4・24労判830号35頁、労働大学（本訴）事件・東京地判平成14・12・17労判846号49頁、千代田学園事件・東京地判平成16・3・9労判876号67頁。

第1章　解雇権の一般的規制法理としての解雇権濫用法理

4　要件・要素ごとの検討
(1)　人員削減の必要性

　判例が人員削減の必要性に注目するようになったとされる昭和50年代の判例の中には，解雇にしなければ「企業の維持存続が危殆に瀕する」とか「会社の経営状態が倒産必至」という程度の必要性を要求する判例もあったが，東洋酸素事件[81]以降，「高度の経営危機にある」ことで足りるとする判例が一般的となった。しかし，「高度の経営危機」といっても，企業の規模，業種，労働者の職種，労働契約の種類等によってその程度も異なることになるといわなければならない。また，「高度の経営危機」は，必ずしも，企業経営の著しい赤字とその回復の見込みが薄い場合に限定する必要はないであろう。例えば，同業他社との競争に落後しないように企業の維持・発展のため機械化や組織再編を行う高度の必要性が客観的に存するような場合にも「高度の経営危機」が存するということができるであろう。しかし，従来の判例をみると，ほとんどの場合，企業全体の顕著な赤字状態を前提としている。そうしないと整理解雇に歯止めがかからず，解雇される労働者の不利益との不均衡が生ずる虞があるとの判断からであろう。この主な例外の1つとされるのが企業の特定の部門ないし事業場の閉鎖に伴う整理解雇の場合である。代表的な事案である東洋酸素事件控訴審判決は，当該部門に相当の赤字があり，かつ，その改善がほとんど期待できず，会社経営に深刻な影響を及ぼす場合には，その時点で企業全体として赤字状態でなくとも，人員削減の必要性があるとしている。明らかに採算に合わないかたちでの企業活動の維持を強制するのは経営の自由への不当な介入となり，またそうすることは雇用調整の適期を失わせ最終的により多くの労働者の解雇に繋がる虞がある[82]。

　このためか，昭和60年以降の判例には，経営者が将来の経営危機を見越して合理化を図ろうとすることは是認されるべきであり，合理的必要があれば，今後の経営のために先手を打った整理解雇も許されるとする，いわゆる予防型ないし先取り型の整理解雇を認める判例がみられるようになった[83]。さらに，平成13年以降の判例の中には，「人員の削減に経営上の必要があり，かつ，経

---

[81]　東京高判昭和54・10・29労判330号71頁。

[82]　住友重機愛媛製造所（仮処分）事件・松山地西条支決昭和54・11・7労判334号53頁。

営上の必要性が企業経営上の観点から合理性を有するものであれば」余剰人員の解雇は一応合理性を有するとの立場から，いわゆる企業戦略型の整理解雇を認める傾向が出てきた[84]。

ところで，欧米の多くの国々では，企業がその適正な企業運営を行うための整理解雇は，それが不当な目的によらず手続的に公正に行われる限り，正当性を有するとの見解が一般的である。したがって，整理解雇の経営上の必要性が虚偽ないし口実に過ぎない場合でない限り，人員削減の必要性につき，裁判所が立ち入った審査をすることはない。したがって，人員削減の必要性に関する最近の裁判所の審査レベル緩和の傾向は，一応，ヨーロッパ諸国の発想に近いものとみることもできる。しかし，わが国の雇用関係においては，特に雇用継続を期待させ，労働者のコミットメントを引き出す傾向が強く，労働者の生存・人格的尊厳の帰趨が当該雇用・職場に依存せざるをえない状況にあるから，使用者の解雇は信義則上の雇用継続配慮義務によって制限されるべきであり，判例が人員削減の必要性について経営状態に立ち入った審査をする必要性が高いといえるのであり，また，企業経営における企業の経営判断を重視するとして人員削減の必要性を広く認める場合には，必要とされる解雇回避努力の程度が相対的に高まると考えるべきである。

実際，平成元年以降の判例の中には，人員削減の必要性を比較的広く認めつつ，より高度の解雇回避努力を求める判例がある。例えば，「深刻な経営危機に直面した整理解雇の場合と比較すると……より慎重に吟味されるべきである」[85]，「会社全体の経営が逼迫していたわけではないから，信義則上，高度の解雇回避努力義務が求められる」[86]，「明白な人員整理の必要性があったとはい

---

[83] 四日市カンツリー倶楽部事件・津地四日市支判昭和60・5・24労判454号16頁，正和機器産業事件・宇都宮地決平成5・7・20労判642号52頁，北海道交運事業協同組合事件・札幌地判平成12・4・25労判805号123頁，労働大学（仮処分）事件・東京地決平成12・5・26労旬1438号61頁。

[84] 前掲注（64）のナショナル・ウエストミンスター銀行第一次仮処分異議事件決定，同第二次仮処分事件・東京地決平成11・1・29労判782号35頁。

[85] ゾンネボード製薬事件・東京地八王子支判平成5・2・18労判627号10頁。

[86] PwCフィナンシャル・アドバイザリー・サービス事件・東京地判平成15・9・25労判863号19号。

えない（から）……信義則上，高度の解雇回避努力が求められる」[87] などとして，そのような企業経営上の必要性と労働者の雇用の保護という利益の調整を反映するものが多数みられる。

(2) 整理解雇回避の努力

判例は，人員削減の必要性の判断をした後，使用者が解雇回避の努力がなされたかを検討するのが一般である。人員削減の手段として，整理解雇を選択することの必要性を判断するのである。この解雇回避の努力は，雇用契約上使用者が労働者に負っている雇用維持のために合理的な配慮をする義務の内容の1つであるというべきである[88]。したがって，この解雇回避の努力を経た後，はじめて被解雇労働者数が確定されることになる[89]。従来の判例には，新規採用の中止，自然減耗人員の不補充，役員報酬のカット，昇給の停止，時間外労働の規制，一時帰休の実施などの存否に触れているものも多い。特に，整理解雇の傍らで，大幅な賃上げや多数の新規採用を行うなどというのは明らかな矛盾がある。より多くの事案では，配転及び希望退職の募集の存否が整理解雇の効力を左右する。まず，剰員の削減が必要とされている事業所内及び当該事業場以外の事業場への配転可能性が問題とされる[90]。しかし，配転による解雇回避には自ずから限界がある。通常，それが可能なのは，余剰人員を受け入れる余地があることが前提となるので，他の部門，事業所等で受入れができるだけの人員配置の弾力性があるか[91]，事業の拡大が予定されているか，あるいは，自然退職や後に述べる希望退職の募集を通じて欠員が生じる場合に限定される。もっとも，配転が不可能としても，使用者は解雇回避努力義務の履行として出

---

[87] アソシエーテッド・プレス事件・東京地判平成16・4・21労判880号139頁。

[88] 小西國友「整理解雇をめぐる実務的問題（上）」労判639号5頁（1994年）。

[89] 保原喜志夫「整理解雇をめぐる判例の法理（5）」判評298号2頁。

[90] アメリカン・エキスプレス・インターナショナル事件・那覇地判昭和60・3・20労判455号71頁。

[91] シンガポール・デベロップメント銀行仮処分異議事件・大阪地決平成12・5・22労判786号26頁は，大阪，東京両支店が採用，人事交流もなく，配置転換は予定されておらず，配転するのは小規模経営者にとっては経済的負担が大きく，担当業務習熟までの業務停滞も避けられないとする。

第5節　整理解雇

向や転籍の可能性も考慮する義務があるというべきである[92]。なお，このような配転，出向，転籍命令を労働者が拒否した場合，使用者がその労働者を配置するところがなくなった（余剰人員となった）ものとして当該労働者を解雇する場合は，その実質に鑑み整理解雇の要件を満足しない限り解雇は無効とされる[93]。

　希望退職の募集の有無は，判例上，さらに一般的な整理解雇の有効性の判断要素として用いられている。希望退職の募集は退職金の上乗せなどにより任意の退職を誘導するものであるから，いわば理想的な剰員解消法の1つといえるからである。しかし，これにも限界が存する。まず，その募集は人員整理の緊急性，企業の経済的能力，労働者側の協力，競争会社による有能な労働者引き抜きの可能性等を無視しては行えない。また，希望退職の募集は，労働者全体に先行き不安を醸成し，有能な労働者ほどこれに応じて退職する虞がある。これらのことは，必ずしも全ての整理解雇において希望退職の募集を有効性の要件とすることはできないことを意味する[94]。また，整理解雇手続の公正の視点から，希望退職の募集は，原則として，企業全般に適用されるべきであると考えるが，特定部門の人材の喪失が今後の企業の存立に影響する可能性が大きいことなど合理的な理由がある場合には，当該部門においてその募集を行わないことも認められるべきである[95]。これと関連して，使用者が希望退職の募集基準を設けることが多い。この場合，対象者を男性だけにするようなものは，退職条件の差別として労基法4条違反を構成する可能性が強い。また，希望退職の募集期間が極めて短い場合[96]とか金銭的なインセンティブをもたない場合[97]には，希望退職の募集が形式にすぎないとみられる可能性がある。

---

[92]　千代田化工建設（本訴）事件・東京高判平成5・3・31労判629号19頁。
[93]　出前工機事件・東京地判平成2・9・25労判570号35号，前掲注（92）の千代田化工建設（本訴）事件，大阪造船所事件・大阪地決平成元・6・27労判545号15頁。
[94]　東洋酸素事件・東京高判昭和54・10・29労民集30巻5号1002頁，ナカミチ事件・東京地八王子支判平成11・7・23労判775号71頁，シンガポール・デベロップメント銀行（本訴）事件・大阪地判平成12・6・23労判786号16頁等。
[95]　前掲注（94）の東洋酸素事件東京高判。
[96]　道後温泉観光バス事件・松山地判平成14・4・24労判830号35頁。

以上のような解雇回避の努力の後に，被解雇者数が特定されるのであるから，例えば，一定数の人員削減を目指して希望退職の募集を行い，その目標数に達しなかったとしても，その時点で改めて必要とされる被解雇者数が特定されなければならないと思われる。また，わが国における人員整理は，欧米の場合と異なり，雇用契約上一般に労働者の職が特定されていないので余剰人員の員数が職ごとに特定されるのでなく，大まかに全体として決定されるに過ぎない。このことは，解雇回避の努力や解雇対象者の選定基準との関係で特に重要となるが，余剰人員の員数の決定においても問題にされざるを得ないと思われる。したがって，希望退職の募集によって目標とされた人員の削減が100％まで達成されなかった場合，当初の目標達成のためというだけの理由で削減目標数に達しなかった分の労働者の解雇の必要性が肯定されない場合があると思われる[98]。

(3) 人選の合理性

整理解雇法理が法律ではなく判例上形成されたこともあり，わが国では，被解雇者選定（人選）の合理性に関しては，必ずしも明確な公正基準が確立されていないといってよい。特に困難なことは，経営の再建・建て直しに主眼を置けば能力主義的基準に傾き，労働者の保護を主眼に置けば解雇の打撃の少ない者という基準に傾かざるを得ないことである。しかし，わが国では最近になってやっと能力主義的人事管理が本格化してきたばかりで，未だ能力評価すら抽象的・主観的レベルに止まっている。例えば，人望があるか，業務に秀でているかなどといった使用者の恣意の入りやすい基準が用いられることも多く，基準が客観的でなければ解雇は無効とされるのは当然である[99]。したがって，ま

---

[97] コマキ事件・東京地決平成 18・1・13 判時 1935 号 168 頁。しかし，額の大小は会社の経営状況にもよる。労働大学（本訴）事件・東京地判平成 14・12・17 労判 846 号 49 頁。

[98] 住友重機愛媛製造所（仮処分）事件・松山地西条支決昭和 54・11・7 労判 334 号 53 頁，日新工機事件・神戸地姫路支判平成 2・6・25 労判 565 号 35 頁，前掲注（93）の大阪造船所事件決定等。

[99] ゾンネボード製薬事件・東京地八王子支決平成 5・2・18 労判 627 号 10 頁，日証（第 1・第 2 解雇）本訴事件・大阪地判平成 11・3・31 労判 765 号 57 頁等。

た，評価項目，評価対象期間，評価方法等が明らかでない場合は合理的基準といえない[100]。年齢，職位，考課という要素をあげても，どの要素をどのような順序で当てはめたか分からない場合には合理的とは言えない[101]。さらに，判例は一見客観的と見える基準でも，恣意の入る可能性があるか否かを吟味している。例えば，歯科技工士の所定時間内製作点数の低いものからの選抜が共同作業に相対的に低い配点をしたり，作業の不慣れやサービス残業をどう扱うかなどにより恣意が入る可能性があるとした[102]。これに対して，人件費の負担，体力や適応性の低下等を理由に高齢者を整理対象とする基準で解雇した場合でもその効力を容易に肯定する判例が多い[103]。これに対して，ドイツでは，解雇者選択は勤務成績などの労働力評価の観点によらず福祉的観点に従って不利益の小さい労働者から行わなければならない。使用者は正当な業務運営の必要性のある場合に限って必要な労働者を選択対象から外すことができるだけである。また，フランスでは，労働協約等に規定がない場合，使用者が従業員代表の諮問をなした上で決定する解雇順位の基準につき考慮すべき基準（家族の負担，勤続期間，職業的資格，年齢及び障害）が法定されている。わが国でも，高齢者や障害者等の弱者保護の見地から解雇選抜基準に一定の法定規制を課すべきであろう[104]。ただ，高齢者の場合，年功的要素は希釈されつつあるが，なお高齢者の賃金の高さが問題となろう。そのため使用者に賃金切下げの提案をすることを認める一方で，労働者がこれに応じない場合は解雇できるとする，いわゆる変更解約告知の適用も考える向きもある[105]。しかし，そのような場合，

---

100 オクト事件・大阪地決平成13・7・27労判815号84頁，労働大学（本訴）事件・東京地判平成14・12・17労判846号49頁等。

101 横浜商銀信用組合事件・横浜地判平成19・5・17労判945号59頁。

102 沖歯科工業事件・新潟地決平成12・9・29労判804号62頁。

103 三井石炭鉱業事件・福岡地判平成4・11・25労判621号33頁，大阪暁明館事件・大阪地決平成7・10・20労判685号49頁，明治書院（仮処分）事件・東京地決平成12・1・12労判779号27頁。

104 現在は，高年齢者雇用安定法が雇用機会の確保（4条）及び能力開発・作業条件整備・再就職援助措置を講じる努力義務（15条）を定めているだけである。なお，障害者に関して，厚生労働省は，障害者差別を禁止するための障害者雇用促進法の改正を考えているようである（asahi.com. 2009年7月9日）。

105 岡田和樹＝廣石忠司「ホワイトカラーの雇用調整と法的課題」季労168号179頁。

むしろ，解雇にからめず，その切下げの相当性が裁判で争えるような法的仕組みが確立される必要がある。

(4) 組合，労働者との協議・説明

判例は，一般に，解雇協議条項がなくとも使用者は，信義則上，労働組合または労働者に対して解雇実施の必要性とその方法について説明し，理解を得るために誠実に協議しなければならないとしている[106]。具体的には，まず，組合に対して，希望退職の募集後の整理解雇の有無・時期・方法，さらには受注台数の減少に伴う整理解雇の必要性につき納得を得るため誠意をもって協議を尽くす必要があるとする判例[107]，労使の協議は人員整理の必要性，整理の方針，その手続（希望退職の募集，募集の時期），規模（人数，範囲），人員整理ないし解雇の基準とその適用（具体的人選）及び解雇条件（経済的処遇）等広範囲にわたるべきところ，整理解雇の適用基準及びその適用等について協議がされていないとする判例等がある[108]。また，多数組合のほかに少数組合がある場合にはこれに対しても説明・協議を尽くさなければならないとする判例がある[109]。組合に加入していない労働者について，臨時工の加入していない組合とのみなされた協議手続では不十分とした判例がある[110]。さらに，組合がないケースで，労働者に事態を説明して了解を求め，解雇の時期，規模，方法等について納得が得られるよう努力したことが必要であるとする判例がある[111]。したがって，所属組合があればその組合，なければ当該労働者自身に対して，使用者は説明・協議義務を負っているとするようにみえる[112]。

説明・協議の具体的な判断をみると，整理解雇の可能性の説明・協議もな

---

[106] インタープレス事件・東京地決昭和61・12・23労判489号6頁。
[107] 高松重機（本訴）事件・高松地判平成10・6・2労判751号63頁。
[108] 高田製鋼所事件・大阪高判昭和57・9・30労民集33巻5号851頁。
[109] 山崎技研事件・高知地判昭和54・5・31労判325号31頁。
[110] 赤阪鉄工所事件・静岡地判昭和57・7・16労判392号25頁。
[111] 宗田ゴム事件・大阪地決平成10・6・4労判747号87頁。
[112] ナショナル・ウエストミンスター銀行（第一次仮処分）事件・東京地決平成10・1・7労判736号78頁は当該労働者やその組合との間において誠意ある協議を行ったとは認められないとするが，これは別個の協議を意味するものではないだろう。

かった[113]，必要性の説明が口頭で具体的でなかった[114]，整理基準も抽象的な説明にとどまった[115]，示した資料は決算報告書のみでその詳細は明示せず，組合の質問にも真摯に回答しなかった[116]等の事案で協議が尽くされていないと判断されている。他方，9回にわたる団交を行っており，仮に説明・協議が尽くされなかったと評価できる点があったとしても解雇権濫用と評価できない[117]，7回の団交で希望退職募集条件の上乗せなどそれなりの柔軟性を見せた[118]，協議の経過等からして使用者が柔軟に対応し，協議を続行したとしても共通の理解が得られたか疑問等として解雇の効力を肯定する判例がある[119]。要するに，説明，協議を尽くしたといえるか否かの裁判所の判断基準は厳しいものではないといってよい。

　ところで，この手続の相当性に関しては，整理解雇が避けられない状況が増加しつつあるとの認識の下に，労働者の不利益軽減措置（補償金，再就職斡旋，技能訓練，最優先的再雇用枠の確保等）を解雇に関する協議義務履行の有無と絡めて判断するべきであるとの学説上の主張がみられる[120]。確かに，人員整理がやむを得ないものであるとしても，解雇される労働者個人に責任があるわけでもなく，また絶対的に公正な解雇基準が設定できるわけでもない以上，被解雇労働者に対する金銭的あるいは再就職支援が十分協議されたか否かは使用者の協議義務の履行の有無を決するための重要な判断要素というべきであろう。

113　宝林福祉会事件・鹿児島地判平成 17・1・25 労判 891 号 62 頁。
114　揖斐川工業運輸事件・横浜地川崎支決平成 12・9・21 労判 801 号 64 頁。
115　横浜商銀信用組合事件・横浜地判平成 19・5・17 労判 945 号 59 頁。
116　塚本庄太郎商店事件・大阪地決平成 13・4・12 労判 813 号 56 頁。
117　労働大学（仮処分）事件・東京地決平成 12・5・26 労旬 1438 号 61 頁。
118　シンガポール・デベロップメント銀行（仮処分異議）事件・大阪地決平成 12・5・22 労判 786 号 26 頁。
119　明治書院（仮処分）事件・東京地決平成 12・1・12 労判 779 号 27 頁。
120　唐津博「長期雇用慣行の変容と労働契約法理の可能性」日本労働法学会誌 87 号 111 頁（1996 年）。

5 企業解散解雇

(1) 真実解散

本節の 2 で述べたように，会社解散による解雇は，本書の「整理解雇」の定義には当てはまらない。会社が解散しても清算終了までは労働契約は存続するが，通常，労働者は清算終了までに解雇される。そして，一般に，会社の解散を理由とする解雇は，会社解散の自由（憲法 22 条 1 項）を理由として，原則として，有効と解されている[121]。確かに，解散の自由は否定しえず，解散の効力については「株主総会の決議の内容自体に法令又は定款違反の瑕疵がなく，単に決議する動機，目的に不法があるにとどまる場合には，当該決議が無効となるものではない」[122] といえる。しかし，解散が有効なら，解雇も有効かといえば必ずしもそうではない。解散して清算が終了すれば最終的に法人は消滅することになるが，法人を解散することとその労働者を解雇することとは同一ではないからである。解散は恣意的であっても有効だが，解雇は恣意的であれば濫用・無効となり得る。この理由は，三陸ハーネス事件決定において，見事に説明されている。すなわち，「使用者の事業廃止の自由も労働者の生活の糧を奪うものである以上は，恣意的に行うことが許されないのはいうまでもない。また，労働者たる地位を有しているか否かによって，種々の局面において，解雇された者の保護の程度も変わりうるものであるから（例えば，倒産法制度上労働者の賃金請求権は財団債権（破産法 149 条），優先的破産債権（破産法 98 条 1 項，民法 306 条 2 号），一般優先債権（民事再生法 122 条 1 項，民法 306 条 2 号）のように他の債権よりも優先的地位が与えられている），事業の廃止は有効としつつ，解雇は無効であるとして労働者の賃金債権を認めることは無意味であるとはいえない。」からである[123]。

それでは，整理解雇法理が解散による解雇に適用されるべきか。本書の定義

---

[121] レックス事件・東京地決平成 6・5・25 労経速 1540 号 28 頁，コントロンインスツルメント事件・平成 7・7・14 労判 692 号 91 頁，大森陸運ほか 2 社事件・神戸地判平成 15・3・26 労判 857 号 77 頁，静岡フジカラー他 2 社事件・静岡地判平成 16・5・20 労判 877 号 24 頁。

[122] 決議無効確認等請求事件・最三小判昭和 35・1・12 裁判集民事 39 巻 1 号 1 頁。

[123] 仙台地決平成 17・12・15 労判 915 号 152 頁。

では、これは整理解雇の枠から外れるので、この問いは、類推適用されるかということになる。整理解雇法理を適用ないし類推適用する判例はあまりないが[124]、解雇手続の相当性を解雇無効との関係で論じる例があるほか、例外的に事業廃止の必要性をも検討する例がある[125]。そこで、まず、解散に伴う解雇手続が問題とされた判例をみることにする。こうした判例には、労働組合との解雇協議条項が問題とされたものと、そうではないものがある。

　解散した企業が労働組合との労働協約で解雇協議条項を締結している場合が問題とされた最近の事例として、例えば、三州海陸運輸事件決定[126]がある。神戸地裁は、廃業に伴う解雇に労働協約の労働条件に関する協議条項の適用があるとした[127]。「本条項が合意された趣旨は、憲法上保障された労働者の権利の具体化として、組合員の身分保障を目的としていることが明らかであるから、『本条項は、当該解雇が債務者における営業を廃止することに伴う組合員全員を対象としている場合には一律の適用の余地がない』と解することは当を得ないものであるからである。」しかし、労使の合意を欠いても、①廃業決定の合理性が客観的に認められ、かつ②協議の場で誠意をもって説明されれば解雇は有効である。しかし、同事件では、その協議の場での誠意が欠けていたので解雇は無効であるとした[128]。これとは反対に、大森陸運ほか2社事件第一審判決[129]は、同様に誠意を尽くして事前に労使協議義務を行う義務があるとしながら、同事件では、協議義務違反はなかったと判断し、控訴審判決もこれを支

---

[124] 例えば、東北造船事件・仙台地決昭和63・7・1労判526号38頁は、「一般の整理解雇と異なり、解雇が許されるための類型的な要件を論ずる余地はなく……整理解雇の法理は適用されない」とする。

[125] 前掲注（123）の三陸ハーネス事件決定。

[126] 神戸地決平成8・6・11労判697号33頁。

[127] 本文に掲げる判例の他にも、協約の解雇協議条項違反を理由として解散による解雇を無効とした例は多い。飛鳥車輌工業事件・奈良地判昭和49・4・8労判カード198号3頁、同控訴事件・大阪高判昭和50・4・30労判カード227号11頁、大鵬産業事件・大阪地決昭和55・3・26労判340号63頁、大照金属事件・大阪地判昭和55・11・7労判352号36頁など。

[128] 類似の例として、東京金属ほか1社事件・水戸地下妻支決平成15・6・16労判855号70頁。

[129] 神戸地判平成15・3・26労判857号77頁。

持した[130]。

　次に、解雇協議条項のない事件でも、労働者等の労働条件の決定手続に対する参加の機会を与えず、組合との団体交渉の継続中に突然なされた解雇は、信義則上の義務に違反して解雇権の濫用になるとした判例がある。グリン製菓事件において、大阪地裁は、「例えば、企業を廃止するにしろ、法人としては残すのか、他の営業を始めるのか、解散、営業譲渡その他いかなる法的措置をとるつもりなのかの点とか、希望退職の募集のほかに再就職先の斡旋とか公平な退職金等の決め方など、清算法人になった以後の解雇に関する諸条件について、自らの意見や案を呈示すると共に、組合または個々の従業員からの意見を聴き、これについて折衝するなどして話し合い、債権者らの一応の了解が得られるよう協議を尽くすべき」[131]であるとした。これに対し、前掲三陸ハーネス事件決定は、結論として、解雇権の濫用を否定したが、一般論として、その内容を次のように述べている。「①使用者がその事業を廃止することが合理的で止むを得ない措置といえず、又は②労働組合又は労働者に対し解雇の必要性・合理性について納得を得るための説明等を行う努力を果たしたか、解雇にあたって労働者に再就職等の準備を行うだけの時間的余裕を与えたか、予想される労働者の収入減に対し経済的な手当を行うなどその生活維持に対して配慮する措置をとったか、他社への就職を希望する労働者に対しその就職活動を援助する措置をとったか、等の諸点に照らして解雇の手続が妥当であったといえない場合には、当該解雇は解雇権の濫用として無効であると解するべきである。」

　確かに、解散の必要性や生活維持の助成手当や再就職支援等の配慮や努力の有無を解雇権濫用判断に際して考慮することは使用者の雇用継続配慮義務の存在から肯定すべきである。ただ、事業廃止を行う場合でも、倒産を理由とする場合と経営戦略目的の場合とがあり、特に後者の場合には、事業継続の可能性がないともいえないが、真実解散の場合、いずれにせよ清算が終了すれば法人も事業も消滅するのであるから、上記のように解雇無効を肯定すべきであるが、労働契約は清算終了時までしか存続しない[132]。そして、判例は、清算手続は

130　大阪高判平成15・11・13労判886号75頁。
131　大阪地決平成10・7・7労判747号50頁
132　菅野和夫『労働法（第8版）』（弘文堂、2008年）433頁。

清算結了によって終了するが，清算結了には労働者との間の雇用契約関係の終了及びこれに関連して派生した紛争解決処理も含むとするから，それらが終了していない以上，たとえ株式総会で会社結了決議がなされても労働者が地位確認ないし賃金支払請求を行う場合，その訴訟の先決問題として清算結了行為ないし手続の無効も争えるとする[133]。であるとすると，労働契約は清算終了時までしか存続しないとしても，解雇権濫用法理に基づいて解雇無効を争う意味があるといわなければならない。

(2) 真実解散と法人格否認

会社の解散が真実解散の場合でも，その解散が親会社の労働組合員除去の目的によって行われたものである場合には，法人格否認の法理を適用して，当該解散会社によって解雇された従業員は当該親会社にその雇用責任を追及することができるとする裁判例がある。ところで，法人格否認の法理とは，法人格が違うことを理由に法的責任追及を免れることを認めないという法理であるが，この法理に基づいて法人格が否認される場合としては，法人格の形骸化と法人格の濫用という2つの場合がある。前者は法人格が全くの形骸にすぎない場合であり，後者は，法人格が法律の適用を回避するために濫用されるごとき場合に法人格を否認するというものである。そして，最高裁によれば，前者は「株式会社形態がいわば単なる藁人形に過ぎず，会社即個人であり，個人即会社であって，その実質がまったく個人企業と認められるがごとき場合」とされる。

このいわゆる法人格の形骸化は，一般に，①業務活動混同の反復・継続，②会社と株主の義務や財産の全般的・継続的混同，明確な帳簿記載，会計区分の欠如，④株主総会，取締役会の不開催等，株券の違法な不発行等などの総合考慮によって決められているといわれる[134]。したがって，法人格が形骸化して

---

[133] 第一運輸（清算結了無効確認請求）事件・和歌山地判昭和48・2・9判夕292号303頁，布施自動車教習所事件・大阪高判昭和59・3・30労判438号53頁。石田信平「会社解散に伴う解雇と解雇権濫用規制の適用」労旬1633号18頁以下，24頁（2006年）。

[134] 江頭憲治郎『株式会社法』（有斐閣，2006年）41頁以下，奥山恒朗「いわゆる法人格否認の法理と実際」『実務民訴講座5巻』（1969年）187頁，田村陽子「『法人格否認法理』に関する訴訟法的考察」立命館法学314号138頁以下（2007年）など。

いたと認められることは極めて困難である。例えば，布施自動車教習所事件[135]で，大阪高裁は，解散した控訴人布施教習所とその親会社長尾商事との関係について，①両者の業種及び事業所住所，従業員人数の違い，②同教習所は毎年株主総会及び取締役会を開催し，意思決定及び業務執行について法の要求する手続事項を遵守していたこと，③両者の財産の帰属及び収支を明確にしてきたこと，④同教習所はその裁量により従業員を採用し，指定教習所としての業務に専念してきたことを認定して，同教習所の法人格の形骸化を否定した[136]。これに対し，法人格の濫用は，法人格形骸化ほど要件が厳しくないとはいえるが，法人を道具として意のままに支配しているという「支配の要件」と法的安定性の要請から「違法又は不当な目的」という「目的の要件」が満足されなければならないとされる[137]。

判例の中には，法人格の濫用の場合においても，親会社が労働者の雇用責任を負うとする例もある[138]。しかし，布施自動車教習所控訴事件において，大阪高裁は，法人格の形骸化が認められず，単に親会社が子会社の法人格を濫用した場合には，親会社は，解雇された労働者の未払賃金分について子会社に連帯して支払責任を負うが，その雇用契約上の地位や解雇後の賃金支払義務はないと判示した[139]。確かに，子会社の法人格が形骸化していない以上，子会社の解雇が不当労働行為に該当して解雇権濫用として無効になり，不法行為に基づく損害賠償請求の対象とはなり得るとしても，そのことから当然に親会社と

---

135 大阪高判昭和 59・3・30 労判 438 号 53 頁。
136 法人格の形骸化が認められた事件としては，川岸工業事件・仙台地判昭和 45・3・26 労民集 21 巻 2 号 330 頁，盛岡市農協事件・盛岡地判昭和 60・7・26 労判 461 号 50 頁及び黒川建設事件・東京地判平成 13・9・25 労判 813 号 15 頁しかない。しかも，黒川建設事件は，雇用責任ではなく，退職金不払責任が親会社に対して認められた事件である。
137 大阪航空事業（関西工業）事件・大阪高判平成 15・1・30 労判 845 号 5 頁，大阪証券取引所（仲立証券）事件・大阪地判平成 15・6・26 労判 858 号 69 頁，板山運送事件・名古屋地判平成 17・4・19 労判 899 号 76 頁など。これらの判決は，法人格の濫用の存在を認めなかった。
138 徳島船井電機事件・徳島地判昭和 50・7・23 労民集 26 巻 4 号 580 頁，中本商事事件・神戸地判昭和 54・9・21 労判 328 号 52 頁，布施自動車教習所事件・大阪地判昭和 57・7・30 労判 393 号 35 頁。
139 布施自動車教習所控訴事件・大阪高判昭和 59・3・30 労判 438 号 53 頁以下，63 頁。

の雇用関係が肯定されることにはならないと思われる[140]。判例の中には，会社の「真正解散の場合であっても，右会社を現実的，統一的に管理支配している親会社」がある場合には，「偽装解散と実質上何ら差異がない（実質上解散会社と同一の会社が存続している）から，偽装解散と同様に考えるのが相当である。」[141] とする例があるが，子会社の形骸化を肯定しない限り，「解散した子会社が実質上親会社の一製造部門とみられるような場合」ということは困難であると思われる。

(3) 真実解散と事業譲渡

　真実解散の場合でも，ある企業（会社）がその事業を他の企業（会社）に全部譲渡するとともに解散するようなケースは多い。こうしたケースで問題となるのは，譲渡企業が解散を理由に労働者全員を解雇し，譲受企業が採用の可否を決定するような場合である。一般に，事業譲渡は，包括承継である合併とは異なり，譲渡企業と譲受企業の譲渡契約において承継する権利義務を決めて行う特定承継であるとされている。このため，事業譲渡においては，雇用関係の承継の有無は，労働者，譲渡企業及び譲受企業という三者間の合意によるとされてきた。労働者が承継に同意する意思を有したとしても，譲受企業がそれを拒否する場合には，雇用関係が譲受企業に承継されることはないということになるはずである。しかし，営業譲渡の場合，その事業自体は廃止されず，その同一性を維持したまま譲受企業に承継されるから，その事業の同一性に着目して，譲渡企業による労働者の不当な解雇を無効とし，その雇用関係は譲受企業との間で継続しているものとする判例がある。

　まず，具体的営業譲渡が労働契約の譲渡を含むものか否かを検討して，大多数の労働者が譲受会社に移った場合などには両社間に労働契約の承継の合意があったと推定する解釈手法をとる判例がある[142]。しかし，この手法は，両社が一部の労働者を承継しない明示の合意をした場合には妥当しない。

　そこで，例えば，東京日新学園事件の第一審裁判所は，「雇用関係が事業と

---

[140] 第一交通産業（本訴）事件・大阪高判平成19・10・26労判975号50頁以下，69頁。
[141] 徳島船井電機事件・徳島地判昭和50・7・23労民集26巻4号580頁以下，685頁。

一体として承継されていると評価できる場合には，事業に現に従事する労働者が事業の譲受人に採用されないということは，事業に従事する当該労働者にとっては実質的に解雇と同視すべきことであり（逆に，例えば，譲受人に採用された労働者にとっては，単なる労働条件の変更に過ぎない），事業譲受人の採用の自由を理由に，事業譲渡の当事者間の合意のみ，あるいは譲受人の意思のみによって，いかようにもその処遇が決められること，すなわち事業の譲受人による事業に従事する労働者に対する完全に自由な採否を容認するのは，雇用関係の承継を含む譲渡において，恣意的な解雇を許すのと同様の結果を招き，労働者保護に欠けるといわざるを得ない。」として，不採用が合理的な理由に基づくものであったか否かにつき，整理解雇法理を適用した[143]。しかし，譲渡企業と譲受企業が異なる独立の法人である限り，譲受企業の雇入れ拒否に解雇の場合と同様の正当な理由を要求するのは，たとえ事業の同一性が維持されたとしても理論的に困難であると思われる。

　もっとも，同裁判所は譲受企業の採用拒否が不当労働行為意思に基づくものとしているから[144]，譲渡人と譲受人との間に，労働組合員を除く労働者の雇用を原則的に承継する旨の黙示契約があったと推定して，組合員を排除することは労働組合法7条及び憲法28条に違反し公序に反するものとして無効になり，結局，原則としての継承合意のみが効力を有すると理論構成することは可能と思われる[145]。これと類似の手法は，勝英自動車事件の一審・二審裁判所

---

[142] タジマヤ事件・大阪地判平成11・12・8労判777号25頁。なお，解散を伴わない営業譲渡の際の解雇の事案として，友愛会病院解雇事件・大阪地判昭和39・9・25労民集15巻5号937頁，日伸運輸事件・大阪高判昭和40・2・12判時404号53頁，松山市民病院事件・松山地判昭和40・5・26労民集16巻3号394頁，同控訴事件・松山高判昭和42・9・6労民集18巻5号890頁，など。

[143] 東京日新学園事件・さいたま地判平成16・12・22労判888号13頁。

[144] 同事件控訴審判決（東京高判平成17・7・13労判899号19頁）は，譲渡人と譲受人の雇用契約を承継しない旨の合意に組合壊滅や組合活動嫌悪による組合員排除の目的はなかったとした。

[145] なお，事業譲渡が「事実上の合併」に該当する場合には，譲受人に雇用を承継されない労働者は不承継特約に合理的根拠がない限り，承継されたものとして労働契約関係の存在を求め得るとする見解がある（中内哲「企業結合と労働契約関係」『講座21世紀の労働法第4巻』（有斐閣，2000年）272頁以下）。

が採用している。同事件では，営業譲渡契約の第4条に譲受人は譲渡人の従業員の雇用を引き継がないが，一定の期日までに譲受人に再就職を希望した者で，かつ，同日までに譲受人が譲渡人に通知した者については，新たに雇用する旨の規定があったが，両裁判所の認定によると，譲渡契約締結までに，①譲渡人の従業員は譲受人に移行させる，②賃金等の労働条件変更に異議ある者は個別的に排除する，③この目的を達成する手段として，解散期日までの譲渡人に退職届を提出して譲受人に採用を希望した者は変更した労働条件で再雇用する旨の合意があったとされる。このことから，両裁判所は，②及び③の部分を民法90条に違反するものとして無効とし，①に基づいて，退職届を提出しない従業員の労働契約も譲受人に承継されたと判示した[146]。もっとも，譲受人による労働条件の引下げを可能にする譲渡契約の内容が公序に反して無効であるとまでいえるかについては疑問であるが，事業の同一性が維持される営業譲渡において，特定労働者のみの排除が公序に反する場合，当該合意の部分的無効という構成は可能であると考える。

この場合，注意すべきは，あくまでも原則としての譲渡企業と譲受企業の承継合意の存在を前提とせざるを得ないことである。そうでなければ，例えば，譲渡人による解雇と譲受人による特定労働者の採用拒否が不当労働行為に該当しても，当該解雇が無効となり，また違法として不法行為の損害賠償請求の対象となることは当然であるが，そのことの故に譲受人と当該労働者との間に雇用関係が創設されるわけではないとされるからである[147]。

146　勝英自動車事件・横浜地判平成15・12・16労判871号108頁，同控訴事件・東京高判平成17・5・31労判898号16頁。

147　なお，不当労働行為に対する行政救済に関して，労組法7条1号の「解雇その他の不利益取扱」には採用拒否を含まないということを前提（JR北海道・日本貨物鉄道事件・最一小判平成15・12・22民集57巻11号2335頁）として，事業承継解散における採用拒否に関しても，「それが従前の雇用契約関係における不利益取扱いにほかならないとして不当労働行為の成立を肯定することができる場合に当るなどの特段の事情がない限り」不当労働行為を認めない（前掲注（144）の東京日新学園事件控訴審判決及び青山会事件・東京高判平成12・2・27労判824号17頁）。

(4) 偽装解散と法人格否認の法理

　上記のように会社が真実解散して他企業に事業が譲渡される場合とは異なり，使用者が労働組合員を排除するため，会社を解散するが解散後に事実上事業を継続しまたは実質的同一性を有する他の会社に事業を譲渡するなどして，事業を継続する場合である。これを偽装解散と呼ぶ。こうした場合，判例の中には，解散企業と譲受企業との「実質的同一性」を理由として，前者の後者への雇用関係の承継を肯定するものがある。例えば，宝塚映像事件[148]では，旧会社の解散，全従業員解雇後に新会社に再雇用されなかった従業員が解雇の効力を争ったが，裁判所は当該解雇を整理解雇と捉えて，それが整理解雇の説明・協議義務及び退職条件協定書に反するとして，解雇権濫用にあたり無効とする決定を行った。同裁判所は，「新会社の設立は，旧会社の人的，物的資源の承継を前提とするため，その企業としての存続を不能ならしめるものであるところ，新会社の設立は，旧会社の従業員の雇用の確保を主たる目的として進められたものであり，労使交渉においても，旧会社の役員（前記のとおり，新旧会社の経営陣にほぼ変わりがない）が新会社の雇用条件等につき実質的な決定権をもって臨んでいた」と認められるから，条理上，法人格の異なることを主張できないとした。また，日進工機事件[149]では，事業廃止企業（A）の全従業員解雇後，譲受企業に雇用されなかった従業員の求めた譲受企業（Y）との地位保全の仮処分申立が認容された。この事件では，YはAの敷地内で後者の製造した器具を加工・販売しており，その代表取締役BはAの実質的経営者であった。裁判所は，「Aがした本件解雇はYの主張によれば廃止に基づく従業員の全員解雇であるというのであるが，実質的にはこれと一体となってBが采配する建設機械類の製造販売業を営むYにその営業は承継されるものと認められるのであって，その企業廃止という前提は廃止を仮装したものであると一応認められる。」とした。これらの事件では，裁判所は法人格の否認という文言を用いていないが，理論的に突き詰めれば，その実質は法人格の濫用法理に依拠するものとみることもできる。

　すでに述べたように，法人格否認法理には，法人格の形骸化と法人格の濫用

---

[148] 神戸地伊丹支決昭和59・10・3労判441号27頁。
[149] 奈良地決平成11・1・11労判753号15頁。

の2つが含まれる。法人格の形骸化が認められる場合は，前述のように真実解散の場合でも，親企業の雇用責任を肯定すべきであると思われるのであり，偽装解散の場合には同一事業が継続しているから，親企業の雇用責任をより一層肯定しやすいということができる[150]。それでは，法人格の濫用の場合にはどうであろうか。この「法人格の濫用」という文言を明確に用いて，偽装解散・解雇後の譲受企業へ不採用に解雇法理を類推適用した判例に新関西通信システムズ事件[151]がある。この事件は，B会社（代表取締役）が解散に際して全従業員を解雇し，Y新会社（代表取締役A）がその大半の従業員を採用し，解雇前の合理化に抵抗した従業員Xが採用を拒否された事案である。裁判所は，「Xとしては，労働契約がYに承継されることを期待する合理的な理由があり，実態としてもBとYに高度の実質的同一性が認められるのであり，YがAとの法人格の別異性，事業廃止の自由，新規契約締結の自由を全面的に主張して，全くの自由な契約交渉の結果としての不採用であるという観点からXを否定することは，実質的には解雇法理の適用を回避するための法人格の濫用であると評価せざるをえない。したがって，Aにおける解雇及びYの不採用はAからYへの営業などの承継の中でされた実質において解雇に相当するものであり，解雇に関する法理を類推すべきであると解する。」とした。この事件は，仮処分申請事件であったこともあり，法人格の濫用があるとどうして労働契約の承継されたのと同様の処理が許されるのかという点は理論上必ずしも明らかではない。

　この点を明らかにしようとした判例に，最近の第一交通産業（本訴）事件の一審・二審判決[152]がある。この事件は，親会社（Y_1）がそのタクシー業子会社（A）をその組合員を排除する目的をもって解散させる一方で，Aと同一交通圏内に別のタクシー業子会社（Y_2）を設立し，Aの従業員の大半をY_2に移籍ないし採用させた。大阪高裁は，被解雇労働者に対するY_1の雇用責任を認

150　第一交通産業（本訴）事件・大阪高判平成19・10・26労判975号50頁以下，68-69頁。
151　大阪地決平成6・8・5労判668号48頁。
152　大阪地堺支判平成18・5・31判タ1252号223頁，同控訴事件・大阪高判平成19・10・26労判975号50頁。

める理論的枠組みを次のように論じた。「親会社による子会社の実質的・現実的支配がなされている状況の下において、労働組合を壊滅させる等の違法・不当の目的で子会社の解散決議がなされ、かつ、子会社が真実解散されたのではなく偽装解散であると認められる場合、すなわち、子会社の解散決議後、親会社が自ら同一の事業を再開継続したり、親会社が支配する別の子会社によって同一の事業が継続されているような場合には、子会社の従業員は、親会社による法人格の濫用の程度が顕著かつ明白であるとして、親会社に対して、子会社解散後も継続的、包括的な雇用契約上の責任を追及することができるというべきである。」そして、本件の場合には、①「新賃金体系の導入に反対していた原告組合を排斥するという不当な目的を実現することを決定的な動機として、実質的・現実的に支配しているAに対する影響力を利用してAを解散し」、②「Y_2とAは、実質的におおむね同一の事業を営んでいると認める」ことができるので、Y_1の雇用契約上の責任を追及できるとした。しかし、これには「同一の事業」を継続しているのはY_2であるから、雇用はY_2に継承されると考えるべきでないかとの疑問がある[153]。もっとも、Y_1はY_2に対しても実質的・現実的支配を有していたのであるから、実質的・現実的には、Y_1の雇用責任を肯定できれば、Y_2への雇用ないし配置は実現できるとの判断があるのでないかと推察される。そして、大阪高裁が指摘するように、不当な目的及び支配力を行使したのがY_1であることからすると、現在の法人格否認の法理の趣旨からみて特に不当ということもできないと思われる。学説の中には、法人格否認を前提とせず、実質的同一性論に依拠して、一方で偽装解散があり、他方で同一の事業を継続する企業があれば、当該企業に雇用責任を課すべきであるとするものがあるが、解釈論としては慎重であらざるを得ない。これは、下記のような立法論として考えるべきところであろう。

---

[153] 因みに、一審判決は、「雇用契約の主体である雇用主は、継続して事業を行っている事業体であると解さざるを得ず、親会社とは別に新たに事業を行う会社が存在し、その法人格が形骸化しているとは認められない場合には、将来にはわたって雇用契約上の責任を負う主体は、現に事業を継続している別会社というべきである」とした。

(5) 立法措置の必要性

　以上のように，特に事業譲渡または類似行為との関係で，解散を理由とする解雇および不採用の効力が問題となることが多く，裁判所は，個々の事案に即して，その法人格否認の法理，労働契約承継の合意の推認，さらには公序良俗まで用いて処理しようとしているが，こうした判例上の処理によるだけでは解雇規制が事実上潜脱される可能性があるし，また，解雇や不採用の効力がどうなるかの予測可能性の低い状況になっている。

　解散と解雇の問題の核心は，事業譲渡ないし類似行為による労働契約の承継をどうするかということであると思われる。事業譲渡に労働法上の規制を行う必要性の問題は，平成11年に産業活力再生特例法案の国会審理における衆参両院の付帯決議に基づいて設置された「企業組織変更に係る労働関係法制等研究会」（企業組織変更研究会）および平成13年の労働契約承継法の国会審議における衆参両院の付帯決議に基づいて設置された「企業組織再編に伴う労働関係上の諸問題に関する研究会」（企業組織再編研究会）で検討されたが，いずれも立法措置が必要との結論に達しなかった。企業組織変更研究会は判例上個別的事案に即して具体的妥当な解決が図られているなどの理由で，企業組織再編研究会は事業譲渡の多様性，その経済的意義，解雇規制立法がないことなどの5つの理由で，いずれも立法措置は不要とした[154]。

　しかし，すでに検討したように，判例は，個々の事案に則して法人格否認の法理，承継合意の推定さらには公序良俗まで用いて処理せざるを得ないなど予測可能性の低い状況にあるばかりか，その処理によっては労働者の利益保護に十分とはいえない。労働者の雇用保障及び解雇規制制度の脱法化防止の観点から公平かつ透明な処理制度を考えると，労働者が譲渡会社または譲受会社のいずれかから完全な解雇規制・救済を受けられることを保障する制度が望ましいと思われる。こうした見地からは，欧州共同体指令のように，原則として，事業単位で労働者も一体として譲受企業に移るとの手法を引き続き検討する必要があると思われる。そうした手法でも，倒産管財人が正式な破産手続における事業譲渡や企業再建を目的とする倒産手続における事業譲渡には弾力的な処理

154　本久洋一「営業譲渡に際しての契約の帰趨に関する立法の要否について」労旬1550号6頁（2003年）。

ができる規定を設けるなどの調整規定を置くことにより，事業譲渡抑制的効果を和らげることは可能であろう。例えば，欧州事業譲渡指令に基づき，イギリスの2006年事業譲渡（雇用保護）規則（TUPE）は，破産手続等の清算目的の倒産手続では，雇用契約の自動移転を認めず，更生手続等の再生目的の倒産手続では，剰員整理手当及び既存の労働債務の一部の自動移転を認めず，集団的規制の下で労働条件の変更を認めるとしている[155]。もっとも，そうした全体的な改革が実現不可能であれば，次善策として，全部譲渡に関しては労働者も譲受企業に承継される旨の合意が譲渡企業と譲受企業間にあるものと推定規定を定め，また，両企業間に譲渡企業の譲渡前の一定の労働者の解雇または譲受企業の一定労働者の受け入れ拒否の合意は，その内容が公序に反しまたは著しく社会相当性を欠く場合には無効とする規定を定める程度のことはできるのであろう。

もっとも，雇用契約の自動承継さえ保障すれば，すべての問題が解決するわけではなく，現に，労働契約承継法の下で承継に反対する労働者の分割企業に留まる権利が問題となっている[156]。しかし，この問題は，本書の目的の域を超える問題である。

第6節　職務能力・適格性欠如解雇

1　はじめに

普通解雇には，前節で論じた整理解雇を含む使用者側の事由による解雇のほか，労働者の労務給付不能，労働能力や適格性の欠如又は喪失，労働者の非違行為等の労働者側の事由によるものとやや特殊な性格を有するユニオン・ショップ協定に基づくものがある。そこで，労働者側の事由による解雇につい

155　小宮文人「倒産手続下の事業譲渡と労働者の保護」北海学園大学法学研究45巻2号199頁以下（2009年）。

156　日本アイ・ビー・エム事件・東京高判平成20・6・26労判963号16頁。これに関する論文，判例評釈として，本久洋一「企業・事業の売却と労働関係—日本アイ・ビー・エム（会社分割）事件の理論的検討」季労224号64頁（2009年），同・労働判例研究・法時81巻2号125頁（2009年），土田道夫・ジュリスト1373号139頁（2009年）。

てみると，まず，労働者の非違行為は，懲戒解雇の対象とされることが多く，普通解雇の対象とされることは比較的少ない。むしろ，使用者は，前掲高知放送事件に代表されるように，懲戒解雇の代替手段として，普通解雇を用いることが多い。したがって，この規律違反解雇については，懲戒解雇との法的性格の違い及び懲戒解雇の普通解雇への転換等の問題を第4章「懲戒解雇の法規制」でまとめて考察することにする。また，労務給付不能，労働能力や適格性の欠如又は喪失を理由とする解雇は，解雇猶予期間としての休職期間満了を理由とする解雇も含まれるが，この休職期間満了については，便宜上，別途，第2章第2節「3 傷病休職期間の満了」のところで考察することにする。

　そこで，次に，上記のものを除く，労働者の職務能力・適格性の欠如又は喪失を理由とする解雇についてみると，そもそも，適格性とは何なのかという問題がある。判例上，適格性とは，一般に職務能力，協調性，勤務態度を含めて用いられることが多い。そのため，適格性欠如が問題とされた事案では，業務命令違反，職務放棄，上司に対する暴言等の職場秩序違反行為を伴うことが多いのである。すなわち，適格性が中心的な問題とされた事案の大半は，自己中心的，恣意的姿勢で，上司の注意を聞かず，同僚や顧客に喧嘩を売るなどの具体的な労働者の行為が解雇の正当性を裏付けている。個々の非違行為は必ずしも解雇に値するとまでいえないが，同種の行為が反復されており，それが当該労働者の職場生活に適しない性格ないし性向を示しているという形で適格性が解雇事由とされるというわけである。こうした事案は，しばしば，規律違反の非違行為型の解雇事案とその本質において明確に区別できないことが多い。というより，むしろ，規律違反の非違行為を理由とする普通解雇は，従業員としての適格性を理由とする解雇と捉えた方が理解しやすいと思われる。

2　職務能力・適格性欠如解雇の要件・要素

　判例上，適格性欠如とされた具体的内容を詳しくみると，①業務遂行能力不良（作業能率が低い，営業成績が悪い，労働意欲の欠如），②協調性欠如（自己の方針主張に固執，同僚との折り合いが悪い，近所とのいさかいが多い，独善的態度），③勤務態度不良（上司の注意に従わず，上司に対する反抗的な態度・暴言，顧客に対する暴言・粗暴な態度）に大別することができると思われる。そして，上記

第1章　解雇権の一般的規制法理としての解雇権濫用法理

のように，多くの事件は，これらが複合的に不適格性の理由となっている。しかし，その判例が膨大な数に上るため，これらのすべてについて，個別具体的に論じることは困難であるから，比較的純粋に勤務遂行能力不良が解雇事由とされた東京地決・セガ・エンタープライゼス事件[157]（以下，セガ事件）を例に掲げ，その判旨に関連させて，判例全体の傾向を分析したい。

(1) セガ事件の事実の概要と判旨
【事実の概要】
　(ア)　Y社は，業務用娯楽機械・家庭用ゲーム機器の大手製造販売会社である。Xは，平成2年大学院社会科学研究科博士前期（いわゆる修士）課程を終了し，同年4月1日に入社（試用期間3ヵ月）した。Xは，最初は人事部採用課に配属されたが，のちに幾つかの部署への異動を経て，特定の業務のないパソナルームへの勤務を命ぜられた後，平成11年1月26日付け文書で退職勧告を受けた。Xがこれを拒否したため，Yは同年2月18日付け文書で，就業規則19条1項2号の規定「労働能率が劣り，向上の見込みがないと認めたとき」に該当するとして，3月31日をもって，Xを解雇した。これに対し，Xは，①パソナルーム異動命令及び解雇が無効であるとして，その命令が出される前の部署であるCS品質保証部ソフト検査課の従業員の地位保全の仮処分，及び②賃金仮払の仮処分を求めた。
　(イ)　Yは，Xは協調性がなく，労働能力ないし適格性が欠如していたため，雇用関係を維持しようと努め，いろいろな部署で受入れを検討し，各部署との面接を行ったが，Xがこれを拒否する姿勢をとったこと，各部署が到底受け入れがたいとの結論であったことから，前記就業規則の規定に基づいて解雇したとして具体的な事由を主張したが，裁判所の認定した事実は次の通りである。
(i)試用期間中の平成2年6月寝過ごしによって飛行機に乗り遅れ札幌での会社説明会の準備に行けなかった。(ii)同年7月本採用となり，同年9月人材開発部教育課へ異動した後の平成3年4月の学卒者の研修会において，トレーナーや受講者に対するカリキュラム変更の説明など研修進行業務を的確に行えず担当

---

[157]　東京地決平成11・10・15労判770号34頁。

から外された。(iii)平成3年5月企画制作部企画制作一課へ異動した後，イギリス史専攻ということでその英語力を期待されていたが，海外との折衝に不十分であったため，主として国内の外注管理に従事していた。しかし，そこでも，外注先（ゲームツアー）からうまくコミュニケーションがとれず開発に支障があるとして担当替えを求める苦情があった。なお，同課所属中，エルダー社員（新入社員に業務を指導する先輩社員として各部署で指名される社員）に指名されたことがあった。(iv)平成5年7月企画制作部企画制作一課が解散され開発業務部国内業務課へ移管されたため同課に配属され，アルバイト従業員の雇用事務，労務管理及び品質検査業務を課せられ，また平成6年9月にはYの組織変更により第二設計部（のち第二開発部と改称）ソフト設計課の所属となったが，同課所属中の技術教育において実施された試験の結果は平均前後の得点であった。(v)平成9年8月，組織変更に伴いCS品質保証部ソフト検査課所属となったが，アルバイト従業員の雇用事務，労務管理，業務知識教育並びに品質検査の業務を担当し，ホームページによる業務知識等を電子文書化し，掲示した（このホームページは解雇後削除されている）。

　(ウ)　平成10年1月中旬，上司から「当部には与える仕事はない。社内で仕事を探せ。」と通告されたので，4つの部署に面接を申し入れ，面接を受けたが「前向きな意欲が感じられない」などの理由で異動できなかった。また，YはXの希望に従って開発企画部への異動も検討したがこれも実現しなかった。そして，平成10年12月になって，XはYから退職勧告を受けた上，平成10年12月10日付け書面でパソナルーム勤務を命ぜられた。この命令は，通常，異動候補者が受入れ先を探しはじめて1ヵ月後に命じられており，これまで9名がパソナルーム勤務となり，そのうち2名が他の部署に異動している。パソナルームは，もと売店であったところの一部で机2脚，いす5脚，ロッカー1台，内線電話1台のみの窓のない部屋であった。Xは，担当業務もないままパソナルームに勤務中に前記文書による退職勧告を受けた。

　(エ)　Yにおいては，人事考課規定によって，3月の昇給考課，5月及び11月の賞与考課と年3回の人事考課が実施されている。考課項目は仕事の成果，能力発揮，執務態度からなり，それぞれが3ないし6の項目に分かれており，それぞれにA（5点）からE（1点）までの5段階評価及び点数が付せられ，最終

的にはその合計点数に応じて，0から10までの11段階評価が決定され，5が標準とされるが，全体の平均は5以下になるように調整されていた。Xの考課結果は，平成9年の昇給時が4，同年夏期賞与時が3，同年冬季賞与時が4，平成10年昇給時が3，同年夏季賞与時が3，同年冬期賞与時が2と評価されていた。

【判旨】（上記③の賃金仮払いを平成11年9月から1年間に限って認容）

(ア)「Xは，人材開発部人材教育課において，的確な業務遂行ができなかった結果，企画制作部企画制作一課に配置転換されたこと，同課では，海外の外注管理を担当できる程度の英語力を備えていなかったこと，ゲームツアーから苦情が出て，国内の外注管理業務から外されたこと，アルバイト従業員の雇用事務，労務管理についても高い評価は得られなかったこと，加えて，平成10年のXの3回の人事考課の結果は，それぞれ3，3，2で，いずれも下位10％未満の考課順位であり，Xのように平均が3であった従業員は，約3,500名の従業員のうち200名であったこと……からすると……Xの業務遂行は，平均的な程度に達していなかったというほかない。」

(イ) ただ，Xが「平均的な程度に達していなかったからといって，直ちに本件解雇が有効となるわけではない……就業規則19条1項各号に規定する解雇事由をみると，「精神又は身体の障害により業務に堪えないとき」，「会社の経営上やむを得ない事由があるとき」など極めて限定的な場合に限られており，そのことからすれば，2号についても，右の事由に匹敵するような場合に限って解雇が有効となると解するのが相当であり，2号に該当するといえるためには，平均的な水準に達していないというだけでは不十分であり，著しく労働能率が劣り，しかも向上の見込みがないときでなければならないというべきである。」

(ウ)「Xについて，検討するに，確かに……平均的な水準に達しているとはいえないし，Xの従業員の中で下位10％未満の考課順位ではある。しかし，……右人事考課は，相対評価であって，絶対評価ではないことからすると，そのことから直ちに労働能率が著しく劣り，向上の見込みがないとまでいうことはできない。……また，学卒者の研修における業務遂行が的確でなかったために人材開発部人材教育課から異動させられたり，企画制作部制作一課において

は，海外の外注管理を担当するだけの英語力がなかったり，国内の外注先から苦情を受けるなど対応が適切でなかった事実はあるものの，企画制作部制作一課に所属当時，エルダー社員に指名されたこともあり……平成4年7月1日に開発業務部国内業務課に配属されて以降，Xは，一貫してアルバイト従業員の雇用管理に従事してきており，ホームページを作成するなどアルバイトの包括的な指導，教育等に取り組む姿勢も一応見せている。これらのことからすると，Yとしては，Xに対し，さらに体系的な教育，指導を実施することによって，その労働能率の向上を図る余地もあるというべきであり……いまだ『労働能率が劣り，向上の見込みがない』ときに該当するとはいえない。なお……Xが面接を受けた部署への異動が実現しなかった主たる理由はXに意欲が感じられない……といった抽象的なものであることからすれば，Yが雇用関係を維持するための努力をしたものと評価するのは困難である。したがって，本件解雇は，権利の濫用に該当し，無効である。」

(2) セガ事件決定の意義と判例分析

1) 就業規則規定の解釈と役割

セガ事件判旨(イ)は，就業規則19条1項2号を解釈し「平均的な水準に達していないというだけでは不十分であり，著しく労働能率が劣り，しかも向上の見込みがないとき」（下線筆者付加）でなければならないとした。判旨は，同項2号の文言のみならず，同項1号「精神または身体の障害により業務に堪えないとき」及び3号「会社の営業上やむを得ない事由があるとき」との比較によって，この限定解釈を結論付けている。この手法はオーソドックスなものである。判例は従来から，こうした就業規則の文言の如何に関わりなく，労働能力・適格性欠如を理由とする解雇に関しては，類似の絞りをかけてきた。すなわち，「成績が著しく不良で就業に適しない」，「適格性を欠く」というような規定又は就業規則の規定が明確に引用されていない事件でも，その適用又は合理性判断に当たって，多くの判例は，「今後の改善の見込みもない」[158]，「今後の改善の見込みは少ないというべきである」[159]，「近い将来これが是正される

---

158 エース損害保険事件・東京地決平成13・8・10労判820号74頁。

第1章 解雇権の一般的規制法理としての解雇権濫用法理

見通しもない」[160]、「矯正が容易でないものであるとは到底認められず」[161]、「矯正することのできない持続性を有する特殊の性向に基づくものとまでは認められず」[162]などとしており、本件のように「向上の見込みがないと認めたとき」との規定がある場合と同じような結論になっている。このことから、既に整理解雇のところで述べたことがここでも妥当するようにみえる。すなわち、セガ事件判旨のように、労働能率の劣る場合の解雇に関し、わざわざ「向上の見込みがないとき」という制限を置く就業規則が多いことは、就業規則が単なる例示列挙規定でないことを物語っているとみることができるのみならず、裁判所は、就業規則の文言を客観的合理性基準から補充解釈しているということができるのである。

2） 作業能率・職務遂行能力欠如とされた先例

セガ事件判旨(ウ)では、まず、Yの人事考課は相対的評価であるから直ちに「労働能率が劣り、向上の見込みがない」とまでいうことはできないとした。そう解さないと、際限なく10％未満の下位順位者が解雇されることになって許されないとする。当然の説示といえる。これとの関係で、労働能力・適格性欠如が問題とされた判例の動向をもう少し詳しくみておきたい。ここで検討する判例のサンプルは、昭和52年6月27日から平成16年5月28日までの能力・適格性・成績不良を理由とする普通解雇の判例140件である。

この中で、職務遂行能力・作業能率の不良が中心的な問題とされた事案は、作業ミスや事故件数が多いことなどを含めても39件程度である。このうち、タクシー運転手（8件）や営業職（6件）、中途採用のエンジニアその他専門職（6件＝控訴を含むため実質5件）、中途採用された管理職（9件＝控訴審、抗告審各1件を含むため実質7件）に関するものが29件と絶対多数を占めている。全体的な傾向としては、過去には、タクシー運転手や営業職といった、成績が数

---

[159] 常盤生コン事件・福島地いわき支決昭和50・3・7労経速893号3頁、日の丸自動車教習所事件・東京地決昭和59・10・26労経速1206号11頁。
[160] 日本検査事件・東京地判昭和62・5・22労経速1292号13頁。
[161] 松蔭学園（森）事件・東京地判平成5・6・23労判632号23頁。
[162] 東洋学園事件・大阪地決平成6・10・17労判672号79頁、日水コン事件・東京地判平成15・12・22労判871号91頁。

値で出やすい職種の例が多かったが，最近は，むしろ，中途採用のエンジニアその他専門職の事案が増加しているということができる。

① タクシー運転手の事案

次に，これらの事件をいま少し具体的にみると，まず，タクシー運転手では，具体的な営業収入や事故の件数が検討されているが，解雇が有効とされた事案は1件もない。例えば，昭和59年から62年までの全期間の稼動営業収入が全乗務員の平均営収額より低く，その差が27％から17.6％であった事案では，「Xの営収は，全従業員の平均営収額に比し，長期間にわたって継続的に，相当低く，かつ，被告からの再三の注意にもかかわらず目立った変化がないという勤務状況にあるということはできるものの，その程度は，他にも原告と大差のない従業員があって，本件解雇に際し，被告としても，これを取り上げて指摘することをしなかった程度のものであるし，原告も被告の利益にそれなりに貢献しているとみる余地がなくはないものであることを考えると……就業規則に定める『著しい』成績の不良であるということはできない。」と判示されている[163]。

② 営業職の事案

次に，営業職の判例では，具体的な営業成績や協調性などが検討されているが，解雇の効力を認めたものは半数の3件であった。試用採用終了後新人であることを考慮して控えめに設定したノルマの達成率が3ヵ月間30％しか達成できなかった事案で解雇が認められた事案[164]，新規顧客開拓業で年間目標売上額を条件として雇われその30％しか達成されず解雇が認められた事案[165]，営業成績が3年以上極めて悪く，2年間は成約件数0件で成績がビリで解雇が認められた事案[166]があるだけある。しかも，有効判決は，いずれも営業に従事することを前提に雇用された労働者である。

③ エンジニアの事案

これに対して，最近増加傾向にある中途採用のエンジニアその他の専門職の

---

[163] ヒノヤタクシー事件・盛岡地決昭和61・10・17労判488号92頁。
[164] 大野事件・大阪地決昭和63・10・18労判528号22頁。
[165] エイゼットロープ事件・大阪地決平成3・11・29労判599号42頁。
[166] 住友不動産ホーム事件・東京地判平成9・5・19労経速1645号25頁。

判例をみると，6件（控訴審を含む）で解雇が有効とされている。すなわち，まず，①欧州共同体委員会駐日代表部にジャーナル編集・発行その他広報活動全般にわたり活動することを期待され，中途採用の現地職員として採用されたが，原告がその期待に応える能力や英語力が十分でなかった事案[167]，類似の例として，②日英の語学力，品質管理能力を備えた即戦力として品質管理部海外主事1級に中途採用され，試用期間満了時に勤務成績の改善に努力するとの約束で本採用されたがその努力をしなかった事案[168]，③中途採用で被告会社の機械装置設計を内容とするシステムエンジニア及びアプリケーションエンジニアとして雇用された原告が，設計ミスで期待されていた作業を2度も失敗させ，アプリケーション業務でも検討依頼に不適切な回答をするなどし，これに対する被告の現場指導・教育訓練も原告の意欲不足で成果が上がらなかった事案[169]，④中途入社までに経営コンサルタントとして稼動した経験のない社員が一定期間インストラクション・スペシャリストとして稼動したのに求められている能力・適格性が平均に達しておらず，向上の機会を与えられたとしても，平均に達することを期待することが困難だったとされた事案[170]，⑤もう1つは，コンピューター技師としての豊富な経験と高度の技術能力を有することを前提に，会計システムの運用・開発の即戦力として，将来当該部門を背負って立つことを期待された中途採用のシステムエンジニアが約8年の在籍中，日常業務にも満足に従事できず，上司に反抗的で，他の課員とも意思疎通できず，自己の能力不足を他人に転嫁する態度を取っていたことから，簡単に矯正できない性向に起因するとされた事案，である[171]。

---

167 EC委員会（日本代表部）事件・東京地判昭和57・5・14労判388号42頁，同控訴事件・東京高判昭和58・12・14労民集34巻5・6号922頁。
168 ヒロセ電機事件・東京地判平成14・10・22労判838号15頁。
169 日本エマソン事件・東京地判平成11・12・15労判789号81頁。
170 プラウドフットジャパン事件・東京地判平成12・4・26労判789号21頁。
171 日水コン事件・東京地判平成15・12・22労判871号91頁。
172 フォード自動車（日本）事件・東京地判昭和57・2・25労判382号25頁，同控訴事件・東京高判昭和59・3・30労判437号41頁。
173 持田製薬事件・東京地決昭和62・8・24労判503号32頁，同抗告事件・東京高判昭和63・2・22労判517号63頁。

第 6 節　職務能力・適格性欠如解雇

④　中途採用の管理職

最後に，中途採用された管理職の判例では，9件（控訴審，抗告審各1件を含む）で解雇が有効とされた。すなわち，マーケティング部長[172]あるいは人事部長として採用された[173]事案，及び技術部長[174]あるいは経営企画室兼商品部長[175]の事案では，解雇の効力が認められた。このうち，フォード自動車（日本）事件及び持田製薬事件では，いずれも職務上の地位を特定して採用された者であり，その予定された職務能力及び勤務態度が極めて不良とされた。それゆえ，下位の職位などへの配転を考慮しなかったことが問題とされなかった。アド建築建設事務所事件とゴールド・ハウス・インターナショナル事件では，下位の職種への配転をしたのに，改善がなかったとされた。これらに対し，津軽三年味噌販売事件[176]では，中途採用の営業所長という地位は形式に過ぎず，かつ具体的営業成績が契約の条件となっていなかったとして，また，オープンタイド・ジャパン事件[177]では，中途採用で試用期間中の事業開発部長が試用期間中だったこともあり，試用期間後に職責を果たさなかったであろうと認めることもできないとして，また，ホンダ運送事件[178]では，管理部長付の原告に業務遂行能力の劣悪さを裏付ける証拠もないとして，それぞれ解雇の効力が否定された。

上記①から④のような契約上の職務内容・目的が比較的明らかであるような事案においては，職務遂行能力の有無が判断しやすいため，比較的解雇が有効とされやすいのであるが，具体的客観的成果がはっきりしない非営業職の場合には，職種・職務及び労働条件にフレキシビリティがあるわが国の雇用関係の実態に鑑みて，職務遂行能力を理由とする解雇が有効と認められる可能性は低い。実際，判例上，ほぼ純粋に職務遂行能力を理由とする解雇が認められたのは，上記の事例を別とすると，極めて少ない。多くは，上司の命令の無視・不

174　アド建築設計事務所事件・東京地判昭和 62・3・30 労判 497 号 70 頁。

175　ゴールド・ハウス・インターナショナル事件・東京地決平成 11・9・1 労判 789 号 83 頁。

176　東京地決昭和 62・3・30 労判 495 号 12 頁。同一人物に関する賃金引下げ事件の東京地判昭和 61・1・27 労判 468 号 6 頁も参照。

177　東京地判平成 14・8・9 労判 836 号 94 頁。

178　大阪地決平成 15・12・3 労判 865 号 85 頁。

遵守，上司へ反抗，顧客への暴言等の規律違反を伴うものである。しかし，これは，わが国において，解雇が極度に難しいということを意味するものではない。企業の雇入れや雇用管理の仕方が，欧米に比して，長期的な協働能力に重点をおいてきたからと思われる。

3） 協調性の欠如

前述したように，職務遂行能力欠如や勤務態度不良を理由とする解雇において，しばしば，協調性の欠如が解雇理由として問題とされることが多い。セガ事件でも，使用者側は，原告の協調性欠如を解雇理由として主張している。裁判所は，これには，直接応えていないが，ここで協調性の欠如というのはどういうことなのかということに言及しておきたい。判例の中には，例えば，「自己中心的な考えに固執する」[179]，「何事にも独善的」[180]，「同僚との折り合いが悪い」[181]といった具合に，協調性をかなり抽象的に述べるにとどまるものもあるが，認定事実からより具体的な事実を拾い出すと，次のようなものがある。すなわち，「新卒職員に辛く当たったり，自己の分担すべき業務を新卒のものにさせる」[182]，「関係のある仕事でも自分の仕事でないとして同僚の協力依頼を断わる」[183]，「自己に命ぜられた仕事と他人の仕事を割り切り，他人の仕事には口出しをしないかわりに援助もしない主義」[184]，（他の編集者との）原稿作成体制について「取り決められた仕様に従わなかったり，自己の編集方針の赴くまま現行の修正変更を繰り返したり，（その編集者の）指示を無視して必要な情報を送らなかった」[185]。

すなわち，判例のいう協調性欠如とは，単に内向きで，コミュニケーションができないとか，付き合いが悪いというのではなく，わが国の雇用関係における共同・協力作業の実態を踏まえて，そうした職場環境を積極的に乱す継続的

---

179 つくし保育園事件・大阪地決昭和53・1・13労判カード299号3頁。
180 浅野学園事件・横浜地判昭和58・2・24労判406号47頁。
181 昭和建物管理事件・名古屋地判昭和54・1・31労判カード319号17頁。
182 相模原病院事件・横浜地判平成3・3・12労判583号21頁。
183 ユオ時計事件・仙台地判昭和53・3・27労判295号27頁。
184 中小企業育成協会事件・名古屋地判昭和54・7・18労判327号72頁。
185 ユニスコープ事件・東京地判平成6・3・11労判666号61頁。

な言動を伴う性向を指している。しかし，もし自己主張に納得のいく理由があれば，その継続的な言動が免責されることもあり得る。例えばセントラル病院事件[186]で，裁判所は，栄養士が自然食品の使用に固執したことに関して，「自己の考えに忠実に従う善意の行動」であるとして，性格の本質に属するものともいいがたいとしている。協調性欠如が上記のような性向として論じられているため，セガ事件で問題とされている労働能率の改善の見込みとは異なり，そのような性向が肯定されれば，その改善の見込みがないことを主張・立証することは比較的容易であるということになる。

4） 労働能力・協調性の欠如と企業規模

ところで，上記のような労働能率や協調性の欠如が解雇の有効性に繋がる重要な要因として，企業規模を重視する判例が多いことは特筆すべきであろう。具体的な裁判例として，以下に若干の例をあげておきたい。例えば，中小企業育成協会事件では，同協会が全部で10名前後の従業員を有するのみの小規模な団体であり，更に原告の所属する事務部門では6，7人しかいなかったから，従業員の相互の協調をより要求される職場であったと認められるとされた[187]。全国給食協同組合連合会事件では，同連合会の事務局職員は4名に過ぎず，そのうち1名でも勤務成績の劣る者が存在する場合には，その補いをする他の職員の負担が増す割合は大きく，その職員の担当事務の停滞をもたらすことになるおそれもあるから，許容される勤務成績の悪さの程度はさほど大きくはないというべきであるとされた[188]。また，日本メタゲゼルシャフト事件では，同社のように小規模の会社の少人数組織における意思疎通の重要性に鑑みると，上司との意思疎通を軽視し続けた勤務態度は「会社が要求した業務を遂行する能力に欠けているとき」に該当するとされた[189]。さらに，バイオテック事件では，会社の社員数がわずか20名前後であったことを勘案すると，降格や配転を行っても，そのことが原因で，周囲の者や管理職らに対し，感情的な対応等を行って業務支障を生じる恐れがあったとされた[190]。

---

186 名古屋地決昭和56・8・12労経速1105号18頁。
187 名古屋地判昭和54・7・18判例327号72頁。
188 東京地決平成元・2・20労経速1351号29頁。
189 東京地判平成5・10・13労判648号65頁。

5）労働能率の向上を図る機会付与

セガ事件判旨(ｳ)は、「さらに体系的な教育、指導を実施することによって、その労働能率の向上を図る余地もあるというべきである。」と論じている。これは、従来の多くの判例より一歩踏み込んでいるということもできるが、要するに、同事件の就業規則19条1項2号の規定「労働能率が劣り、向上の見込みがないと認めたとき」の適用とみることができる。これは、単に、注意したり、改善を求めたり、能力不足を理由として配転するだけでなく、使用者は労働者に対して体系的な教育・指導をして改善させる努力をすることを義務づけるものといえる。従来から、勤務成績不良・適格性欠如を理由とする解雇に関しては、注意、指導、教育をしていないことが解雇無効の判断要素において重要な位置をしめてきた。しかし、セガ事件判旨のように「体系的な教育、指導」の必要性を説く例はあまりなかったといえる。

多くは、特定の問題について、その是正を指導すべきだったとする事案であった。例えば、松蔭学園（森）控訴事件[191]が「的確な指導により是正することは十分可能であった」として、私立高校教諭の生徒の評点・評価の誤りを理由とする解雇を無効とした。ただ、判例に現れた事案の中には、横須賀米軍基地事件にみられるように、就業規則（「基本労務契約」）自体が「その不十分な点について、その従業員に忠告し、その者の成績を向上させるため援助を与える計画をたて、この計画を実行した後、なおその者が十分に職務を遂行できない場合には……解雇される」と規定している例がある[192]。これは、いわば就業規則で使用者が加重的な自己抑制をしている例とみることもできる。しかし、成績不良の原因が基本的な知識や技術の不足に存する場合には、横須賀米軍基地事件の意味におけるような「体系的な教育、指導」をすることが、使用者の雇用契約上の信義則上の義務としての雇用継続配慮義務（解雇回避努力）の内容として要請されると思われる。もっとも、セガ事件では、問題とされている点は、基本的な知識や技術の不足ではなく、むしろ、顧客などに対する対応の仕方や意欲の問題であるように思われるので、本件ではわざわざ体系的と

190　東京地判平成14・11・27労経速1824号27頁。

191　東京高判平成7・6・22労判685号66頁。

192　横須賀米海軍基地事件・横浜地決平成3・8・1労判597号68頁。

第6節　職務能力・適格性欠如解雇

までいう必要はなかったように思われる。むしろ，十分な指導をせず，適性にあった配転が具体的に考慮していないことが雇用継続配慮義務に反するといってよいと思われる。

　十分な指導と，適性にあった配転で，参考になる先例は，三井リース事件[193]である。この事件の原告は，語学が得意で前職歴が国際業務であったため国際営業部に配属されたが，能力，業務姿勢が不良で，1回他の部署に配転したが状況が改善されず，自己申告により国際営業部に再度配転，やはりうまくいかず3度目の配転をして，問題点の指摘，指導をしたが，それでも業務姿勢不良は改善されなかった。そこで，会社は，原告を実質的業務から外して，その法務能力・適性を調査するための研修を兼ねた考査を3ヵ月余りの間行ったが，能力適性を欠くだけでなく，業務遂行の基本姿勢にも問題があるとして有給の職探し期間を与えたが，なお法務部の業務希望を繰り返したので解雇した。この事件では，セガ事件と異なり，会社が問題点の指摘，指導，研修を明確な形で行っているといえるし，また配転にも一定の考慮がみられる。こうした事情から，裁判所は，「将来もその職掌に見合う業務を果たすことが期待できないと認められる場合」と定めた就業規則の解雇事由に該当するとして，解雇の有効性を認めた。

　以上のように，判例が業務遂行能力の欠如を理由とする解雇の効力を判断する際に，注意，指導，教育して適性にあった配転を試みて解雇を避けることを使用者に求めるのは，繰り返しになるが，大企業を中心とするわが国の雇用実態にあるというべきである。すなわち，長期雇用を暗黙の前提として，職種・仕事の内容・場所などを限定しないで雇い入れられ，使用者が配転，出向などの広範な人事権を有し，残業は柔軟に命じることができ，賃金その他労働条件の変更も就業規則の変更という形で広く行うことが認められるなら，益々そういえるであろう，使用者の解雇の必要性は極度に低下するはずである。すなわち，わが国の雇用の実態は，企業への組み入れという性格をより一層強くもっているということができる。そうであるとすれば，上記のような労働者のコミットメントを前提に雇用に組み入れた使用者は，労働者の雇用継続につき特

---

[193]　東京地決平成6・11・10労経速1550号23頁。

に慎重に配慮する信義則上の雇用継続配慮義務があるといわなければならないのである。

判例上，このことをもっとも，率直に論じているのが，能力欠如を理由とする解雇を無効にしたエース損害保険事件[194]の東京地裁の次のような説示であると思われる。いわく，「特に，長期雇用システム下で定年まで勤務を続けていくことを前提として長期にわたり勤続してきた正規従業員を勤務成績・勤務態度の不良を理由として解雇する場合は，労働者に不利益が大きいこと，それまで長期間勤務を継続してきたという実績に照らして，それが単なる成績不良ではなく，企業経営や運営に現に支障・損害を生じ又は重大な損害を生じる恐れがあり，企業から排除しなければならない程度に至っていることを要し，かつ，その他是正のため注意し反省を促したにもかかわらず，改善されないなど今後の改善の見込みもないこと，使用者の不当な人事により労働者の反発を招いたなどの労働者に宥恕すべき事情がないこと，配転や降格ができない企業事情があることなども考慮して濫用の有無を判断すべきである。」

要するに，①企業経営に重大な支障又は損害を生じる恐れのある程度の適格性（職務遂行能力，勤務態度や協調性を含め）の不良が存在し，かつ，②その是正のための注意，指導，教育及び適正な配転を行っても改善の見込みがないことが，適格性を理由とする解雇の要件であって，これを判断する要素として，労働者側及び使用者側の事情が考慮されることになるというべきである。本書の立場によれば，①及び②ともに使用者側に立証責任があるということである。

第7節　濫用的解雇の救済方法

1　解雇無効・地位確認判決

前述のとおり，わが国の解雇権濫用法理の特徴の1つは，その救済方法にある。欧米の国々の多くは，解雇が不公正，不当又は濫用であると判断された場合，その救済は，最終的には，金銭保障に帰着するのが一般である。例えば，デンマークでは補償金のみ，オランダやベルギーでは解雇予告手当のみ，イタ

---

[194]　東京地決平成13・8・10労判820号74頁。

リアでは復職＋補償金＋解職手当，フランスでは両当事者が復職を拒否すると補償金＋解職手当となり，ドイツでは解雇無効となっても当事者が雇用解消判決を求めて補償金に換えることができる[195]。イギリスでは，第一次的な救済として復職が法定されているが，実際にはほとんどの事件が補償金裁定で終わっている。これに対し，わが国では，解雇権の濫用があったと判断されると，その救済は，通常，次のような解雇無効確認判決という形になっている。

本案判決の主文は，雇用契約上の権利を有する地位を確認し，解雇時から判決言渡し（または口頭弁論終結時）までの未払賃金の支払及び判決言渡し（または口頭弁論終結時）から判決確定日まで毎月の月額賃金（または，固定給ではない場合は，解雇前3ヵ月間の平均賃金）の支払を，仮執行宣言を付して命ずる例が比較的多い。もっとも，正確に言えば，判決言渡し（または口頭弁論終結時）後については，原告労働者を復職させるまでとする判決[196]や期間無限定で支払を命ずる判決もあれば[197]，反対に口頭弁論終結時までの支払しか命じない判決もある[198]。ただ，本来的に，将来の賃金の支払の請求は，将来の給付を求める訴え（民事訴訟法135条）に該当するため，期間無限定の例は比較的少なくなっていえる。例えば，日本マーク事件では，東京地裁は，被告が原告に対し，2度に亘って解雇の意思表示を行い，仮処分決定後その生活に必要な金銭に限って賃金を仮払いしている状態で，口頭弁論終結以降に生じる賃金を自発的に支払うとは期待できないが，判決確定後は，被告による任意の履行を期待できるから，その翌日以降の訴えの利益はないとした[199]。なお，使用者の

---

[195] G. Bertola, at al, Employment protection and labour market adjustment in OECD countries: Evolving institutions and variable enforcement, Employment and Training Papers No.48, (ILO, 1999); ILO, Termination of Employment Digest (http://www.ilo.org/public/english/dialogue/ifpdial/downloads/term/digest.pdf).

[196] 例えば，千種運送店事件・千葉地判平成4・3・25労判617号57頁など。同判決は「被告の就労拒否は相当強固である」からとしている。

[197] 例えば，JR東日本（高田馬場）事件・東京地判平成6・3・2労判654号60頁，日本周遊観光バス事件・大阪地判平成8・9・30労判712号59頁など多数。

[198] 例えば，安田病院事件・大阪高判平成10・2・18労判744号63頁など。同判決は口頭弁論終結後の賃金請求は，不確定要素もあり，将来給付の請求として予めその請求をなす必要が認められないとする。

第1章　解雇権の一般的規制法理としての解雇権濫用法理

中には，こうした判決確定までの賃金支払命令を受けながら，判決確定後も被解雇労働者の復職申し出に応じない場合もある。例えば，ナショナルエージェンシー事件では，前判決確定後，被解雇労働者が合計五回も復職の受入れを求めたが会社側がこれに応じず，前訴判決への不満を述べていたということから，労働者の前判決確定後の将来分の賃金請求が認められた[200]。

　因みに，仮処分の場合には，決定主文は，多岐に分かれている。まず，賃金の仮払いしか認めないものと地位保全の仮処分をも認めるものとに分かれるが，最近ではあまり認められていない。地位保全を認める判例は，労働者の健康保険・厚生年金の資格継続，福利厚生施設の利用，組合活動の基盤喪失，教員としての資質や技能，私立学校共済組合員としての権利行使，技術習得が不可欠の仕事の性格等を保全の必要性の理由としている。賃金の仮払いは，解雇時から本案第一審判決言渡しまで認めるものがある一方で，仮処分決定（または最終審尋期日）から一定期間（例えば，1年）の将来の賃金に限り仮払いを認めるものがある[201]。その場合の仮払額を解雇前の平均手取り賃金の全額とするものとその一部とするものとがある。これらの違いは，必要性の判断基準と当該事案の事実の違いの双方から生じているということができる。①解雇前の平均手取り賃金（またはこれをやや下回る額）を解雇時から本案第一審判決言渡しまで認めるもの，②最終審尋期日または仮処分決定から一定期間の将来の賃金仮払いを認めるもの[202]，③解雇時から最終審尋期日または仮処分決定までの過去の一定の賃金仮払いとその後から第一審判決言渡しまでの将来の賃金仮払いを解雇前の平均賃金・月例賃金で認めるもの，④やや特殊なものとして，他か

199　東京地判平成8・1・26労判688号18頁。なお，同控訴審判決（東京高判平成9・10・16労判733号81頁）は，原判決を変更して，支払期限を本件判決確定の日又は被控訴人（原告）の定年退職日までとした。

200　大阪地判平成16・3・11労経速1883号3頁。

201　東京地裁労働部では，期間を1年に限定している。飯島健太郎「賃金仮払いの必要性」新・裁判実務大系16巻『労働関係訴訟法[1]』（青林書院，2001年）249頁以下，253頁参照。なお，1981年10月の裁判官中央合同以降，東京地裁をはじめとして，地位保全賃金仮処分決定において，地位保全を却下する，仮処分決定時からの賃金仮処分期間を限定するなどの方向が打ち出されたとされる（日本労働弁護団「賃金仮払期間1年限定の撤回を求める申入書」（2001年5月28日））。

らの収入があるため，仮処分決定から第一審判決言渡しまで月額賃金は半額とするもの，少額の過去の賃金仮払いと仮処分決定から第一審判決言渡しまで月額賃金を下回る額とするもの，事業廃止はいずれにしろ確実だったとしつつ，解雇時から10ヵ月間の手取り賃金（またはこれをやや下回る額）の仮支払いを認めるもの，最終審尋期日までの未払賃金とその後の将来の賃金を期間限定なく認めたもの等がある[203]。

2　未払賃金の支払命令

ところで，上記のように，裁判所は，解雇が無効であると判断する場合は，使用者に対して，解雇のときから判決言渡し（または口頭弁論終結時）までの未払賃金の支払を労働者に支払うよう命ずる。これは，民法536条2項に基づき，労働者の労働契約に基づく労務遂行の「債務の履行」が使用者の解雇という「債権者の責めに帰すべき事由」によって不能になったのであるから，労働者は「反対給付」としての賃金を受ける権利を失わないとされるからである。しかし，その解雇から判決言渡し又は口頭弁論終結時までの期間に労働者が労働する能力や意思がなかったとして，裁判所が未払賃金の支払を命じない場合もある。しかも労働する能力や意思がなかったことの主張立証責任を労働者に課する判例がある。すなわち，使用者が労働者の就労を事前に拒否する意思を明確にしているときでも，労働者が「使用者の責めに帰すべき事由によるものであることを主張立証しなければならず，この要件事実を主張立証するには，その前提として，労働者が客観的に就労する意思と能力とを有していることを主張立証することを要する」とするのである[204]。しかし，使用者が就労を拒否している場合，労働者は就労できないことは明らかであるといえるから，そ

---

[202] 東京地裁労働部は過去の賃金分については原則として仮払いを認めていない。その理由は，被解雇労働者が現に生活できてきた以上，必要性がないからというものである。飯島・前掲注（201）の論文253－254頁。

[203] 以上の仮処分に関する記述は，平成7年9月から平成18年5月の11年余の期間に労働判例に全文が掲載された裁判例に基づくものである。

[204] ペンション経営研究所事件・東京地判平成9・8・26労判734号75頁，オスロー商会事件・東京地判平成9・8・26労判725号48頁。

の履行不能が労働者の労働する意思や能力がなかったことによることの立証はむしろ使用者が負うというべきである。すなわち，労働者が使用者の就労拒絶を立証したなら，使用者は，抗弁として，その労務給付不能（履行不能）が「債権者の責めに帰することのできない事由」によることを立証することが必要になるというべきである[205]。

3 就労請求

すでに述べたように，解雇された労働者が元の職場への復職を求める場合，現行法上，利用できる救済手段は地位確認請求訴訟と地位保全の仮処分申請ということになる。しかし，地位を確認しても，使用者が賃金を払うが労働者の就労は拒否するという事例が多い。地位保全の仮処分も復職を強制することはできない。例えば，最近のやや異常なケースとして，渡島信用金庫事件があげられる。Y信金の労組の副執行委員長（X）が平成10年1月に懲戒解雇（第一次懲戒解雇）され，同年3月に地位保全仮処分の申立を行い，同年5月に地位確認訴訟を提起した。同年12月仮処分が認容されたが，Yは同月に第二次懲戒解雇を行った。Xはこれに対しても，地位確認訴訟を提起した。平成13年2月，地裁は，第一次・第二次懲戒解雇を無効とし地位確認・賃金請求を認容した。同年11月に高裁，14年6月に最高裁はともに同判決を維持した[206]。組合は，司法救済に先立って労働委員会に不当労働行為の行政救済を申し立てた。労働委員会はYにXの原職復帰を命じ，この救済命令は最終的に14年2月12日に最高裁の却下決定で確定した。この時点で，労働委員会から地検に命令不遵守通知がなされ，Yは5月に至って漸く復職を認めた[207]。これは，不当労働行為の場合，命令が確定判決で支持されると，その命令違反は刑罰の対象となるからと思われる。こうした制度がなければ，労働者の復職の実質的な確保は困難であるといえる。この事件は，4年以上復職を拒否されていたわけであ

---

[205] いすゞ自動車事件・宇都宮地栃木支決平成21・5・12労判984号5頁。
[206] 渡島信用金庫（懲戒解雇）事件・函館地判平成13・2・15労判812号58頁，札幌高判平成13・11・21労判823号31頁，最一小決平成14・6・13判例集未掲載。
[207] 小宮文人「信用金庫労組役員の懲戒解雇と代表理事らの善管注意義務・忠実義務違反」労判891号5頁（2005年）。

るが，組合の支援を得られない労働者であれば，とっくに復職を断念したであろう。労働者が実際に復職するには，労働者の慣れ親しんできた業務の継続，同僚労働者などの人的物的な職場環境の継続的接触が不可欠といえるからである。そして，復職を実現できなければ，たとえ賃金は支払われ続けても，労働者の業務遂行能力は失われ，仕事にかける生きがいを失い，自己の尊厳さえも傷つく可能性が大きい。これは，まさに解雇救済の実質性と実効性の問題である。

このため，労働者の就労を実現するための手段として，就労妨害禁止等の仮処分を求めることができるかが問題とされてきた。この被保全権利として問題となるのがいわゆる就労請求権である。これについては，わが国の裁判所は，労働者が求めた就労妨害排除の仮処分申請事件において，戦後一時期，人格の継続的関係，耐え難い精神的苦痛，労働者の人格侮辱等を理由として，労働者の就労請求権を認容したことがあったものの[208]，その後一貫してそれを容易に認めない姿勢を採ってきている。その理由とするところは，雇用契約上，労働者が就労を「およそ労働契約関係において労働者は使用者の指揮命令に従って一定の労務を提供すべき義務を負い使用者はこれに対し一定の賃金を支払うべき義務を負うとすることは，そのもっとも基本的法律関係である。すなわち労働者の労務の提供は労働者の義務というべきものであって使用者に対する権利として考えるべきものではない。」ということである[209]。もっとも，一般論として「労働そのものの中に労働者としての充実した生活を見出し，労働によって自身を高め人格的な成長も達成することができる反面，仮に労働者が就労しない期間が長く続くようなことになれば，当該労働者の技能は低下し，職歴上及び昇給昇格等待遇上の不利益を蒙るばかりでなく，場合によっては職業上の資格さえも喪失し兼ねない結果となる。」として，就労請求権を積極的に

---

[208] 大沼邦博「就労請求権」労働法の争点［第3版］（2004年）143頁。就労妨害排除の仮処分の具体的な例として，例えば，木南車輛製造事件・大阪地決昭和23・12・14労裁資3号55頁，麓鉱業所事件・長崎地佐世保支判昭和24・9・9労裁資5号125頁，世田谷運送事件・東京地決昭和25・2・13労民集1巻1号31頁，財団法人済生会支部東京都済生会事件・東京地決昭和25・7・6労民集1巻4号646頁。

[209] 渡辺工業事件・名古屋地決昭和25・10・18労民集1巻追録1294頁。

認めるべきことを論ずる少数判例[210]もある。そして，多くの判例は，労働契約や労働協約等に特別の定めがある場合や特別な技能低下のある場合には就労請求権が認められる可能性を述べるが[211]，そうした論拠により，実際に就労請求権を認めた事例は，解雇された洋食料理人（コック）が従前勤務のレストランで働くことの妨害禁止の仮処分を認めたスイス事件[212]ぐらいしかないのである。

　こうした判例のあり方に対しては，多くの学説が就労請求権を認めるべきとしていろいろな法解釈の可能性を主張してきた[213]。具体的には，労働とは「人間がその肉体と精神そのものをもって行う」行為であるから「それ自体が目的たる活動でもある」とするもの[214]，労働者の生きがいである就労利益の侵害が使用者の配慮義務に違反するもの[215]，憲法の人格権と労働権の保障理念のもとにおける「信義則に基づく労働契約上の権利」として肯定するもの[216]，個人の主体性と幸福追求の権利，職業選択の自由，労働権，学習権に基づく労働者のキャリアの形成，展開，維持のためのキャリア権を根拠とするもの[217]，などである。思うに，労働は，労働者が自己の社会的な存在とその価値を確認し，その発展を陶冶する手段であり，個人の尊厳を維持するために不可欠ともいえる重要な拠所であるから[218]，賃金を支払われていても，なお就労利益の侵害があるといえる。また，今日のように技術革新や社会的変化や発展の目まぐるしい職場環境においては，労働者がその日常の仕事を与えられないとその知識や技術は急速に劣化して，その職業生活を維持することさえできなくなる

210　高北農機事件・津地上野支決昭和47・11・10労判165号36頁。
211　読売新聞社事件・東京高決昭和33・8・2労民集9巻5号831頁。
212　名古屋地判昭和45・9・7労判110号42頁。
213　大沼・前掲注（208）の論文は，学説を丁寧に分類している。
214　下井隆史『労働契約法の理論』（有斐閣，1985年）113頁以下。
215　小西國友『労働法』（三省堂，2008年）315頁。
216　大沼・前掲注（208）の論文146頁。
217　諏訪康雄「キャリア権の構想をめぐる一試論」労働研究雑誌468号54頁以下（1999年），同「労働市場の理念と体系」『労働市場の機構とルール』（有斐閣，2000年）2頁以下。
218　島田陽一「労働者の内部告発とその法的論点」労判840号5頁，15頁。

可能性が高い。したがって，憲法13条の幸福追求権，憲法25条の生存権及び27条の労働権の精神に照らし，信義則に基づき労働契約上，労働者の就労請求権と使用者の労務受領義務を認めるべきである[219]。債務の本旨に従った労務か否かは，使用者の具体的な指揮命令により確定されるとはいえるが[220]，解雇につき地位確認判決がなされた場合，使用者はある程度取るべき具体的行為を判断・決定できるから，使用者が労働者に対し，全く具体的な指揮命令を与えない場合には，使用者の労務受領義務不履行として，労働者の慰謝料などの損害賠償請求を肯定することは可能であると思われる[221]。また，労働契約は信義則に基づくので原則として履行強制に馴染まないといえるが[222]，就労妨害禁止の仮処分については，使用者の不作為を命じるに過ぎないから，許容されてよいと思われる。

4 中間収入の控除

次に，労働者が解雇後，解雇無効判決を得るまでの間に他の職について収入を得ていた場合，その収入（中間収入）を未払賃金から控除できるかということがしばしば問題とされてきた。これについて，判例は，特段の事情がない限り，労働者は債務を免れたことにより得た利益として中間収入を使用者に償還すべきであるが（民法536条2項），解雇無効判決までの平均賃金の6割までは休業手当が保障されていると解されるから（労基法26条）平均賃金の6割を超える賃金部分についてのみ中間収入を控除できるとしている[223]。こうした判例上の処理の仕方は，すでに，判例法理として定着しているといってよい。この法理自体に疑問を呈し根本的な見直しを求める見解もあるが[224]，法理の細

219　大沼・前掲注（208）の論文146頁。

220　荒木尚志『労働法』（有斐閣，2009年）234頁。

221　土田道夫『労働契約法』（有斐閣，2008年）125頁。なお，新日本ニューメディア事件・東京地判平成7・11・7労経速1585号9頁は，債務不履行に基づく損害賠償請求を棄却している。

222　土田・前掲注（221）書125頁。

223　全駐労小倉支部山田分会事件・最二小判昭和37・7・20民集16巻8号1656頁，あけぼのタクシー事件・最一小判昭和62・4・20判時1244号126頁，いずみ福祉会事件・最三小判平成18・3・28労判933号12頁。

部についての批判は多いものの，その基本構造，すなわち民法536条2項と労基法26条の併せ技による解釈は，「巧妙な創造的解釈の判例法理」[225]等として，受け入れているのではないかと推認される。以下，そうした立場から，若干の考察を行う。

(1) 民法536条2項に基づく処理

解雇期間中（無効とされた解雇から口頭弁論終結時までの期間）の賃金については，民法536条2項の危険負担の問題として処理するという立場がとられている。そして，その期間中の不就労は使用者が無効な解雇をして労働者を従業員として取り扱わなかったことによるものであるから，「債権者の責めに帰すべき」労働不能に当たり，使用者がその支払義務を負うとする。労働は絶対的定期行為であり追完給付が絶対的に不可能であり，また，使用者が理由なく従業員として取り扱わないことは使用者の故意過失または信義則上これと同視すべきものであるから，この結論は妥当である。しかし，同条2項但書は債務者に対して「債務を免れたことによって」得た利益の償還を義務付けているので，中間収入（解雇期間中に他の使用者の下で働いて得た収入）がこれに該当するかが問題となる。この点に関し，学説は，①債務の免脱自体を原因として生じた利益をさすのであり，債務免脱とは相当因果関係を有しない利益である他の雇用からの中間収入はこれに該当しないとするもの[226]，②同様に債務免脱との相当因果関係を判断基準としながら，普通の場合誰でも取得する程度の就労による利益なら相当因果関係があり償還を要するとするもの[227]，及び③使用者の帰責事由によって労務給付不能になる場合，労働者の労働給付義務は消滅し労働者はどこで働いて収入を得ても自由であり，その償還義務を負わないとす

---

[224] もっとも詳細な検討・批判を加えた論考として，盛誠吾「違法解雇と中間収入」一橋論叢106巻1号19頁以下（1991年）がある。なお，536条2項但書を適用して中間収入の控除することが労使間の衡平の原理に反するとする最近の論考に鈴木隆「回顧期間中の賃金と中間収入の控除」島大法学52巻2号19頁以下（2009年）がある。

[225] 菅野和夫『労働法（第8版）』（有斐閣，2008年）455頁。

[226] 末川博『契約法上』（1958年）102頁など。

[227] 我妻栄『債権各論上』（1954年）112，113頁。

るもの[228]に大別される。ただ，②の学説は，労基法26条によってその償還の範囲が画一的に平均賃金の40％に限定されるとしている。

最高裁は，全駐労小倉支部山田分会事件[229]において，上の②の学説と同様の立場にたって，中間収入はそれが「副業的なもので解雇がなくても当然取得しえる等，特段の事情がない限り，民法536条2項但書に基づき」償還義務を負っているが，労基法26条の規定により使用者は平均賃金の6割以上の賃金を支払わなければならないから，「右の決済手続を簡便ならしめるため償還利益の額を予め賃金額から控除しうることを前提として，その控除の限度を，特約なき限り平均賃金の4割まではなしうる」と判示していた。そして，最高裁は，その後，あけぼのタクシー事件[230]及びいずみ福祉会事件[231]で，これを確認し，これに加えて，平均賃金算定の基礎に算入されない賃金は全額控除対象となること，及び控除できる中間利益は賃金支給対象期間と時期的に対応するものに限られるとした。

民法536条2項が債権者の責めに帰すべき理由による履行不能の場合に債権者主義を採るのは，当事者の公平を図るとともに，債務者主義をとって別に損害賠償請求権を認めることは関係を複雑にすることを回避して法律関係を簡明に決算するためであるとされる[232]。すなわち，民法536条2項の利益償還義務は負担分配機能のみならず損益相殺機能を有することを強調する学説が存するが[233]，その処理の簡明性こそ重視されなければならないと思われる。こうした考えに立てば，解雇がなく労務の受領がなされていれば得られた利益が確保されれば足りることになり，労働者が他の使用者の下で賃金を得た結果，労働者が右の利益を超えた利益を得ることになれば，原則として中間収入の控除が必要となる。ただ，控除対象の中間利益は，あくまでも，本来の債務履行を

228　浅井清信「賃金遡及払と中間収入控除」季労47号4頁以下，16頁（1963年）。
229　最二小判昭和37・7・20民集16巻8号1656頁。
230　最一小判昭和62・4・2判時1244号126頁。
231　最三小判平成18・3・28労判933号12頁。
232　我妻・前掲注（227）の書100，111頁。
233　本久洋一「違法解雇の効力」日本労働法学会編『講座21世紀の労働法第4巻・労働契約』（2000年）196頁以下，206頁。

免れた労務の転用であるといえなければならない。したがって，前掲あけぼのタクシー事件最高裁判決が期間の同一性の要件を課し[234]，結果的に使用者の立証が必要となったことは妥当といえる。中間収入を得た時間帯が通常の勤務時間帯外であるというようなことは，処理の簡明性という536条2項の趣旨から「解雇がなくても当然取得しえる等の特段の事情のない限り」問題とすべきでないと思われる[235]。

(2) 労基法26条との関係

労基法26条の「使用者の責に帰すべき事由」は民法536条2項の「債権者の責めに期すべき事由」より広く解されており[236]，また，同条は休業期間の労働者の最低生活を保障するという趣旨であるから，その期間に他の使用者の下で働いて得た賃金を償還されることは予定していないとみることができること[237]からすると，違法解雇による履行不能の場合も，その他の使用者の責に帰すべき事由による休業の場合と同様，労働者は平均賃金の6割までは保障されると解される。問題は，労働者が再就職や訴訟活動のため要した経費および違法解雇による肉体的，精神的労苦を民法536条2項および労基法26条の枠組みの中で考慮しないでよいかということである。これについては，学説の多くは両条項の関係を画一的に清算，解決しようとするのは妥当でないとする[238]。趣旨は理解できるが，簡明な処理を旨とする536条2項の枠内で処理するのは好ましくない[239]。この種の損害は，むしろ，別途，不法行為に基づいて請求することのできるものとすべきではなかろうか[240]。

以上のように，労基法26条によって中間収入控除の限度額を平均賃金の6割までとする解釈に立てば，その4割を超える中間収入がある場合，平均賃金

---

[234] 前掲注(230)の最高裁判決。もっとも，この趣旨は，上野学園事件・東京高判昭和55・3・26労民集31巻2号324頁および本件一審および原審判決でも示されていた。

[235] 盛誠吾「違法解雇と中間収入」一橋論叢106巻1号19頁以下，32頁（1991年）。

[236] 菅野和夫『労働法（第8版）』（弘文堂，2008年）232頁。

[237] 長崎生コンクリート事件・長崎地判昭和63・2・12労判513号34頁。

[238] 本久・前掲注(233)の論文207，208頁，毛塚勝利・労働判例百選（第6版）158頁，山田省三・判例研究・季労149号150頁など。

[239] 下森定・法学志林60巻3・4号168頁。

の対象とならない一時金の額については，その全額が利益額控除の対象となるが[241]，一時金の賃金全体に占める割合が極めて高いこと[242]や一時金の支給期間が長期にわたることから見ると問題がないわけではないがやむを得ない[243]。

5 金銭賠償・補償金
(1) 判例の概観

上記のように，解雇権の濫用が認められると，通常は，労働者は解雇無効＝地位確認・未払賃金支払請求を行うのであるが，近年，殊に1989年のベルリンの壁の崩壊，1990年のバブル経済崩壊，通信技術の急速な発展などを原因として雇用形態が多様化して雇用慣行が変容し，労働者の雇用に対する意識が変化してきたこともあって，解雇無効＝地位確認・未払賃金請求ではなく，合理的理由を欠く解雇が不法行為に該当するとして，解雇がなければ得られたであろう賃金その他の逸失利益の賠償を請求する事案が増加している。判例は，従来から，解雇が名誉毀損等の格別な利益侵害行為を伴う場合には，地位確認判決とは別に不法行為に基づく損害賠償を認めてきたのであるが，濫用的な解雇自体が不法行為に該当するとして得べかりし賃金等の逸失利益の損害賠償請求を認めることにはどちらかというと消極的な態度を示してきた。

例えば吉村事件東京地裁判決[244]及びわいわいランド事件大阪地裁判決[245]がその典型的なものである。吉村事件では，理由なく懲戒解雇された幹部社員（A）が解雇は不法行為を構成するとして，得べかりし賃金と慰謝料及び弁護士費用を含む損害の賠償請求等を提起した。Aは，訴訟提起前後に他社に就職した。東京地裁は，Aには解雇理由がないから懲戒解雇は不法行為を構成し，Xはそれにより被った損害の賠償を求めることができるとして，Xの慰謝料及び弁護士費用の賠償請求を認めたが，Aは会社に愛想を尽かせて確定的に他に就

---

240 同旨，水町勇一郎・労働判例研究728回・ジュリスト967号98頁。
241 前掲注（229），（230）及び（231）の最高裁判決。
242 毛塚・前掲注（238）の解説。
243 なお，奥田香子「解雇期間中の賃金と中間収入」労働判例百選（第8版）166頁参照。
244 東京地判平成4・9・28労判617号22頁。
245 大阪地判平成12・6・30労判793号49頁。

第1章　解雇権の一般的規制法理としての解雇権濫用法理

職したのであるから労務提供の可能性は右就職の時点で失われたというべきであり、またAがその時点までに労務提供を継続していた期間があったとしても、その期間については賃金請求権があるので、いずれにしても賃金相当額の賠償請求は失当であるとした。また、わいわいランド事件では、使用者が労働者（B）を保育事業のスタッフとして雇用したが、同事業が実現できなくなって解雇したため、Bが解雇無効を主張せず、解雇予告手当と1年分の賃金相当額を請求した。これに対し、大阪地裁は、Bが「復職を望まないとの理由で解雇無効を主張しないことは、自らの意思で雇用関係の解消をもたらすものであり、結局のところ自ら退職する場合と同様であ」り「将来の賃金が逸失利益になることはない」とした。これらは、解雇救済法理の一側面を如実に表すものであり、有効かつ合理的な救済方法を考えるうえで参考となる。

　わが国では、社会的に客観的で合理的な理由を欠く解雇は無効とする解雇権濫用法理があるため、労働者が不当な解雇に関して司法上の救済を求める場合、解雇無効構成により地位確認・賃金支払請求を提起するのが通常である。従来も、不法行為を理由として損害賠償を請求するケースはあったが、それらを、単独または地位確認・賃金支払請求に附加して、不法行為に基づく慰謝料を請求するものであった。裁判所の上記の対応の仕方も、こうした背景が前提にあったということができる。しかし、解雇無効＝地位確認・未払賃金の支払いではなく、今日、賃金等の得べかりし利益（逸失利益）の損害賠償を認める必要性が高まっており、判例も、このことを認識し、従来の消極的姿勢は弱まってきたといえるが、逸失利益額の算定に慎重であり、必ずしも有効な救済手段とはなっていないということができる。

(2)　損害賠償による救済の必要性

　では、なぜ損害賠償による救済を論じるのかということが問題となる。というのは、不当な解雇に関していえば、無効構成による地位確認・賃金支払判決は、実質的に機能に着目すれば、復職を望まない労働者にとっては、損害賠償に類似した金銭補償的な役割を果たしているとみることできるのであるから、敢えて損害賠償による救済を積極的に論ずるメリットはあまりないばかりか、反対に、損害賠償による救済を主張することにより、従来の無効構成による救

済の有効性を損なうことになるとの懸念を抱く者もいると思われるからである。筆者は，解雇無効構成による救済自体を否定する意図は全く有しない。しかし，それが妥当しない事案において解雇無効構成を固持しなければならないものとも考えない。わが国では，解雇またはそれに類似する雇用の終了につき，労働者の雇用保障という観点から，ともすれば，無効構成にこだわり続けてきたような観がある。確かに，地位確認による救済は，他国にも誇れる極めて有効な救済方法であるということができる。しかし，その適用性や有効性にも限界があることは否めない。これに対し，損害賠償は，雇用保障の手段としては，地位確認に劣るものと考えられるが，なお，次のような妥当性やメリットが存すると考えるのである。

1）復職を要求しない労働者の存在

そもそも解雇権の濫用の効果が論理必然的に無効と解されるべきものではなく，違法とするのみならず無効とするか否かは法政策的問題であるということができる[246]。わが国の解雇救済が解雇無効構成をとった起源は，可罰主義をとっていた旧労組法下の不当労働行為制度にあるとされる[247]。ただ，そうした救済方法が，今日，当然視されている理由は，それがわが国の終身雇用慣行に適合するものと理解されていることにある[248]。しかし，終身慣行は，今日では，主に大企業の長期雇用を前提とする正規従業員に適用され，その維持のためには，景気に対応して多くの非正規従業員を必要としてきたことは周知の通りである。しかも，最近の国際競争の激化の下で，企業における労働者の雇用形態は大きく変化しつつあり，例えば，契約社員，パート，定年後の嘱託等，長期雇用を前提としない労働者の割合は増加の一途をたどっている。そうした長期雇用を前提としない労働者にとって，解雇無効による地位確認・賃金支払判決による救済が適切といえるかは疑問といわざるをえない。実際，こうした労働者は，元の職場に復職する利益はあまりなく，むしろ金銭的補償を中心に考えている。

---

[246] 野田進「解雇」『現代労働法講座10巻』（1982年）202頁。
[247] 田辺公二『労働紛争と裁判』（弘文堂，1965年）305頁，注2。
[248] 土田道夫「日本的雇用慣行と労働契約」日本労働法学会誌73号32頁（1989年）。

第1章　解雇権の一般的規制法理としての解雇権濫用法理

　また，長期雇用を前提とする場合でも，地位確認判決が現実的な救済になるのかさえ極めて疑問である。不当な解雇，それに続く法廷闘争を通じて破壊された労使関係あるいは職場の人間関係が果たして元に戻るだろうか。特に，中小企業等に勤務していた労働者では，解雇紛争によって人間関係に傷ついた職場に戻ることが不可能と考える者が多いと思われるし，あるいは割り切って人生をやり直したい考える者も多いはずである。職場復帰してもとの会社の雇用に留まっている被解雇者がどれだけいるのかについては，正確な数字はない。ただ，労働政策研究・研修機構が労働弁護団所属弁護士及び経営法曹弁護会議所属弁護士に対して行ったアンケート調査の結果[249]によれば，1999年から2004年9月までに解雇無効判決によって訴訟が終結した被解雇者51名中，職場復帰してそのまま勤務している者が41.2％，一度職場復帰して離職した者が13.7％，職場復帰しなかった者が41.2％となっている。職場復帰してそのまま勤務している者の割合が最も少ないのは，その性格上，整理解雇で33％となっているが，普通解雇及び懲戒解雇では50％となっていた。やや旧いが，裁判所において復職で解決した事件710名について，調査時点で在職又は定年まで在職していた者が248名（34.9％）とした調査報告[250]，不当労働行為事件で終了又は確定した事件411件で，被解雇者1名の解雇事件で実際に復職した者は38.1％，その中で調査期日において在職し続けていた者は26.7％とした調査報告がある[251]。これらの調査に従えば，諸外国の状況と比べると復職して職場にとどまることのできる割合はかなり高いといえる。しかし，労働政策研究・研修機構のアンケートの回収率は，労働弁護団からは4.01％，経営法曹会議からは5.94％ときわめて低く，実態を十分に反映しているとは言えない。特に，回答者は復職に成功した事件担当が多いとも考えられる。不当労働行為の調査は，和解のケースも含むものである。したがって，解雇無効判決後

249　平沢純子「解雇無効判決後の原職復帰の状況に関する調査研究」JILPT資料シリーズNO.4（2005年）。
250　山口純子『解雇事件解決後の労働者の復職状況に関するアンケート調査』日本労働研究雑誌491号62頁以下（2001年）。
251　京都府地労委事務局「不当労働行為事件に関する追跡調査」中労時報627号16頁以下（1984年）。

に復職し定着するものは，これらの数字より相当低いのではないかと推定される。解雇無効判決を得たとしても，被解雇者が復職して職場に留まることは相当困難であるとみることができる。

のみならず，労働者が職場復帰しても，使用者があくまで企業からの排除を決意していれば，労働者を居づらくする手だてはいくらでもある。労働組合の組織率が低く，その援護が得られない現状ではとりわけそうである。したがって，労働者が使用者に嫌気がさして復職を諦め，労働条件が悪くなっても他に就職した方がましであると考えるのが必然ともいえるのである。それ故，裁判中または勝訴判決を得た後，労働者が和解等により退職する例が多いと思われる。中小企業の場合には，事実上，復職は困難である。もっとも，理論的には，労働者は地位確認・賃金支払訴訟を補償金獲得の一手段として利用し得るが，殊に労働組合や弁護士などからの情報が得られない場合，それに気付くのは困難である。また，復職を考えていない労働者にとって，地位確認を求めることは真意に反することであるから，地位確認訴訟に二の足を踏むことも多いと思われる。実際，真面目な労働者の中には，地位確認訴訟を金銭的補償（バック・ペイ）獲得の便法として利用することを潔しと思わない者もいるだろう。

2） 迅速な救済の必要

わが国の解雇救済制度が実際に利用しにくい理由の1つは，つとに指摘されてきているように，その訴訟手続に費用と時間とを要することとされてきた[252]。解雇無効構成による地位確認・賃金支払請求では簡易裁判所における事件処理ができないという点が指摘できる。というのは，従業員としての地位確認請求は，その訴額を算定することが極めて困難なものとして，その訴額は140万円を超えるとみなされるので簡易裁判所を第一審裁判所とすることができないからである[253]。これに対し，労働者がもっぱら損害賠償請求訴訟を提起する場合，その請求賠償額が140万円以内である限り，簡易裁判所における

---

[252] 浜村彰「労働契約と紛争処理制度」日本労働法学会誌82号76頁（1993年），小宮文人「解雇制限法―判例・学説の変化と国際比較」日本労働研究雑誌446号24頁（1997年）。

[253] 民事訴訟法8条2項及び裁判所法33条1項。民事訴訟法270条～280条は，簡易裁判所の簡易迅速な訴訟手続を定めている。

事件処理が可能になる[254]。

　もっとも，この迅速な救済の欠如という状況は近時相当改善されてきており，問題の性格が変化してきた。すなわち，2001年に個別労働関係紛争解決促進法が，2004年には労働審判法が成立し，解雇紛争解決の行政及び司法による迅速化が進んだからである。しかし，前者はあくまで当事者の互譲による解決を援助するものであるにとどまり，後者は実質的には調停的な役割を果たすものとして機能しており，抜本的解決はなお裁判に委ねられている。そして，労働審判制度による解雇の解決も，結局，裁判上の損害賠償請求のあり方を確定しておかないと，低廉な調停額が独り歩きする危険性がある[255]。当事者の互譲に依拠する行政のあっせんにおいても，あっせん案の拠り所は裁判であろうから同様な問題がある。要するに，迅速な救済の問題は，今や公正な損害賠償による解雇救済の問題と切り離せなくなっているといえる。

3）労使の利益調整の可能性

　地位確認・賃金支払訴訟は，オール・オア・ナッシングの救済方法であるため，労使の利益調整をはかるのに適さない場合も多いであろう。これに対して，損害賠償なら，賠償額の算定を通じて労使の利害を調整することができると思われる。実体的なレベルでは，例えば，労働者が起こした暴力行為がその労働者の過去の非行歴，勤務成績その他の諸般の事情に照らして懲戒解雇に処するのは妥当とはいえないが，労働者の重大な落度も否定できないというような場合，懲戒解雇は無効ではないが違法とし，過失相殺の法理を適用して懲戒解雇に対する労働者の寄与度を損害賠償額に反映することにより妥当な解決が可能になると思われる。また，手続的なレベルでは，例えば，就業規則に定める懲戒委員会の討議などの手続に違背する解雇が無効とするほどの重大な瑕疵があるとはいえないまでも，違法として損害賠償を認める余地のある場合も少なくないであろう。また，明文の解雇手続の規定がある場合とは別に，労働者に弁

254　なお，民事訴訟法368条〜381条は訴額60万円以下の少額訴訟の特則を設け終局判決に対する控訴を禁止して手続の簡易迅速を担保しているが，この訴額から見て解雇に関して利用できるのは解雇予告手当，短期有期契約の期間中の解雇等に限定されるだろう。

255　小宮文人「解雇の金銭的解決に思う」労旬1693号4頁（2009年）。

明の機会を与えたかどうかということも，懲戒解雇の違法性判断においては重要な要素と考えられるが，その欠如のみにより直ちに解雇を無効にできるか否かは議論の存するところである。こうした場合にも，解雇は無効ではないが違法として損害賠償法理の適用を認めることにより妥当な解決がはかられると思われるのである。手続を履践しても結果は同じだったといえる場合に，その手続に要する期間の逸失利益と慰謝料を認めることが可能になると思われる。

4）　その他のメリット

損害賠償は，有期労働契約の雇止めに関しても，無理のない救済手段を与えることができると思われる。後にみるように，有期労働契約の期間満了による雇止めに関しては，「ある程度の雇用継続の期待」の存在を理由に解雇法理を類推適用しているが[256]，期待利益の保護を目的とする場合であれば，むしろ損害賠償で処理するほうが労使の利益調整がはかりやすく，保護すべき期待利益の範囲を拡大することに資すると思われる。また，期間の定めのあることを否定しないで，その労働契約がいつまでたっても期間の満了により終了しない結果になる可能性がある。この問題に関しては，期間の定めがある雇用契約における「期間の定め」の法的意義自体に疑義があり，これと関連付けて，立法措置を取ることが焦眉のこととなっている。この点は，第2章で詳述する。また，最近のリストラに絡んで益々顕著になってきた解雇規制回避を目的とした労働者への退職追込み行為に対する規制を考える場合にも不法行為ないし債務不履行を理由とする損害賠償法理は有用であることは本書第3章で詳述する。実際，嫌がらせ行為によって退職した労働者にとって，損害賠償による救済の方が利用しやすい訴訟形態といえるであろう。

(3)　損害賠償の法的根拠

では，損害賠償の法的根拠は何か。前掲吉村事件やわいわいランド事件のように従来の訴訟において，被用者は不法行為をその根拠とした。不当な解雇が不法行為を構成すると解することは比較的容易であると考えられたからであろう。すなわち，わが国において，期間の定めのない雇用契約の当事者は，多く

---

[256] 日立メディコ事件・最一小判昭和61・12・4労判486号6頁。

の場合，長期雇用を意図してその契約を締結していると考えられるので，客観的に合理的な理由を欠き社会通念上相当として是認することのできない解雇が権利の濫用とされている以上，そのような解雇はまた違法性を有し，長期雇用に対する労働者の期待利益を侵害するものであるから，使用者の故意，過失が肯定されれば，不法行為を構成するといえるのである。

　しかし，不当な解雇に対する損害賠償の法的根拠が不法行為のみに限定されるかといえば，そうではないと考えるべきであろう。例えば，解雇事由が労働協約で規定されているときは解雇事由がそれに限定されていると解されている。さらに，就業規則の解雇事由も限定列挙と解する判例・学説が多い[257]。そうであるとすれば，雇用契約上，労働協約または就業規則に解雇事由が定められている場合，使用者はその所定事由なくしては解雇してはならない旨の義務を負っていると解さなければならない。のみならず，権利の濫用に該当するような解雇権の行使は，そもそも雇用契約上の雇用継続配慮義務に反するものというべきである[258]。したがって，労働者は，契約責任＝債務不履行を理由としても使用者の不当な解雇に対し損害賠償請求をなすことができるというべきである。この立証責任の問題は，基本的には安全配慮義務に準じて考えられるべきである[259]。なお，債務不履行でいけるとすると，消滅時効が10年と長くなる。

（4）　損害賠償の内容

　では，損害賠償による具体的な処理はどうすればよいであろうか。従来の判例で争われた賠償請求の中心は慰謝料請求であり，それとともに得べかりし賃金などの逸失利益の賠償請求をする例はあまりなかった。上記のようにその請求が否定された事案もある。しかし，最近では，逸失利益の賠償請求を認める

---

[257] 東芝柳町事件・最一小判昭和49・7・22民集28巻5号927頁。
[258] 小西國友「違法な解雇と損害賠償（1）」労判325号4頁，これをと同旨の判例として，宣伝会議事件・東京地判平成17・1・28労判980号5頁。
[259] 航空自衛隊芦屋基地事件・最二小判昭和56・2・16判時996号47頁によれば，労働者は，具体的な義務内容を特定し，義務違反に該当する事実を主張・立証する責任を負う。

判例が増加してきているということができる。筆者は，合理的な逸失利益の賠償を認めるべきことを主張してきたが，従来の主張を含めて，筆者の考え方を以下に論じることとする。

1） 逸失利益の賠償請求を否定する判例

その法的根拠を不法行為に求めるかと債務不履行に求めるかにかかわらず，労働者の被る損害の賠償を慰謝料のみにとどめるのは妥当ではないと思われる。なぜなら，労働者にとってもっとも重大な結果は，従来の仕事・地位によって得ていた賃金等の収入の喪失である。したがって，労働者が地位確認・賃金支払請求を行わず，損害賠償請求のみを行う場合，その主要な請求の内容は賃金等の逸失利益ということにならざるを得ない。ところが，賃金等の逸失利益の賠償は理論上困難な問題を含むため，労働者が実質的に賃金等の逸失利益をも含めて慰謝料を請求しているものと思われる事件が少なからず存在する。しかし，バブル経済崩壊後，労働者が正面から賃金等の逸失利益の賠償請求を行う事件が増加した。裁判所が最初にこの問題に直面したのが前掲吉村事件といえると思われる。

同事件判旨は，(i)違法解雇が同時に無効の場合，賃金請求権が存するので得べかりし賃金については損害がなく，(ii)労働者が他に就職すればそもそも得べかりし賃金自体が発生しないとして，労働者の請求を棄却したのである。しかし，この判旨(i)に関しては，解雇権の濫用が無効にならなければならない論理的必然性はなく，それは終身雇用の慣行のもとで労働者の有利な救済を提供するものとして判例上認められてきたに過ぎず，労働者が損害賠償を求めることを否定する理由とすべきでないと思われる[260]。さらに，解雇は違法ではあるが無効とはいえないと考えるべき事案もあると思われるが（判旨もこのことを示唆していると解釈する余地がある），そうした場合には，労働者は損害賠償を得ることができるという矛盾が生じるのではなかろうか。次に，判旨(ii)は，従来の判例が地位確認・賃金支払請求をしている場合には，他に就職していても中間収入の控除の問題としてきただけであるのと矛盾すると思われる。また，解雇は，一方的かつ確定的に契約関係を終了させようとするものであるから，

260　野田進「解雇」『現代労働法講座10巻』202頁。

第1章　解雇権の一般的規制法理としての解雇権濫用法理

他に就職した場合にも違法な解雇がなければ得られたであろう賃金等の喪失分と解雇との因果関係がなくなるとはいえない。むしろ，違法に解雇された労働者が収入を得るため他に就職するのは当然有り得べき結果といえるのではなかろうか。実際，地位確認・賃金支払請求訴訟を行って勝訴した場合でも，復職する労働者は少ないことは既に述べたとおりである。また，むしろ，前述した損害賠償による解雇救済のメリットに鑑みて，得べかりし賃金等の逸失利益の賠償を認めるべきであると考えるのである。このように，救済手段につき，労働者の選択を認めるということは，必ずしも特異な見解ではない。類似の見解は，労基法違反の即時解雇の救済に関する選択権説にみることができる。ただ，このような見解は，使用者に酷ではないかとの批判を招くかも知れない。しかし，例えば，理由もなく解雇した使用者が，労働者の損害賠償請求を争って解雇無効の抗弁を提出することは禁反言の原則に違反するともいえるのである。

さらに，その後の判例の中には，解雇無効を主張しないことを辞職と同一とみるものがある。前掲わいわいランド事件一審判決がそれである。大阪地裁は，復職を望まず解雇の無効を主張しないのは，自らの意思で辞職するのと同じで，将来の賃金が逸失利益になることはないとも述べているが，そもそも使用者が理由なく一方的に雇用契約を解消する意思表示をして，雇用関係継続の信頼関係を崩壊させた以上，復職を求めないのは辞職と同一というのはあまりに乱暴な議論というべきであろう。

2) 逸失利益の賠償額の算定

しかし，幸いなことに，吉村事件判決以降の下級審判決は，賃金などの逸失利益の損害賠償請求を認容する傾向にあるということができる。例えば，東京セクハラ（M商事）事件[261]では，セクハラに絡む社内でのいさかいを理由になされた解雇が解雇権濫用・不法行為に当たるとして解雇によって喪失した6ヵ月分の得べかりし賃金相当額及び賞与相当分の賠償請求が認められ，O法律事務所（事務員解雇）事件[262]では，秘密漏洩の危険を理由になされた解雇が解雇権濫用・不法行為に該当するとして3ヵ月分の得べかりし賃金の賠償請求

261　東京地判平成11・3・12労判760号23頁。
262　名古屋高判平成11・3・23労判909号67頁。

が認められた。また、インフォーマテック事件[263]では、勤続20年以上の労働者の整理解雇が解雇権濫用・不法行為に当たるとして、6ヵ月分の賃金相当額の損害賠償が認められている。

　地位確認・賃金支払請求をせず、もっぱら、不法行為または債務不履行による逸失利益の賠償請求をなし得るとした場合、その算定はどうしたらよいか。最大の問題は、解雇がなければどれだけ雇用にとどまり得たかが確定しにくいことである。ちなみに、イギリスでは、不公正解雇制度のもとにおいて、労使審判所は労働者が復職を希望していない場合には、実損害の賠償を内容とする補償金を算定するが、そのなかには解雇がなかったなら労働者が得ることができたであろう賃金等の喪失分をその補償額に含めている。その場合、審問時に労働者が他に雇用されていた場合には、審判所は、今までの雇用と新たな雇用における賃金差額を計算し、その差額がどれだけの期間続くのかを、賃金水準の変化、解雇・辞職の可能性などにより推測している。具体的には、その期間を3年から4年とする例が比較的多い。

　また、審問時に労働者が他に雇用されていない場合、審判所は当該労働者がいつ雇用に就けるかを当該地域の雇用状態、当該労働者の職種、年齢、その他の全般的雇用可能性を考慮に入れて算定している。また、わが国と同様に特別の解雇救済立法を有しないアメリカでは、裁判所が諸般の事情から雇用契約に解雇に正当事由を必要とする黙示の合意があると判断すると、解雇がなければ合理的にみて雇用され続けたであろうとみられる期間を前提に、その期間中の賃金と他の雇用から得られたであろう賃金の差額を算出する場合が多い。そして、裁判所は、その期間の推定のために、予定されていた退職時期、当該企業の平均的被用者の在籍期間、当該被用者の勤続期間、成績、当該企業及び産業の経済環境等を考慮して、その合理的雇用継続期間を割り出している[264]。こうした合理的雇用継続期間の推定は、わが国においても適用できないものとはいえない。

263　東京地判平成19・11・29労判957号41頁、同控訴事件・東京高判平成20・6・26労判978号93頁。

264　以上に関しては、小宮文人『英米解雇法制の研究』（信山社、1992年）155-159頁、217頁参照。

第1章　解雇権の一般的規制法理としての解雇権濫用法理

　わが国でも，就業規則の解雇事由規定の事由以外で解雇できないとの合意があると解されるのであり，また，判例法上，解雇は社会的に相当なものでなければ無効とされているからである。そして，合理的雇用継続期間の推定は，単なる手続違反で解雇が違法される場合には，その手続を履践するに要したであろう期間とすることが考えられる。解雇が実体的理由に違反する場合でも，例えば，パートタイム労働者や定年後の嘱託等の場合などでは，比較的推測が容易であろうと思われる。これに対して，長期雇用を前提とする正規従業員の解雇が実体的理由で違法とされる場合には，合理的雇用継続期間の算定は困難である。とはいえ，労働者が簡易裁判所で処理できる程度の推定雇用継続期間を主張する場合には，まだ比較的処理しやすいのではなかろうか。

　これに対し，労働者がその程度を超えて推定雇用継続期間を主張する場合は，そのようなわけには行かない。もっとも，例えば，採用後間もない者の長期の雇用継続を推定することはできないであろうし，また定年直近の場合の労働者の定年までの雇用継続を推定することは合理性があるであろう。雇用サイクルの中途にある労働者の場合には，予定された退職までの期間，当該企業の同種労働者の平均的雇用継続期間，当該労働者の勤続年数，年齢，勤務態度，成績，過去の職歴，当該企業の規模，経済的環境等諸般の事情を基礎として合理的雇用継続期間を推定し，次に，再就職の有無及びその可能性，再就職までの期間，再就職先の賃金レベルなど口頭弁論終結時までの事実を考慮に入れてできるだけ正確な認定のもとに行われるべきである。確かに，雇用継続期間等の推認による逸失利益の算定は不確定な要素を伴うことは否定できないが，その不確定さからくる不利益は違反を犯した使用者の負担とされるべきである。

　なお，解雇無効構成の場合に請求が認められる未払賃金額との均衡から考えて，多くの場合，少なくとも口頭弁論終結時までの期間は雇用継続が推定されると考えるべきである。遅く訴訟を起こした場合や口頭弁論終結までに時間がかかる場合には賠償額がその分だけ多くなるという不合理が生じるとの批判もあり得るが，口頭弁論終結時までの期間を基準にして，訴訟提起の遅れや口頭弁論の長期化が労働者側に責任があるか否かを損害額に反映する方法はあると思われる。過失相殺を用いて，労働者の解雇から口頭弁論終結時までの態度から，信義則上要求される合理的な損害軽減の努力を尽くしてなお生ずべき損害

額とすることも一考されるべきであろう。しかし，筆者は，必ずしも口頭弁論終結時までに限定する必要はないと考える。むしろ，裁判所は上記の諸般の事情を考慮して蓋然性に基づいた合理的な期間を決定するのが正道である。

　雇用継続期間の推定のほか，その雇用にとどまった場合の賃金額の変更可能性も考慮しなければならないが，少なくとも，解雇当時の賃金額は維持されるものと推定されるべきであろう。労働者が解雇後他に就職して実際に得た収入などが損益相殺の対象となることはいうまでもない。また，損害賠償による処理のメリットの1つは，賠償額算定における労使の利益調整の可能性であるから，労働者の解雇に対する寄与度を数量化して過失相殺の法理を適用すべきであろう。とはいえ，過失相殺を容易に認めてしまっては，損害賠償による救済の実が失われることになるのでその適用は慎重に行われるべきである。なお，逸失利益の算定は困難であるから，慰謝料の補完的機能ないし調整的機能に着目して，それを実質的に慰謝料算定に含めて考えるべきであるとの見解もあり得る。そして，判例の中には，従業員としての地位を確認するとともに700万円もの慰謝料を認めた例が2件もあり，その可能性は大きくなっているということができる。また，慰謝料の方が争いを早く処理して金銭救済を受けたいという労働者には適しているかも知れない。しかし，ほとんどの部分が逸失利益の損害の実質を有するものをそのような慰謝料の機能に着目して認めることも困難であろうし，損害額の算定を裁判所に委ねるのは救済の予測可能性を害し問題であろう。やはり，逸失利益のきめ細かな推測方法を裁判上形成する必要がある。

　現状では，既にみたように，解雇権濫用・不法行為に基づく得べかりし賃金を3ヵ月や6ヵ月とする例が多く，又，後にみるように，退職追込み行為の事案でも，同様に短い期間の逸失利益しか認められていないのは問題である。この点，やや特殊な事案ではあると言えるが，会社解散に伴う解雇に関して，解散に至らしめた任務懈怠（旧商法266条の3，現行会社法429条1項）があったとされた代表取締役の従業員に対する損害賠償責任訴訟で雇用存続想定期間2年間の賃金相当分の逸失利益を認めたJT乳業事件[265]が注目される。名古屋

---

[265]　名古屋高金沢支判平成17・5・18労判905号52頁。

第1章　解雇権の一般的規制法理としての解雇権濫用法理

高裁は，次のように論ずる。重要と考えるので，若干長文になるが引用する。

「上記のような雇用存続想定期間中の給料等に係る逸失利益損害をもって，直ちに，上記雇用契約上の権利喪失による被控訴人従業員等の損害と認めることはできないというべきである。しかしながら，現在の我が国における雇用や労働に関する社会的，経済的な諸状況のもとにあっては，解雇された労働者が，解雇の前後を通じてその有する労働能力が等しい場合でも，その年齢，学歴等を問わず，解雇後直ちに解雇前と同等以上の労働条件（賃金の額のみでなく，賃金等を含む全体としての労働条件の比較において同等以上の労働条件）で再就職することが可能であるわけではなく，むしろ，一般に，汎用性のある特別な知識や技能を有する者はともかくとして，そのような特別な知識や技能を有しなかったり，特別な知識や技能があってもそれが限られた職域でしか活用できないような労働者が解雇後直ちに解雇前と同等以上の労働条件で再就職することは相当に困難なことであるとされているのであるから，解雇された労働者が解雇前の労働条件を下回らない労働条件での勤務先を探して再就職するまでにはある程度の期間を必要とし，又，そのような勤務先を探しても見つからず，賃金の額等の面で解雇前の労働条件を下回る労働条件でしか再就職できないということは稀ではないし……本件解雇後の被控訴人従業員等の求職活動からも優に推認することができる。以上のように考えると，被控訴人従業員らが本件解雇後相当の再就職先を探すために必要な相当期間（再就職のための求職活動相当期間）中の本件解雇前の賃金相当の逸失利益と，再就職後における賃金等を含む全体としての労働条件が本件解雇前のそれを下回る場おける賃金額の本件解雇前の賃金との差額に相当する逸失利益……（は,）……本件任務懈怠と相当因果関係にある被控訴人従業員らの上記雇用継続想定期間における雇用契約上の権利喪失による損害に該当するものと解するのが相当である。」

3）　その他の問題－精神的損害の認定と慰謝料の算定

解雇事件の慰謝料の算定につき，従来，裁判所が考慮してきた要素がどのようなものであったかは判旨からは不明なものが多いが，子細に検討すると，一応，次のように分類することができる。①解雇までの経緯（退職して入社することの勧誘，各種嫌がらせ，家庭生活の平穏侵害），②解雇の対応（名誉侵害，人格権侵害，屈辱感）③使用者の意図（不法な目的・動機，悪意，故意，過失），

④被解雇者の特徴（年齢，性別，性格），⑤解雇の結果（労働能力評価の低下，社会的評価の低下，就職困難，生活維持のための苦難，将来の生活不安）。このような要素を考慮・評価することによって，慰謝料の算定を一定程度客観化することは可能と思われる[266]。しかし，今後，次のような観点をも踏まえてより一層適切な基準が判例上形成されるべきであろう。第一に，被侵害利益の内容の違い。例えば，名誉毀損等の社会的な評価の侵害や思想信条等の人格権の侵害が伴う場合と伴わない場合で額の算定が同じでよいか。少なくとも名誉毀損等の場合には，理由なき解雇による精神的損害に加えて，社会的評価低下という単なる精神的なものとは異なる非財産的損害があることが考慮されるべきである。第二に，解雇理由の反公序性の有無による違い。例えば，人種，性別，思想・信条，不当労働行為等を理由とする場合とそうではない場合の違い。反公序的な解雇は強度の違法性があると考えられ，近時勢いを増してきた慰謝料制裁説によれば，それを算定に反映することが妥当といえる。第三に，解雇の違法性が実体的な面にある場合と手続的な面にある場合による違い。解雇の効力に影響しないような手続に違反する解雇の場合には，精神的損害はほとんどないといってよいであろう。第四に，慰謝料請求の仕方による違い。すなわち，地位確認・賃金支払請求に附加的になされた場合と賃金等の逸失利益の損害賠償請求に附加的になされた場合で額の算定が同じでよいか。前者の場合は，地位は結局回復されるので解雇の仕方に関し慰謝料が問題とされてきたが，後者の場合には，新たな仕事，職場，人間関係に慣れるための心身の苦痛をも慰謝料算定上考慮されるべきであろう。なお，判例のなかには，慰謝料請求が地位確認・賃金支払請求に附加的になされている場合には，労働者の地位確認・賃金判決により精神的損害は慰謝されるとして請求を棄却する判例が多いが，そのような処理は当該解雇の有効・無効の判断が微妙であるような場合以外には合理性を有しないと考える。

---

[266] 因みに，「特集　損害賠償請求訴訟における損害額の算定（1）（2）（3）」判タ1707号4-27頁（2001年）には，東京，大阪及び名古屋の裁判官からなる損害賠償実務研究会の名誉毀損の損害額の算定に関する議論が報告され，算定の定型化及び定額化に関する井上繁規東京高裁判事の試論も示されている。

(5) 金銭解決の立法化問題

1)「今後の労働契約のあり方」研究会の提案

　さて，多くの裁判所が，不確定要素が多いこともあり，得べかりし賃金の請求を認めることやその算定に苦慮していることは，前記の通りであり，そのことは理解できないことではない。そうだとすれば，残された途は，立法による解決であろう。実際，そうした検討は，既に，平成15年の労働基準法改正のときにも行われていた[267]。その後，労働契約法の制定を前提とした厚生労働省の「今後の労働契約の在り方に関する研究会」の最終報告（平成17年）は，解雇手段の選択肢を広げる観点から，解雇の金銭解決制度について提案した。しかし，同報告書は，労働組合からの強い反対もあって，解雇の金銭解決制度の導入を積極的に提案するという姿勢ではなく，その可能性の法理論上の検討を行うにとどまった。すなわち，「解雇紛争の救済手段の選択肢を広げる観点から，仮に解雇の金銭解決制度を導入する場合」の制度設計を，労働者申立の場合と使用者申立の場合に分けて検討している。

　労働者申立の場合には，従業員たる地位の確認訴訟とその認容判決が確定した場合の本人の辞職申し出を引換えとする解決金給付請求訴訟を同時に行うものと整理した同一裁判所における一回的解決の検討，および個別企業における事前の集団的労使合意（労働協約や労使委員会の決議）による解決金額基準に基づく解決金額の決定方法を提示する。また，使用者申立の場合には，解雇を無効とし労働者の従業員たる地位の存続を前提に，使用者が解決金を支払うことにより労働契約関係を解消できる仕組みが適当であるとする。そして，その申立には個別企業における事前の集団的労使合意を要し，かつ，事前の集団的合意による解決金額基準に基づいて解決金を決定することが適当であるとする。

---

[267] 平成15年の労基法改正に先立つ労政審議会労働条件部会の報告「今後の労働条件に係る制度のあり方について」（平成14年12月26日）においてである。ところが，民事訴訟手続との関係でその提案の問題点が指摘され，また各種の理由で労使双方からの激しい批判に曝された結果，前回の労基法改正法案要綱に盛り込まれなかった。しかし，平成15年5月6日の国会審議の段階で，小泉内閣総理大臣は「引き続き検討するとした」と述べ，その後の総合規制改革会議の答申や閣議決定された規制改革等に関する計画のなかにも金銭賠償方式の選択肢導入の検討が含まれた。

さらに，使用者申立に関する解決金基準が労働者申立に関する基準より低い場合には，使用者申立を認めないことが適当であるとするとともに，使用者申立に関する金銭解決基準設定には最低基準を設けることも考えられるとする。

　解雇無効判決確定後の使用者からの金銭解決申立を認める根拠として当初示されたのは，社会的損失の回避，申立の公平，迅速な解決，両当事者の利益であった。しかし，申立の公平と迅速な解決を除く他の理由はそれほど真剣に主張されたわけではない。解雇無効確定判決後，労働者は復職する権利を有しているはずであるから，金銭解決は救済としては次善の救済であり，使用者にも申立を認めなければ公平でないとはいえない。使用者側は，無効といっても100％使用者が悪いわけではないからとも主張したが，それは金銭解決額をどうするかの問題であり，無効確定後の金銭解決申立の公平の問題ではない。また，使用者が早期に無効を認めて金銭解決を求めれば迅速な解決が可能になるかもしれないが，それは多分に金銭解決金のレベル，今後の勝訴の可能性からみた訴訟費用及び訴訟期間中の賃金負担の危険性の如何によると思われる。他方，労働者側からは，使用者の金銭解決申立を認めた場合，①解雇が容易になる，②労働者の職場復帰の選択が阻害される，③労働者のプライドが回復できなくなる，④裁判官が「継続しがたい理由」を判断できるのか，⑤中小企業の場合は常に戻れなくなる，などの危惧の念が示された。これらの危惧の解消は，使用者の申立にどの程度の規制を加えることが可能か，解決金のレベルをどの程度にすることが可能か，使用者が職場復帰を事実上不可能にするような状況を作り出さないようにすることが可能かを考えると極めて困難である。

　これに対し，報告書は，労働者側の危惧の解消のため，労働者の地位の存続を前提とし，かつ，差別的解雇や正当な権利行使を理由とする場合や使用者の故意過失によらずかつ労働者の職場復帰が困難と認められる特段の事情がある場合などには使用者申立を認めず，また，個々の企業における集団的合意及びそれに基づく解決金基準の設定の要件に加え金銭補償水準の最低基準の法定を提案した。しかし，使用者に金銭解決の手段を与えれば，労働者の地位存続を形式的に認めても実質的意味がないのではないか，可能な場合を極度に限定してまで使用者申立を認める意味があるのか，労働協約による場合は，組合間で解決金額の基準が異なってもいいのか，組合が合意すれば組合員がいやでもよ

第1章 解雇権の一般的規制法理としての解雇権濫用法理

いことになるのか，集団的合意をしたら当該組合が原職復帰を求める闘争は困難になるのでないか，労使委員会に組合代替機能を持たしてよいのか，そもそも，解雇を前提として金銭解決の額などについて組合が交渉・合意すると考えられるか，などといった疑問が提示され，結局，早急に使用者の金銭解決申立を認めるには解決すべき課題が多すぎるという問題があった。

　確かに，労働者の金銭解決申立を容易かつ豊富にすることによって弾力的解決は促進されることになるから，敢えて使用者の金銭解決申立を認める必要性は少ないということができる。それでは，労働者の金銭解決申立はどうか。これについては，前回の労基法改正に先立つ労政審議会契約法制部会においても，労使から特に大きな反対はなかった。労働者側にとっては，地位確認判決による職場復帰の他に救済の選択肢が増えるのであり，その選択は労働者に委ねられるのであるから反対する理由はない。使用者側にとっても，職場復帰されるよりも金銭解決の方がよいと考えている。問題となるのは賠償額のレベルだけだろう。そこで，議論は解雇の効力判断と金銭解決の判断を別々にやるとかえって時間がかかるということに集中した。このため，報告書のように，地位確認訴訟と確認判決確定後の労働者の辞職申し出を引換えとする解決金給付訴訟を併合する案が出てきたのである。そうした処理ができれば，労働者は解雇には納得できないが職場には戻りたくないと思った場合に，金銭解決できる権利が保障される。このメリットは相当大きいものである。

　まず，労働者は訴訟提起の時点では職場復帰したいと思っていても，訴訟の過程で職場復帰より金銭解決を望むようになる可能性が強くなると思われるが，一般に地位確認請求から損害賠償請求への訴えの変更は認められない。第二に，従来，裁判所の中には解雇権濫用を理由とする不法行為請求において逸失利益の賠償を認めないものがあり，また，認める場合でも一般に極めて短期の在職期間に相当する逸失利益しか認めていない。提案された解決金給付訴訟では，労働者は辞職するまで従業員としての地位を有するからその間の賃金は保障された上で解決金を得ることができるから格段に有利になる。第三に，労働者は，使用者に解雇権濫用があれば，故意過失がなくとも地位確認判決は得られるから，従来のように故意過失がないから不法行為自体が成立しないとして金銭的補償が得られないことはないことになる。

しかし，労働者申立の場合の解決金の額についての提案にも問題がないとはいえなかった。報告書は，「解雇の態様，労働者の対応，使用者の責任の程度などのほか，各企業における支払能力にも左右されるので，企業横断的に一律には決められない」との意見がヒヤリングにおいて出されたとした上で，前記のとおり，金銭解決申立を解決金基準が個別企業の事前の集団的労使合意がある場合に，かつ，その基準で解決金額を決定するという方向を打ち出している。しかし，金銭解決がもっとも必要とされると企業は中小企業であると思われるから，事前の集団的労使合意を要件とすれば，必要とされるところで解決金による解決が利用できないことになる。また，解決金の問題を個別企業の財政問題と絡めて議論すべきなのかという根本的な疑問がある。むしろ，中小零細企業の平均賃金レベルの低さや勤続期間の短さを解決金額に反映させることにより解決できる問題であろう。

結局，労働契約法案には，解雇の金銭解決は盛り込まれなかったのであるが，その後の裁判上の損害賠償額，労働審判法に基づく調停の解決金のいずれをみても，十分な解雇の金銭的救済がなされているとはいえない状況にある。

2） 金銭解決の方向性

すでに述べたように，現在の逸失利益の賠償に関する裁判所の謙抑的な姿勢からみて，解雇無効＝地位確認・未払賃金支払いに見合った損害賠償のみによる十分な救済は困難であるのみならず，裁判実務を前提とした労働審判所の調停による金銭的解決の状況をみると，金銭解決をフリーハンドで裁判所に委ねておくべきではないと考える。この立法的措置は極めて難しいと思われるが，私見としては，次の2つの処理の仕方があり得ると考えている。1つは最低損害補償金を法定することであり，もう1つは現在の損害賠償（逸失利益プラス慰謝料）に加えて，雇用喪失補償金を法定することである。

① 最低損害補償金

前者は，得べかりし利益の喪失も含めた最低損害補償金とでもいうべきものを法定しておいて，それを超える実損害があるといえるような場合には，その不足額を裁判所が認定するという形で補償金を決定するという処理を考えることである。また，労働者がその解雇原因に寄与している可能性があるのでこれをどうするかが悩ましいが，いくつかの外国の立法例のように裁判所に減額の

第1章　解雇権の一般的規制法理としての解雇権濫用法理

裁量を与えるということが考えられる。そこで，最低損害補償額の水準をどのように定めるべきかが問題となるが，解雇時の年齢，勤続，賃金が解雇後の再就職の困難や賃金レベルの減少に一定の相関性があることから，それらの組み合わせで最低補償金額が決まるような算定方式を定めて置くのが妥当であると考える。そして，具体的な組み合わせを考える参考になるものとしては，次のようなものがある。1つは，雇用調整で用いられる希望退職の退職金上乗せ金算定に用いられる期間である。それは，労働者の転職による金銭的不利益の労使の利益調整を前提にしているとみることができる。ある人事コンサルタントは月額給与または基本給の6ヵ月分から24ヵ月分程度が一般的であるとし[268]，また労政時報の2001年の調査でも，上乗せ金が，希望退職で約34ヵ月分の賃金相当となっている。早期退職制でも17.5ヵ月分である[269]。ただ，これは経営難の状況を前提に労使の利益を調整した額にすぎず，失職よる収入の減少は，通常，これを超えるものと考えられる。この賃金格差が，例えば，6，7年は続くと仮定すると，再就職するまでの期間の逸失利益に加え1年半程度の逸失利益が出ることになる。もう1つは，再就職者の賃金の目減りに関する調査報告である。例えば，日本労働研究機構の調査[270]による離職前後の年収の増減についてみると，29歳以下では297.7万円から264.3万円，30歳代では，409.3万円から355.7万円，40歳代では474.6万円から309.6万円，50歳代では554.7万円から369.5万円に低下しており，これを低下率で示せば，それぞれ，約11.2％，13.1％，17.7％，約33.4％となっている[271]。これを月割りにする

---

[268]　林明文『人事リストラクチャリングの実務』（実業之日本社，2000年）83頁，櫻井稔『雇用リストラ』（中央公論新社，2001年）129‐130頁。

[269]　労政時報3484号2頁以下（2001年3月23日），特に表12の統計数字参照。

[270]　堀晴彦『転職に際して給与はどの程度低下するのか』（日本労働研究機構，2002年）。

[271]　この調査は，全国の公共職業安定所が1998年9月から1999年5月まで実施した「求職活動に関する調査」に基づくものである。これとは別に，森山智彦『転職経路が機会の不平等性・所得格差に与える影響』（全労済協会，2009年）は，人材紹介企業を含めた2007年9月の調査があり，転職後収入が減ったとする労働者が37.0％いるのに対し，増えたとする労働者も35.5％あるとされ，キャリアアップのため人材紹介企業や人的つながりで転職する場合には収入増があることを示している。しかし，このアンケート調査は，回収率9.5％，回答数758件であり，その信頼度は必ずしも高くない。

と，40歳代では1.5ヵ月分，50歳代では1.8ヵ月分も減少していることになる。したがって，解雇補償金の最低限度額を定める場合，こうした賃金の目減りが何年ぐらい続くのかを参考にして決定すべきあると思われる。

② 雇用喪失補償金

もう1つの考え方は，現在の損害賠償（逸失利益プラス慰謝料）とは別に，それに加えて，イギリスの剰員整理手当のような雇用喪失に対する補償金（その性格は，フランスやイタリアの解職手当に近い）を考えることである。それは，労働者は，雇用継続の信頼関係の下で，その労働及びそれへの投資を通じて会社に貢献しているから，使用者が不当な解雇によって信頼を裏切った場合には，その貢献に対する対価を取り戻すことができるというものである[272]。こうした考え方は，わが国のような雇用慣行の下では，議論としてはより成り立ちやすいと思われる。若干敷衍すれば，長期雇用の暗黙的理解の下で，労働者の退職年齢まで投資努力が行われているところ，途中で不当に解雇されるならば投資努力が十分に回収されないことになるので，その損失部分の補償が必要になる。そして，これは理論的には，将来の得べかりし賃金の回復と区別することができるのではないかと考えたわけである。しかし，この見解には，1つの大きな問題点があると思われる。すなわち，投資分の回収といっても，その労働者の従事してきた職務の性質またはその努力の程度によって投資（貢献度）が相当異なるので回収されるべき損失も相当異ならざるを得ないという問題である。しかし，努力の程度による回収の割合の大小については対処する方法がないわけではない。また，職務の性質による投資（貢献度）を一律の補償金制度に反映するのは容易ではないが，典型的な職種ごとに退職金算定表のように系数化することも不可能ではないと思われる。

(6) 参考——諸外国の解雇補償金

以上が，筆者の金銭解決制度に関する一応の考え方であるが，この参考にしたのが諸外国の金銭補償制度である。諸外国の場合，わが国と雇用慣行が相当異なるので参考にとどまるが，補償金ないし解職手当がどのような要素によっ

---

272 小宮文人「解雇の金銭的解決に思う」労旬1693号4頁（2009年）。

第1章　解雇権の一般的規制法理としての解雇権濫用法理

て決定されているかを中心に，いくつかの国の個別的解雇に対する金銭的救済としての補償金ないし解雇手当制度の概要をあげておきたい。特に，わが国ではあまり知られていないベルギーとオランダの制度は若干詳細に紹介する。

1）ベルギー[273]

ベルギーでは，ブルーカラーには解雇権濫用による損害賠償の制度が適用されるが，その年俸総額が 26,912 ユーロを超えるホワイトカラーの場合は，解雇予告制度が適用されるだけである。しかし，その予告期間はかなり長く設定され，使用者が解雇するには相当な金銭的負担がかかる。予告期間の長さは雇用終了時に両当事者によって合意されなければならない。その予告期間は，5年の勤続ごとに最低3ヵ月という法定最低期間以下であってはならない。その予告期間の長さについて当事者間の合意がない場合は，その予告期間の長さの決定を労働裁判所に申し立てなければならない。予告期間の長さを決定するための特定の規則が定められていないが，裁判所は，当該被用者の年齢，勤続期間及び報酬を考慮する。報酬は，終了時の当該被用者の現行報酬及び当該被用者が，その雇用契約，労働協約，法律または慣行によって権利を有する全ての利益（advantages）からなる。この場合，現行報酬とは，給与及び被用者に労働の対価として支払われる給与以外の給付（prequisites），例えば，1年毎に1ヵ月分のボーナス（thirteenth month bonus），倍額休暇手当，ボーナス，会社自動車の私的利用，集団保険料等の総額を意味する。被用者が既得権を有しない利益，例えば，仕事の対価としてではなく雇用関係に関して特別の機械に与えられる利益は，報酬とは考えられない。これらの基準には多分に弾力性があり，実際に確実な程度をもって，雇用期間を期間の長さを算定する方法は存しない。

実務上，期間の長さは，しばしば，「クライス（Claeys）」定則に基づいて算定される。この定則は，予告期間の長さを決定するため，労働裁判所が依拠するいろいろな要素（勤続，年齢及び報酬）を反映する判例法の検討に基づいて発展した。この定則を用いるのが一般的な実務であるが，これは労働裁判所を

---

[273] 以下の説明は，ベルギー・ルーヴァン大学（Katholieke Universiteit Leuven）労働法研究所助手の W. Vandeputte 氏が要約してくださったものである。

第7節　濫用的解雇の救済方法

拘束しないことを注意すべきである。定則は次のようになっている。

　　（0.88×勤続）＋（0.06×年齢）＋（報酬／1,000×0.033）－1

(a) 勤続

勤続は，次のチャートに従って，年数及びその端数で計られる。

　1ヵ月＝0.08年　　2ヵ月＝0.16年　　3ヵ月＝0.25年　　4ヵ月＝0.33年　　5ヵ月＝0.42年　　6ヵ月＝0.50年　　7ヵ月＝0.58年　　8ヵ月＝0.67年　　9ヵ月＝0.75年　　10ヵ月＝0.83年　　11ヵ月＝0.91年　　12ヵ月＝1年

(b) 年齢

年齢もまた年数及びその端数で計られる。例えば，36年3ヵ月だと＝36.25年

(c) 報酬

報酬は次のように計られる。例えば，80,000ユーロ＝EUR80（報酬は物価スライドする）。

例えば，2004年9月に雇用終了の合意があり，年の報酬が（手当も含む）が80,000ユーロ，2004年8月のインデックスが115.44の場合，

$$\frac{80,000 ユーロ \times 112.59}{115.44} = 78,025 ユーロ = 78.03 EUR$$

〈具体例〉

－雇用終了日　　　　　2004年3月31日
－入社日　　　　　　　2000年12月1日
－誕生日　　　　　　　1960年1月1日
－報酬　　　　　　　　40,000ユーロ
－勤続期間　　　　　　3年4ヵ月　　＝3.33
－年齢　　　　　　　　44歳3ヵ月　＝44.25
－報酬：（40,000×112.59）÷113.74（2月の指数）＝39,596ユーロ＝39,596

　　　（0.88×3.33）＋（0.006×44.25）＋（39,596／1,000×0.033）－1＝5.89→6ヵ月分となる。

第1章　解雇権の一般的規制法理としての解雇権濫用法理

　以上は，予告手当についてであるが，このほか，顧客補償金（使用者のために獲得した顧客の喪失により生じる訪問販売員の損害を補償するために与えられるもので，被用者の勤続期間は1年から5年までであれば，顧客補償金は3ヵ月分の報酬に等しい），休暇離職補償金（この額は2005年に使用者によって支払われた報酬の15.34％に達する），1ヵ月分のボーナス比例額，法律上の休日報酬（解雇時に，その雇用契約の終了後1ヵ月内に得ることのできる法律上の休日に関する報酬）を得る権利を有する。

　2）　オランダの場合

　オランダでは，解雇するには，原則として，行政機関（労働所得中央組織）の許可又は裁判所による雇用契約解消判決が必要である。許可申請には解雇の明白な正当事由が必要である。但し，行政機関の被用者や教員，取締役等特定の種類の被用者及び試用期間，合意解約，即時解雇，企業の破産，有期契約の期間満了等は例外とされている。この許可は85％の事案で与えられ，許可されない場合は，使用者は数ヵ月後に再度申請し，ほとんど100％で許可される。使用者は代替的に裁判所に雇用契約解消判決を求めることができる。労働者の合意又は重大非違行為がない限り，行機関の許可又は裁判所の雇用契約解消判決を得ずに行われた解雇は無効である。手続に時間がかかるので，賃金請求に2年以上かかることは例外ではない。この結果，裁判所は賃金額が膨らまないように認容額を緩和するが，その減額は法定予告期間または3ヵ月分の賃金額のいずれか高い方を下回らないものとされている。労働者が許可に反対する場合又は解雇予告手当を支払われず解雇された場合，労働者は「悪質不当解雇」の訴えを提起することができる。裁判所が解雇は明らかに不合理と判断すれば，原職復帰か補償金を命じるが，使用者は復職に反対できるので，その場合，補償金を増額する。補償金額の決定には，とりわけ，労働者の年齢，勤続，再就職の機会が考慮される。この決定はケース・バイ・ケースで予測が困難であるが，近年では，補償金＝予告手当算定式（kantonrechters-formule）が用いられている。ただ，「悪質不当解雇」は現実にはあまり利用されず，何らかの解雇手当の交渉の土俵を形成している。これに対し，雇用契約解消判決は，労使ともに申請できるが，即時解雇が認められる緊急事由または事情変更（例えば，経済的必要，信頼欠如等）の立証が必要となる厳格な手続に服する。解消判決

第7節　濫用的解雇の救済方法

が拒否された例は少ないが（4％にとどまる），解雇予告手当を増減する例は多いとされる[274]。

そして，補償金の問題が裁判手続に乗ると，地方裁判所（sector kanton）の判事は，雇用契約解消の申請に対して，補償金算定を統一すべく，1996年から，補償金の算定式を用いることに合意してきたが，数度の修正を経て，2009年1月より次のような算定式となった[275]。なお，これは，法律ではないので，裁判所を拘束せず，上級審で変更される可能性もあることはベルギーの場合と同様である。

　　補償金額＝A（勤続年数）×　B（報酬額）×　C（修正係数）
　A　勤務年数
1　35歳未満の勤続年数（四捨五入）1年ごとに0.5
2　35歳以上45歳未満の勤続年数（四捨五入）1年ごとに1
3　45歳以上55歳未満の勤続年数（四捨五入）1年ごとに1.5
4　55歳以上の勤務年数（四捨五入）1年ごとに2
　B　報酬額
月収であるが，これに何を含ませるかは大いに争いがある。ただし，コミッションを含むとする。
　C　修正係数
1　「雇用終了理由が使用者の支配領域にあるが，使用者になんら責任がない場合には，係数1とする。」
＊解雇予告手当の性格を有するためである。
2　「雇用終了理由が被用者の支配領域にあるが，被用者になんら責任がない場合には，係数0とする。」
＊労働者が自主退職する場合である。
3　「労使当事者の一方又は双方に責任がある場合，当該当事者の責任の重

274　以上，M. G. Rood, Netherlands, International Encyclopaedia of Labour Law (Kluwet Int'l, Supple. 2004), paras. 126-140.
275　以下の記述は，次のブックレットに基づく。Vereniging voor Arbeidsrecht, Recommendation of the Association of Lower Court Judges, As in force from January 1, 2009 (VAAN).

大さを係数に反映する。」
＊労災でやめる場合は係数1を越す。みなし解雇的なものもここに入ると思われる。労働者が解雇に寄与する行為を行った場合もここに入る。その寄与に応じて，その係数は0から1までの間で決められる。
4　使用者の財政困難又は被用者の能力の欠如といったその他の特別の事情が存する場合，当該事情を係数に反映する。
3）　その他の主要国
①　イギリス
　整理解雇の場合は，一律に，使用者に整理手当（その額は，年齢，週給額及び勤続期間に応じて定められている）の支払を義務づけている（年齢60～64歳，勤続20年を最高額とし，30週給分）。また，解雇には勤続期間に見合った解雇予告手当が必要であり，解雇が不公正とされた場合は，審判所は復職命令をなすことができるが，使用者が従わなければ，補償金を増額する。ほとんど全ての事件で，審判所は，整理解雇手当と同一の基礎裁定額及び補償裁定額（損害賠償額と同じ）からなる補償金の裁定を行っている。なお，不公正解雇には1年間の勤続が資格要件とされている。
②　フランス
　被用者が11名以上の会社に勤続2年以上の被用者が不当に解雇された場合，労働審判所は復職を提案することもできるが強制することはできない。復職が使用者又は被用者によって拒否された場合，使用者は以前の賃金の6ヵ月分を下回らない補償金を裁定する。通常，労働審判所は，同時に，解職手当（2年以上の勤続のある重大な非違行為のない労働者にその勤続に応じて支払われる手当）の支払を命じる。なお，使用者が解雇の適正な手続を遵守しない場合，賃金の1ヵ月分の補償金を支払わなければならない[276]。
③　ドイツ
　不当解雇の通常の救済は復職ということになっているが，使用者は，裁判所

---

[276] G. Bertola et al, Employment Protection and Labour Market adjustment in OECD countries: Evolving Institutions and Variable Enforcement (ILO, 1999), Annex C; 'France' in J. Rojot, 'France' in R. Blanpain (ed.), International Encyclopaedias of laws, Labour Law and Industrial Relations (Kluwer In'tl), paras. 246-261 (Suppl. 77, 1987).

に，「もはや協力は期待できない」として，雇用契約の解消を求めることができる[277]。裁判所がこれを認める場合，使用者は補償金を支払わなければならない。補償金の上限は通常 12 ヵ月分の賃金であるが，15 年以上勤務の 50 歳以上の被用者の場合は 15 ヵ月分，20 年以上勤続の 55 歳以上の被用者の場合は 18 ヵ月分の賃金が上限とされている。1985 年までは，被用者は解消判決を阻止できないと考え，より高額の補償金を得て，訴訟費を節約するため，早期に和解する傾向があるとされる。その結果，ほとんどの事件は金銭で解決された。1985 年以降，連邦労働裁判所の取扱いが変わり，解雇に強度の違法性がある場合，解雇された被用者が終局判決まで控訴レベルの訴訟期間雇用にとどまることができるようになった。そのため，被用者が雇用され続ける限り，「もはや協力は期待できない」とはいえなくなり，被用者は判決を得ようとするようになり，復職が現実的救済になった。他方，近代的かつ非形式的代替解決を容易にするため，2004 年に KSchhG 1 a 条が設けられ，経済的解雇で解雇される被用者は，①解雇訴訟を提起せず，かつ②使用者が解雇は経済的理由に基づくもので，被用者が訴訟を起こさなければ，補償金を得ることできる旨を被用者に通知した場合は，勤続年数 1 年ごとに 0.5 ヵ月分の補償金を与えられることになった[278]。

④ イタリア

1 事業所 15 名以上，企業全体で 60 名以上の会社に雇用される被用者は，不当解雇の救済を得る権利を有し，その救済は復職及び 5 ヵ月分の賃金に相当する補償金である。被用者が補償金のみを請求する場合，その額は 15 ヵ月分とされる。被用者は，訴訟に代えて，州労働局又は労働組合を通じて調停を求めることができる[279]。なお，不当解雇の補償金とは別に，フランスの場合と同様に，被用者は解職手当を支給される。その額は，ホワイトカラーの場合，勤

---

[277] 山本敬三・野川忍「労働契約法制と民法理論」季労 210 号 94 頁以下，129 頁（2005 年）は，和解弁論法廷で金銭和解するから，解雇無効までいって金銭解決ということはほとんど起こらないとする（野川発言）。

[278] M. Weiss, 'Federation of Republic Germany' in R. Blanpain (ed.), op. cit., paras. 303-307 (Suppl. 340, 2008).

[279] G. Bertola et al, Ibid.

続1年毎に1ヵ月の賃金相当分，ブルーカラーの場合，18年以上勤続の1年毎に2週間半の賃金相当分となっている[280]。

⑤　スウェーデン

1982年雇用保護法は雇用終了に対する手続的，実体的違反の定型的救済手段として，損害賠償，補償金，復職及び罰則を定めている。理由のない解雇は裁判所の無効命令によって無効となるので，復職命令は不要である。しかし，被用者は解雇無効や復職を求めるのは稀である。スウェーデンでは，雇用関係は人格的関係と考えられているので，相互信頼関係が欠けた状態で職場に戻ろうとしない傾向があるという。使用者が無効命令又は復職命令を拒否する場合，被用者はその勤続年数に従い，16ヵ月から32ヵ月分の補償金を得る権利を有する。使用者の悪質な違反は罰金または法廷侮辱罪の制裁を受ける[281]。

---

[280]　T. Treu, 'Italy', in R. Blanpain (ed.), op. cit., paras. 229-231 (Suppl. 318, 2006).

[281]　R. Fahlbeck & B. J. Mulder, Labour and Employment Law in Sweden (Juristforlaget i Lund, 2009), pp. 67-68.

第2章　労働契約の自動終了

第1節　有期労働契約の終了規制

1　はじめに

　わが国において，戦前には，有期労働契約（＝期間の定めのある労働契約）は各種の前近代的な人身拘束的雇用の他，製造業の臨時工の雇用に多く用いられていた。そして，戦後はドッヂ・ライン，朝鮮戦争を通じて景気の安全弁としての臨時工制度が確立され有期労働契約の利用が増加した[1]。しかし，有期労働契約が雇用全体に占める割合は，1959年頃に11％を超えていたものの，その後，長い間，10％を超えることはなかったのである。ところが，1978年の第二次オイルショック頃から有期労働契約は，減速経済，技術革新，産業構造の変化，女性の職場進出，労働の高齢化などを原因とする雇用・就業形態の多様化に伴ってパートタイム労働者，契約社員，期間工などという形で増加しはじめ[2]，さらに1990年頃のバブル経済崩壊以降，通信技術革命や経済のグローバル化に伴う国際競争の激化やマイナス成長を反映して，その雇用全体に占める割合は急速に拡大し，2008年には約14％を記録した[3]。そして，今日では，有期労働契約は，前近代的農業経済から工業化へ移行する時代の企業への労働の拘束の手段ではなく，脱工業化経済の企業の需要を満たす労働の弾力化手段としての意義が強くなったということができる。換言すれば，有期労働契約は，恒常的な労働コストを削減しつつ必要とされる多様な労働需要に迅速に対応できる雇用，いわゆるジャスト・イン・タイム・エンプロイメントのための手段となっているのである。

　このことに呼応して，1995年，日本経営者団体連盟は，将来の雇用形態が

---

[1]　川口実「特殊雇用関係」『労働実務大系15巻』（総合労働研究所，1974年）31－47頁。
[2]　高梨昌『変わる日本型雇用』（日本経済新聞社，1994年）67－70頁。

第2章　労働契約の自動終了

いわば従来型の期間の定めのない労働契約による長期蓄積能力活用型グループの雇用のほか，期間の定めのある労働契約による高度専門的能力活用型グループ（専門部門）と雇用柔軟型グループ（一般職・技能・販売部門）の雇用に分化され，それに見合った処遇が必要となるとする展望を発表した[4]。この展望に沿うかのように，1998年に労働契約の存続期間設定を1年以内に限定する労働基準法14条が改正され，新商品等の開発又は科学に関する研究，または事業の開始等の業務に関する高度な専門的知識等を有する労働者との有期労働契約及び満60歳以上の労働者との有期労働契約の期間設定の上限を3年とする特例規定が設けられた。さらに，2003年の労働基準法改正で，14条の原則の上限を1年から3年に，特例の上限を3年から5年に延長し，特例の内容を厚生労働大臣が定める基準に該当する高度の専門的知識，技術または経験を有する労働者が当該知識，技術または経験を必要とする業務に就く場合として実質的に拡大した。

しかし，この2003年の改正に関連して行われた2つの調査によると，当時の1年の原則的上限および3年の特例のいずれに関しても，企業の大多数は特に延長を希望しておらず，延長を必要とする企業は全体の10％に満たない状況にあった[5]。同改正により，契約期間が大幅に伸びることはなかったようである。同改正後の2009年に行われた調査によれば，有期契約の契約期間は6ヵ月超から1年以内が最も多く，契約期間1年以内の者の割合は契約社員で

3　1968年以降8.4％から9.1％で推移してきた有期労働契約者数（1ヵ月以上1年以内の期間を定めて雇われている「臨時雇」と日々または1ヵ月未満の期間で雇われている「日雇」を合計した数）は，1978年に9.6％となってから増加傾向になった（総務庁（省）統計局「労働力調査報告」昭和28年～平成20年）。なお，2000年の「労働契約者に関するアンケート調査」によれば，調査時において約7割の企業が有期労働契約労働者を雇用しているが，現在雇用していない企業の70.2％が今後も雇用しない，25.8％が雇用するかどうかを検討すると回答し，雇用する予定があるとしたのは3.3％に過ぎない。なお，パート・タイマーは必ずしも有期労働契約者とは限らないが，有期労働契約者の雇用形態をパート・タイマーとする割合は49％となっている。これについで，多い雇用形態が契約社員（41％）となっている（労働省「有期労働契約の反復更新に関する調査研究会報告」に引用されている）。

4　日本経営者団体連盟「新時代の『日本的経営』―挑戦すべき方向とその具体策」31-33頁（1995年）。

80％，嘱託社員で78.6％，フルタイムパートで82.9％，短時間パートで78.4％であるが，契約期間6ヵ月以内の者の割合もそれぞれ10.7％，10％，32.6％，35.1％となっている。これに対し，勤続年数が3年を超える者の割合は，契約社員で52.5％，嘱託社員で53.3％，フルタイムパートで57％，短時間パートで53.6％となっており，有期契約が反復更新されていることが伺われ，これが有期契約の主な紛争原因となっているのである。

また，最近では，これに加えて，有期契約期間中の解雇が第二の紛争原因として脚光を浴びてきた。すなわち，有期契約の拘束機能（雇用保障機能）が使用者の期間内の解雇権をどのように規制するのかという問題であり，幾つかの対立する裁判例も出現した。有期契約期間中の解雇に関しては，従来は，せいぜい抽象的に，「やむを得ない」事由が必要であるから，期間の定めのない場合の解雇よりは厳しい規制を受けるはずであると考えられていたに止まっていたといえる。また，これと関連して，同期間内に労働者の辞職はどのように規制されるのかという懸念が労働組合などから提起されてきている。これは，拘束機能の人身拘束的な側面の問題であり，2003年の労基法改正でこの懸念が強まったともいえる。これは，雇用保障機能と相互に密接に関連させて考える必要がある問題である。

ところで，わが国における有期労働契約は，期間の定めのない労働契約（以下，無期労働契約ともいう）との比較において，以上のような自動終了機能，人身拘束機能及び雇用保障機能といった雇用の終了に関する問題の他，それに基づいて雇われている労働者の労働条件が無期労働契約で雇われている正規労働

5　厚生労働省が行った平成13年有期労働契約に関する調査によると，基準法の現行1年の上限期間の延長については，66.5％の労働者が延長に不都合はないと回答した。契約期間を緩和する必要性については特にその必要がないとする事業所が約8割，1年の上限を延長すべきとする事業所が9.9％であった。また，有期労働契約の規制緩和による労働者増減への影響については，事業所の20.7％が有期労働契約が増加する，20％が正社員が減少すると回答した。また，日本労働研究機構の平成14年の調査では，1年の上限期間延長については，回答企業の58.3％が延長不要，35.7％が延長しても問題はないとし，5.5％が延長する方がよいとしている。また，特例期間の上限延長については，59.8％が延長不要，34.7％が延長しても問題はないとし，3.0％が延長する方がよいとしている。

者と比べて著しく劣っているという問題がある。この異なる労働条件の問題は，パートタイム労働者の場合と共通もしくは重なり合う問題である。ヨーロッパ諸国では，EU指令によって，パートタイム労働者につきフルタイム労働者との均等待遇の原則を定めているのと同様に，有期労働契約者についても無期労働契約者との均等待遇の原則を定めている。これに対して，企業別の年功的性格を有する賃金システムを採用し，横断的な賃金水準の確立していないわが国では，ヨーロッパ的な均等待遇原則の法定化は極めて困難な状況にある。

　有期労働者に関する特別な均等待遇はもとより，いわゆる均衡処遇を定める法令も存しないばかりか，2007年に改正されたパート労働法において禁止されたのは，「通常の労働者と同視すべき短時間労働者」(反復更新により期間の定めのない契約と同視することが社会通念上相当と認められる有期契約を含む)に対する賃金決定，教育訓練の実施，福利厚生施設の利用その他の待遇に関する差別的取扱いだけである(8条)。その他の短時間労働者に関しては，職務内容同一短時間労働者であれば，通常の労働者と同一の方法で賃金決定する努力をし，通常の労働者に対する教育訓練で職務遂行に必要なものについては原則として，これを実施することを義務付け，職務内容同一短時間労働者でなければ通常の労働者との均衡を考慮しつつ賃金を決定し，教育訓練を実施する努力を義務付けるにとどまる(9条及び10条)。

　「通常の労働者と同視すべき短時間労働者」は，極めて狭く定義され，「業務の内容及び当該事業所に雇用される通常の労働者と同一の短時間労働者(以下『職務内容同一短時間労働者』という。)であって……雇用契約が終了するまでの全期間において，その職務の内容及び配置が当該通常の労働者の職務の内容及び配置の変更の範囲と同一の範囲で変更されると見込まれる者」である。また，同法の「短時間労働者」は，同一事業上の通常の労働者の「一週間の所定労働時間に比し短い労働者をいう」(2条)と定義されているため，特に正規従業員との労働条件の格差が判例・学説上問題とされてきた[6]有期労働契約を反復更新し正規従業員と同様の労働時間で類似の仕事をしている擬似パートには適用されない。

　有期労働契約を含む非典型労働者に関する均等待遇原則が存せず，かつ，後述するように，その雇止め規制が弱いということは，経費削減を求める使用者

の頻繁な利用に拍車をかける結果となっている。この非典型労働者に対する均等待遇の問題は，わが国の労働法上もっとも重大かつ迅速な解決を必要とする問題である。しかし，雇用終了法を扱う本書においては，これ以上立ち入って論じることはできない[7]。この考察は，他日に期することとして[8]，以下においては，まず自動終了機能に関する期間満了時の雇止めの問題を検討し，次に人身拘束・雇用保障機能に関する期間中の辞職・解雇の問題を検討する。これらの考察も判例の分析を中心に行うことはいうまでもない[9]。

2 自動終了機能—雇止めの問題

(1) 有期労働契約の自動終了機能

有期労働契約は，拘束機能と保障機能のほかに，その期間の満了によって契約が自動的に終了するという機能を有する。そして，この機能は，今日，他の2つの機能とは比べものにならないほど頻繁に法的紛争の原因となっている。すなわち，無期労働契約者の解雇が判例により形成された解雇権濫用法理による規制を受けるため，有期労働契約の自動終了機能が労働力の弾力化のために利用されているからである。使用者は有期労働契約を必要な期間反復更新し必要がなくなれば更新を拒絶するため，雇用継続を予定ないし期待していた有期労働者が路頭に迷う事態がしばしば生じる。そこで，解雇に正当事由を要求する欧州先進諸国では解雇規制回避に機能する有期労働契約の利用についても法

---

6 判例としては，丸子警報器事件・長野地上田支判平成8・3・15労判690号32頁，興亜火災海上保険事件・福岡地小倉支判平成10・6・9労判753号87頁，那覇市学校臨時調理員事件・那覇地判平成13・10・17労判834号89頁，日本郵便逓送事件・大阪地判平成14・5・3労判830号22頁。

7 これについては，川田知子「有期労働契約法の新たな構想—正規・非正規の新たな控除に向けて—」日本労働法学会誌107号52頁（2006年）参照。

8 なお，この点に関しては，筆者の海外研究者向け紹介論文がある。F. Kmiya, 'Japan', in R. Blanpain and C. Grant (ed.), Fixed Term Employment Contracts: A Comparative Study (Vanden Brode, 2009), pp. 323–337.

9 有期労働契約の更新拒絶に関する比較的最近の論考として，盧尚憲「有期労働契約の法理（一）（二完）—更新拒絶を廻る法的問題を中心に—」都法39巻1号583頁以下及び2号563頁以下（1998年），労働省「有期労働契約法制の現状と立法課題」民商134巻6号95頁（2006年）。

第2章 労働契約の自動終了

律上の規制を加えている。すなわち、欧州連合では、有期労働指令（1999/70/EC）5条1項が「有期雇用契約又は有期雇用関係の反復継続した利用から生じる濫用を防止するために」、加盟国又は各国労使に対し、次の措置のうち1又はそれ以上の措置を導入することを義務付けている。すなわち、①有期契約又は関係の更新を正当化する客観的な理由、②有期契約又は関係の最長総継続期間、及び③有期契約又は関係の更新回数、の明記である[10]。これに対し、わが国では、そうした法律はなく、有期労働契約の更新に関する争いは専ら判例法理に委ねられてきた。

ところで、こうした自動終了機能は定年退職制度にもみられる。定年退職制の場合、事実上はともかく法律上の拘束機能や保障機能は認められないが一定の年齢に到達することにより労働契約は自動終了する。そこで、比較的旧い判例の中には、若年定年制が法的規制に服するとすれば、有期労働契約の期間満了も同様の法的規制に服するべきであるとするものがあった。例えば、期間6ヵ月の有期労働契約を、3回を超えては更新しない旨の就業規則の規定に基づいてなされた民放の女性アルバイトの雇止めが実質上若年定年を理由とする解雇と同様の機能を営むとして[11]、あるいは期間1年の有期労働契約を3年間の間だけ更新するという合意に基づいてなされた高校の実習助手の雇用契約が定年制類似の性質を有するとして[12]、その雇止めに解雇法理を類推して権利濫用法理により無効にした判例がある。しかし、この点については、後にみるように、有期労働契約の更新拒絶を規制する判例法理が一般化されるに至ってその重要性を失ったと見ることができる。ただ、2003年の労働基準法改正で14条の原則的上限の3年への延長に関し、労働組合の中には、その期間満了による雇用終了は労働者を若い間だけ雇用して強制的に退職させるという意味で事実上退職制度と同様の機能を営むことになることを懸念する声があった。しかし、定年退職制の場合と同様に、その有期労働契約の期間設定の合意が雇用均等法の趣旨ないし公序良俗に反するとして当該期間の定め自体を無効にするこ

---

10 これに対し、解雇自由の原則を維持するアメリカ合衆国においては、その必要は小さく、むしろ、有期労働契約の雇用保障機能が重視されている。
11 朝日放送事件・東京地決昭和50・3・27判時782号93頁。
12 尚絅学園事件・熊本地決昭和52・12・15労旬962号80頁。

とは可能である。

　自動終了機能は有期労働契約の期間を無期労働契約に付された試用期間と区別するものである。試用期間とは，契約存続期間ではなく労働者の適性の評価・判断のための期間であって，当該期間においては使用者の幅広い解約権が留保されている期間であるとされている。したがって，期間満了によって労働契約が自動的に終了するのではなく，期間満了までは労働者の適性を理由として解雇する使用者の裁量権が満了後より広く認められるにすぎないということになる。しかし，この区別は必ずしも容易ではない。この例としては，契約期間は一応1年でその勤務状態をみて再雇用の判定をするとの口頭の説明を受けて採用された高校の常勤講師の契約を解約権留保付雇用契約とした神戸弘陵学園事件最高裁判決[13]などの相当数の判例がある[14]。最高裁は，その区別につき，神戸弘陵学園事件で，「新規採用に当たり，その雇用契約に期間を設けた場合において，その設けた趣旨が労働者の適性を評価・判断するためのものであるときは，右期間の満了により右雇用契約が当然に終了する旨の明確な合意が当事者間に成立しているなどの特段の事情が認められる場合を除き」その期間は原則として試用期間と解するのが相当とした。

　しかし，例えば，雇用期間を1年として通信社（Y）に採用されたトランスレーター（X）が期間満了による雇用終了の通知は解雇に該当するとして労働契約上の地位の確認を求めたロイター・ジャパン事件[15]で，裁判所は，Xを期限付きの契約社員として採用し，1年後に契約を延長するか，正社員にするか，契約を打ち切るかを決定することにした旨のYの主張を認め，解約権留保付雇用契約が締結されたとのXの主張を退けた。もっとも，ロイター・ジャ

13　最三小判平成2・6・5労判564号7頁。
14　安田火災海上保険事件・福岡地小倉支判平成4・1・14労判604号17頁，学校法人聖パウロ事件・最三小判平成9・2・25労判740号85頁，瀧澤学館事件・盛岡地判平成13・2・2労判803号26頁，久留米信愛女学院事件・福岡地久留米支判平成13・4・27労経速1775号3頁。なお，三浦学苑事件・横浜地横須賀支判平成4・4・10労判606号10頁は，非常勤講師の地位にある者を，次年度以降は専任教諭としての適格性において不相当であると認めるべき事由の存しないことを停止条件として専任教諭として雇用する旨の雇用契約であるとした。
15　東京地判平成11・1・29労経速1699号16頁。

第2章 労働契約の自動終了

パン事件では，Yは他の6名のトランスレーターは全て正社員として試用期間を付して採用したが，Xについては適性を危惧して契約社員として採用したという特別の事情があったものとみることができる。確かに，労働者の適性の評価・判断のために雇用存続期間を定めることを制限する法律がない以上，最高裁のいう特段の事由をあまり限定的に捉えることはできない[16]。実際，試用契約を経た後，有期労働契約を締結したとみられる事件[17]もある。しかし，一般的には，期間の定めのない労働契約では採用できない何らかの事情がある場合を除き，適性の評価・判断を目的とする期間は原則として試用期間と解すべきであると考える。さもなければ，新卒者に対する1年を超える有期労働契約による長期のトライアル雇用を行う可能性もあり雇用が不安定化することは否めないであろう。

　ところで，この神戸弘陵学園最判の処理の仕方が有期労働契約の試用機能の妨げになっているとの視点から，試行雇用契約（試用を目的とする有期労働契約）を立法化しようとする見解が示されたことがある。それは，労働契約法制定に先立って発表された「今後の労働契約のあり方に関する研究会」の最終報告書（2005年）においてであった。そして，試用期間との区別のため，有期労働契約が試用目的を有する場合，「期間満了後に本採用としての期間の定めのない契約の締結がない限り，契約期間の満了によって労働契約が終了することを明示するなど」一定の要件を満たさない限り，試用期間とみなすことが適当であるとする。しかし，神戸弘陵学園最判も期間満了により労働契約が当然に終了する旨の明確な合意があれば，有期労働契約と認めるのであるから，不当に有期労働契約の試用機能を妨げるものとはいえない。報告書は，「……ない限り，……終了することを明示するなど」一定の要件を満たさない限り「試用期間とみなす」とするが，要件の設定次第で効果が異なるのに「明示するなど」としてその要件を厳格にしていないし，また，「明示する」というのは「明確な合意」とどう異なるのかも不明である。神戸弘陵学園最判で有期労働契約による試用機能が難しくなっているとの認識を前提とすれば，むしろ試行雇用契約と

16　菅野和夫『労働法（第8版）』（弘文堂，2008年）176頁，菅野和夫＝諏訪康雄『判例で学ぶ雇用関係の法理』（総合労働研究所，1994年）234頁以下。

17　ティアール建材事件・東京地判平成13・7・6労経速1776号11頁。

いう概念を法定して，有期労働契約の試用目的による利用をしやすくすることを企図するものといえるから，その要件設定がどうなるのかが危惧された。

　報告書は，他の有期労働契約との均衡から「試行雇用契約である旨及び本採用の判断基準を」明示させ，差別的な理由や正当な権利を行使したことを理由として本採用拒否がなされた場合には，労働者は不利益を受けたことに対する損害賠償を求めることができるとするのが適当であるとする。しかし，有期契約であれば，原則として，差別的理由や正当な権利を行使したことをもって雇止めできないとするのであるなら，試行雇用契約に限って損害賠償しか求められないとすることの妥当性には疑問があった。本採用労働契約は試行雇用契約締結時に想定されている契約なのであるから，試行雇用契約と本採用労働契約とは全く種類が違うというのは必ずしも説得力がないように思われた。また，報告書は，試行雇用契約については，適性判断の必要性から，期間の上限を定めないことが適当であるとした。しかし，試用期間という性格上，労働者は，その契約締結のとき及びその期間中より弱い立場に置かれる可能性が強いから，期間制限が必要であると思われた。

　結局，報告書の提案だと，労働者が明示された本採用の判断基準に達したことを主張・立証しても，本採用労働契約への転換はなく，せいぜい損害賠償を請求できるにとどまる。そうであれば，試用期間付の無期契約というケースは事実上なくなり，使用者の採用の自由がさらに拡大する可能性が強かった。使用者は，すでに紹介予定派遣を利用でき，神戸弘陵学園最判のルールは明確な合意があればクリアできるし，試用期間付の無期労働契約を前提にしても，専門的知識・技能レベルであることを前提とするような場合には，試用期間中にそうした知識・技能が予定されたレベルでないこと及び採用時にそのことを知ることが期待できないような場合には，解雇できるのであるから，特に，試行雇用契約を導入しなければならない事情があるとも思われなかった。この提案は，2006年12月の労政審議会報告には盛り込まれなかった。

(2) 有期労働契約の雇止めに関する判例の分類

　有期契約の期間満了に関する判例の中には，事実認定のレベルにおいて，当該雇用契約の期間の定めは形式にすぎず，期間の定めのない契約であったとし

て処理される例がある。また，当初は期間の定めがあったと認定するものの，特別の事情によって，期間の定めのない契約になったとする判例もある。

1つは，民法629条1項を適用し，使用者が雇用継続を黙認したことにより，期間の定めのない契約になったと構成する判例である。この中には，当初は書面による更新をしていたが後に書面を作成しなくなった事案[18]と当初は書面による更新をしていたが，その後更新手続を全くしていない事案[19]とがある。また，1年を超える期間の有期労働契約が労基法14条に違反し，その期間は1年に短縮され，1年を超えて労働関係が継続する場合は，民法629条1項によって期間の定めのない契約になると解する判例がある[20]。

もっとも，同条1項の「従前の雇用と同一の条件」には期間の定めは含まれないとしてきた従来の一般的な解釈を否定して，期間も含めた同一内容の有期契約が更新されたものとして扱う判例も出現している[21]。この判決は，「従前の雇用と同一の条件」に雇用期間も含まれると解釈する最近の有力学説[22]に従ったものと思われる。しかし，有期契約が解雇権濫用法理の適用回避のために利用さることが多いことを考慮するなら，むしろ，従前の解釈が妥当というべきである。上記学説は解雇権濫用法理の存在及び有期契約の反復更新への同法理の類推適用の可能性を理由として，解雇を不自由にする「期間の定めのな

---

18 東洋バルブ事件・神戸地判昭和34・7・2労民集10巻4号741頁，角川文化振興財団事件・東京地決平成11・11・29労判780号67頁も同様。

19 紀伊高原事件・大阪地判平成9・6・2労判740号54頁は，「契約期間満了の際に更新が行われていたと判断することはできず，本件契約の当初の契約期間満了後の平成3年1月以降も原告が稼動していたことについて，被告がこれを知りながら異議を述べなかった」から629条1項により，期間の定めのない労働契約になったとした。なお，キングレコード事件・東京地判昭和53・2・3労判カード291号15頁は，629条1項に言及しないが，更新の際に契約書を作成するという従来の手続を踏まず，かつ契約期間を明示しないまま更新してきた事実から，更新の際に契約書を作成しなかったときから，期間の定めのない契約を締結する黙示の合意があったとした。

20 ジオス事件・大阪地決平成8・12・16労判要旨719号89頁，角川文化振興財団事件・東京地決平成11・11・29労判780号67頁（原告9名中1名についてのみ），自警会東京警察病院事件・東京地判平成15・11・10労判870号72頁など。

21 タイカン事件・東京地判平成15・12・19労判873号73頁。

22 菅野・前掲注（16）の著書176–177頁。

第 1 節　有期労働契約の終了規制

い契約」に転化させるのは実態にそぐわないとするが，上記法理の類推適用には本節で検討するような限界があり，上記学説には賛成できない。また，使用者が更新手続をしてきても雇止めに解雇権濫用法理が類推適用される状況の下で，更新手続をしないで漫然と雇用関係を維持する場合は，むしろ，期間の定めのない契約を締結する意思であったと推定するのが妥当と思われる。確かに，労働契約が原則として期間の定めのないものである旨の原則を定める実定法の定めはないのであるが，使用者が更新手続もしないで雇用継続するのは有期契約を便宜的に利用している現われとみられてもやむを得ないであろう。また，従来からわが国では期間の定めのない雇用が典型雇用とされ，ヨーロッパにおいても有期雇用締結に合理的な理由を要求する国も多い。更に，不安定雇用や雇用格差が深刻化している状況を考慮すれば，上記のように解すべきであると考える。もっとも，民法629条1項は，更新が書面でなされなければならないことまで求めていないと解されるから，明示的に更新されている以上，期間の定めのない契約とはならないと解される。なお，これと似て非なるものとして，当初の契約に自動更新条項が定められていた場合，更新手続を一切しなくなっても，当初の契約意思に反する黙示の合意を容易に肯定しがたいとした判例がある[23]。これは，自動更新条項のために，そもそも民法629条1項による意思の推定が働かない事例と考えられる。さらに付言すると，更新手続が必ずしも，その都度きちんとなされなかったりされているような事案では，民法629条1項の適用は困難になると思われる。そうした事案では，むしろ当事者の意思解釈として，自動更新の黙示的意思を推認するのが妥当であると思われる。

　もう1つは，当初期間の定めがあったとしながら，その後の反復更新により期間の定めのないものに転化したとする判例である[24]。しかし，これについて

---

[23] 日欧産業協力センター事件・東京高判平成17・1・26労判862号18頁。なお，原審（東京地判平成15・10・31労判862号24頁）は，他の従業員は書面により更新手続を行ってきた初期契約締結後，更新手続が一切なく，昇給が更新時期と関係ないことを理由に，当事者の意思は，当初の有期契約は，更新後は期間の定めのない契約となったとしていた。

[24] 東芝柳町工場事件・横浜地判昭和43・8・1民集28巻5号953頁，日本鋼管事件・東京地判昭和41・9・6判時466号50頁，東芝小向工場事件・横浜地判川崎支判昭和49・9・22別冊労旬715号14頁，同控訴事件・東京高判昭和48・9・27判時723号94頁等。

135

は，転化される法的根拠が解明されないため，その後の判例や学説の支持を得ていない。

しかし，多くの判例は，当該契約が有期契約であることを肯定しながら，解雇権濫用法理を類推適用するという仕方で，その雇止めに一定の規制を加えてきたといえる。どうして類推適用するのかという点に関しては，判例は初めの頃は多種多様であったが[25]，昭和 48 年の東芝柳町工場事件最高裁判決（以下，東芝柳町最判）[26]，次いで日立メディコ事件最高裁判決（以下，日立メディコ最判）[27] が出た後は，なお多少のブレがないとはいえないが，判例は，一応，①あたかも期間の定めのない契約と実質的に異ならない状態になっているからとするもの[28]，②反復更新により雇用継続の合理的な期待があるからとするもの[29]，及び③特段の事情がなければ当然に更新されるとの黙示の合意があったからとするもの[30]，の 3 つに大別することができるといえる状態にある[31]。しかし，このうち，①と③が区別できるものなのかという問題がある。というのは，①の理由付けは，感覚的には頷けるとしても，期間の定めの存在自体を否定しないのであれば[32]，何ら特別な法的意味を有しない枕詞的なものに過ぎないということになる。実際，この①の理由付けを用いた最初の判例である東芝柳町最判は，「実質において，当事者双方とも，期間は一応 2 ヵ月と定められてはいるが，いずれかから格別の意思表示がなければ当然更新されるべき労働契約を締結する意思であったものと解するのが相当であり，したがって，本件各労働契約は，期間の満了ごとに当然更新を重ねてあたかも期間の定めのない

---

[25] 小宮文人「有期労働契約―雇止めに関する判例法理の分析を中心として（下）」労旬 1556 号 14 - 15 頁（2003 年）。

[26] 東芝柳町工場事件・最一小判昭和 49・7・22 民集 28 巻 5 号 927 頁。

[27] 日立メディコ事件・最一小判昭和 61・12・4 労判 486 号 6 頁。

[28] 東芝柳町工場事件最判及びその他の判決。

[29] 日立メディコ事件最判及びその他の判決。

[30] 三洋電機事件・大阪地判平成 3・10・22 労判 595 号 9 頁等。

[31] 例えば，箕面自動車教習所事件・大阪地判平成 16・11・24 労判 927 号 76 頁は，雇止めが規制される場合をこの 3 つに分けて適用を検討している。

[32] 小宮文人「雇用終了における労働者保護の再検討」日本労働法学会誌 99 号 32 頁以下，39 頁（2002 年）。

契約と実質的に異ならない状態で存在していたものといわなければならず，本件雇止めの意思表示は……実質において解雇の意思表示にあたる」から「その実質にかんがみ，解雇に関する法理を類推すべきである」として，同事件を処理した原審の認定判断は，正当として首肯できると述べた。したがって，「いずれかから格別の意思表示がなければ当然更新されるべき」意思の存在と「あたかも期間の定めのない契約と実質的に異ならない状態で存在していた」との結論の間には，当初の当然更新の意思を確認する反復更新の事実が存在するだけとなり，結局，①の理由付けは③の理由付けの言い換えにすぎないことになると解するのが妥当であると思われる。もっとも，このことは，反復更新の事実が当然更新の意思が存在することを確認する判断要素の1つになること否定するものではない。因みに，東芝柳町最判で民法629条1項が適用されなかったのは，同事件では，きちんとした更新手続が踏まれたときと踏まれなかったときが入り乱れていたから，むしろ，当事者の意思解釈として「当然更新されるべき労働契約を締結する意思」があったとみるのが妥当だと考えられたからであろう。

　しかし，東芝柳町最判後の多くの判例が上記のような理解に立っているかというと，必ずしもそうではなく，「あたかも期間の定めのない契約と実質的に異ならない状態で存在していたもの」というフレーズが独り歩きしているようにみえる。最近のほとんどの判例が東芝柳町工場事件と日立メディコ事件の最高裁判決の理由付けを当てはめるという手法を用いているのであるが，それらの判例は東芝柳町最判の理由付けを「実質的に期間の定めのない労働契約と異ならない状態」になった場合として引用している。その典型的な判例の1つは，東芝柳町工場事件と日立メディコ事件の最高裁判決の理由付けに，それぞれ，前者を「期間の定めのない契約類似ケース」，後者を「有期労働契約更新ケース」と命名している[33]。他方で，有期契約が反復更新された場合，期間満了後も雇用関係が継続するものと期待する合理性が認められ，「実質的に期間の定めのない契約と変わりがない」とするもの[34]や，「実質的に期間の定めのない

---

[33] Yタクシー会社事件・京都地決平成19・10・30労判955号47頁。
[34] 社団法人K社事件・神戸地判平成17・9・28労判915号70頁。

137

労働契約と異ならない状態になっていたから」とした上，期間中の解雇に客観的に合理的な理由がなかったのだから，更新拒絶の意思表示も客観的に合理的な理由を欠き，社会通念上相当として是認できず無効であるとして，あたかも通常の解雇と同じ濫用性判断基準を適用するかのような説示をするものもあり[35]，判例の混乱を招いているようにみえる[36]。

(3) 東芝柳町最判の趣旨と問題点

1) 東芝柳町最判の趣旨

判例には，旧くから，更新拒絶がなければ（当然に）更新するという（明示または黙示の）合意の存在，または，労働者の雇用継続に対する合理的な期待の存在を理由として，更新拒絶（雇止め）を信義則違反または権利濫用となるとする判決が多かった。ただ，当然更新の合意を理由とする初期の判例の中には，更新拒絶の意思表示は必要だが一般的に正当事由が要求されるものではないとするものもあった[37]。解雇に準じる更新拒絶事由が必要だとした最初の事件は，おそらく，有期労働契約を反復更新して本工と同一の作業に従事していた臨時工の雇止めに関する神戸製鋼所事件[38]であると思われる。しかし，その後，東芝柳町最判が当然更新の合意があり「当然更新を重ねて，あたかも期間の定なき契約と実質的に異ならない状態で存続していたものといわなければならない」として実質上解雇の意思表示であるから解雇法理を類推適用すべきであるとした原審の認定判断は相当であるとしたことから，その後，これに従う形で解雇法理の類推適用を行う判例が多くなったということができる。

もっとも，東芝柳町最判のように有期労働契約の長期の反復更新を伴わないなどの当該事件の具体的事情に鑑み当然更新の合意から直接[39]または実質解

---

[35] 三和交通事件・大阪地判平成14・10・4労判843号73頁。

[36] 川口美貴＝古川景一「労働契約終了法理の再構成」季労204号34頁以下，50頁（2004年）は，「期間の定めのない契約と実質的に異ならない状態で存在」という記述が解雇法理類推適用の判断基準であるという誤解を生んだと指摘している。

[37] 東芝柳町工場（仮処分）事件・横浜地決昭和38・4・24別冊労旬605号22頁，三菱電機事件・神戸地判昭和39・1・29労民集15巻1号26頁。

[38] 神戸地判昭和41・5・25別冊労旬605号22頁。

[39] 福岡大和倉庫事件・福岡地判平成2・12・12労判578号59頁。

第 1 節　有期労働契約の終了規制

雇に該当する[40]といった表現[41]を用いて更新拒絶に解雇権濫用法理を類推適用し，またはそれが信義則違反・権利濫用になるか否かを検討してその効力判断をする判例もある。他方，比較的旧い判例の中には，労働者の雇用継続の合理的期待の存在を前提として，更新拒絶は実質上解雇と同視すべきであるとして信義則違反・権利濫用の判断を行うものが多かった[42]。しかし，日立メディコ事件判決[43]で，最高裁が実質的無期労働契約状態を否定しながら，なおその雇用関係にある程度の継続が期待されており契約の反復更新がなされていた場合には解雇法理が類推適用されるとしたため，その後の多くの判例は実質的無期契約状態を前提とする更新拒絶の効力判断基準と雇用継続の合理的期待を前提とする効力判断基準を使い分けるようになった[44]。

東芝柳町最判の趣旨を上記私見のように捉えた場合，特段の事情がない限り，契約は当然更新するという黙示の合意があると構成できるので，労働者が合理

---

[40] 井谷運輸産業事件・大阪地決平成 2・5・8 労判 565 号 70 頁，駸々堂（本訴）事件・大阪地判平成 8・5・20 労判 697 号 42 頁。

[41] 平安閣事件で最高裁（最二小判昭和 62・10・16 労判 506 号 13 頁）がその認定判断を是認した原審（東京高判昭和 62・3・25 労判 506 号 15 頁）は「実質においては，期間の定めは一応のもの」とした。岩倉自動車教習所事件・京都地判平成 9・7・16 労経速 1648 号 3 頁では，「実質的に期間の定めのない契約と同視すべきものになっている」，大阪神鉄交通事件・大阪地決平成 8・2・7 労経速 1590 号 13 頁及び三精輸送機事件・京都地福知山支判平成 13・5・14 労判 805 号 34 頁は「実質的には期間の定めのない契約に類似する」とする。

[42] サッポロビール事件・東京地判昭和 44・8・19 判時 589 号 80 頁，東芝レイオバック事件・東京地判昭和 49・11・29 判時 765 号 109 頁など。

[43] 最一小判昭和 61・12・4 労判 486 号 6 頁。

[44] しかし，東芝柳町最判と日立メディコ最判の区別を厳格にしない判例もあり，前者の適用しか判断しないものや（高田製鋼所事件・大阪地決平成 5・8・10 労経速 1505 号 11 頁），必ずしも，どちらによったのかが判然としない処理をする判例（例えば，丸子警報器（雇止め・本訴）事件・長野地上田支判平成 9・10・29 判時 727 号 32 頁，同控訴事件・東京高判平成 11・3・31 労判 758 号 7 頁，龍神タクシー（抗告）事件・大阪高決平成 2・10・8 判時 581 号 39 頁，同（異議）事件・大阪高判平成 3・1・16 労判 581 号 36 頁など）も少なからずあるばかりか，中には東芝柳町最判と日立メディコ最判の両方を引用して合理的期待一本で処理している例もある（東京国際学園事件・東京地判平成 13・3・15 労判 818 号 55 頁）ことを付言しておきたい。

139

的な理由なく更新拒絶された場合には，労働者は，双方の上記のような事前の合意に基づいて更新がされたとして，地位確認請求をなすことができるということになる。すなわち，一応，有期契約は期間の満了で終了するが，事前の黙示の合意に基づく契約更新の強制を認めることができるというわけである。当然更新が予定されている以上，更新拒絶（雇止め）の通知は必要であるから，判例は，これを「実質において解雇の意思表示にあたる」として，解雇権濫用法理を類推適用するというかたちで表現したものと理解できるのである。もっとも，この事前の合意は一種の予約であるから[45]，雇用契約の場合には強制できないとして，こうした処理に反対する見解もありえるであろうが，それまで雇用が続いていたことを前提とするのであるから，信義則上，一定の範囲でその強制を肯定してよいと思われる。

2）実質無期契約状態の判断要素

では，どのような場合に実質無期契約状態が認定されるのであろうか。東芝柳町工場事件では，仕事が本工と差がなく，長期継続雇用を期待される言動があり，極めてルーズな手続で5回ないし23回にわたって反復更新されたといった顕著な事実があった。その後の判例では，必ずしもそこまで顕著な事実があるとはいえないケースもあるが，少なくともそれに近い事実が認定されている。例えば，途中で期間の定めのある契約に変更したが雇止めされた者はごく少数であったこと[46]，採用に際して雇用期間に合意がなく契約書の作成時期がルーズだったこと[47]，更新手続がルーズで正規従業員らに混ざって同様の勤務を16年以上も継続してきたこと[48]，更新手続がルーズで正社員と同一業務に従事して10年以上勤務してきた者が少なくなかったこと[49]，長期雇用希望に応じると示唆され正規社員と同一の業務に5年間勤務したこと[50]，長期雇用

---

45 安枝英訷「短期労働契約の更新と雇止め法理」季労157号93頁以下，99頁（1990年）参照。
46 葉山国際カンツリー倶楽部事件・横浜地決平成9・6・27労判721号30頁。
47 近畿生コン事件・京都地判昭和63・4・6労判581号48頁。
48 本田金属技術事件・福島地会津若松支決平成10・7・2労判748号110頁。
49 岩倉自動車教習所事件・京都地判平成9・7・16労経速1648号3頁。
50 北海丸善運輸事件・大阪地決平成2・8・23労判570号56頁。

を前提とする規定のある就業規則のもとで職種が限定されず配置換えされながら正規社員とほぼ同一の勤務時間で約4年間勤務したこと[51]，育児休業後正社員としての勤務が不可能のため女子社員の再雇用制度を活用しパートとなったが時給は正社員の処遇基準で残業休日，服務規律，災害補償なども正社員と同一であるとともに正社員と一緒のチームで稼動し正社員を含む研修に参加してきたこと[52]，本工採用可能性の説明があり本工も臨時工の従事する付随的作業に従事し共同作業も多く，技術・能力が必ずしも本工に劣らなかったこと[53]，労働者が期間2ヵ月の臨時社員として2年以上勤続し一定の条件を満足した臨時社員がなることのできる契約期間1年の定勤社員であり，定勤社員が雇止めされた例がないこと[54]，契約期間1年ごとで9回更新した他，組合に対して不更新の例はないと回答したこと[55]，会社が有期労働契約労働者を一度も雇止めしたことがなかったという事実[56]，正社員は全員臨時契約社員から採用されており会社が継続雇用を前提とする発言をしていたこと[57]，などである。以上のことからすると，①長期勤続期間（多い更新回数），②更新手続がルーズ，③長期雇用の言動や取決め，④正規従業員と全部または一部同一の仕事，⑤雇止めの前例がほとんどないこと，⑥無期から有期への契約変更，といった要素の2ないし3を満足すれば，実質的無期労働契約状態を論拠にして解雇法理を類推適用される可能性が強いということができる。

(4) 日立メディコ最判の趣旨と問題点
1) 日立メディコ最判の趣旨
日立メディコ事件最高裁判決の解雇権濫用法理類推適用の理由付け，すなわ

---

[51] ダイフク事件・名古屋地判平成7・3・24労経速1588号3頁。
[52] 情報技術開発事件・大阪地決平成8・1・29労経速1591号24頁。
[53] 赤阪鉄工所事件・静岡地判昭和57・7・16労判392号25頁。
[54] 三菱電機（池田）事件・大阪地決平成2・2・20労判558号45頁。
[55] 三和交通事件・大阪地判平成14・10・4労判843号73頁。
[56] ヘルスケアセンター事件・横浜地判平成11・9・30労判779号61頁。
[57] カンタス航空事件・東京高判平成13・6・27労判810号21頁，エール・フランス事件・大阪地決平成12・5・9労経速1648号3頁。

第2章　労働契約の自動終了

ち，労働者側の合理的な期待による理由付けは，既存の法理によってその趣旨を理解するには，当然更新の黙示の合意による理由付けに比して困難が伴う。合理的期待から更新強制を導き出すことは理論的には不可能に近いからである。一般的には，使用者の更新しなかった不作為が自ら作り出した雇用継続に対する労働者の合理的な期待を侵害するという不法行為を構成すると評価することができるとすることになると考えられる。この場合，労働者を十分に救済しようとすれば，合理的な雇用継続期間の推定を行って労働者の得べかりし利益の賠償を認める必要がある。しかし，判例は，通常の解雇についても，解雇権の濫用無効という救済方法を形成してきたことの裏返しとして，違法解雇＝不法行為による損害賠償の法理を十分に発展させてこなかった[58]。このことは，有期契約の違法な雇止めについて有効な損害賠償法理を適用することができなかったことを意味する。こうした状況では，すでに東芝柳町最判で形成されていた解雇権濫用法理類推適用という処理の仕方を両当事者の黙示の合意を肯定し難い場合にも同様に処理せざるを得ないと考えたものと理解することができよう。では，そこまでする利益調整の基礎はどこにあるのだろうか。それは，恐らく，(i)有期契約締結時もしくは更新時における労使の情報や交渉力の格差，(ii)期間設定が労使間にもたらす利益格差，及び(iii)解雇権濫用法理の潜脱防止の必要性にあるものと思われる[59]。

これらを若干詳述すると次のようになる。まず，期間の定めのない労働契約の使用者による一方的解約（解雇）が解雇権濫用法理によって厳しく制限されることにより，期間設定の雇用保障機能がその重要性を失い，期間設定はほとんど労働力の弾力化という使用者の利益のみに資する状況にある。また，労働契約締結時において，労働者がどの程度期間設定の持つ意味を知りまた使用者と期間設定の有無を交渉することができるのかということを考えるとき，期間設定に関する労使の情報量や交渉力に格差があることは明白である。すなわち，期間設定をするか否かの決定はほとんど使用者に握られているのである。し

---

[58] 小宮文人「解雇はどう救済されるのか」道幸哲也＝小宮文人＝島田陽一『雇用をめぐる法律問題』（旬報社，1998年）125頁。

[59] 小宮文人「雇用終了における労働者保護の再検討」日本労働法学会誌99号32頁以下，40頁（2002年）。

がって，労働者に雇用継続を期待させることにより，労働者を企業利益の増進に協力させながら，期間満了時に更新拒絶の意思表示さえすれば，容易に労働契約を終了させることができるとすることは，あまりに信義に反することであるといわなければならない。しかも，それを許すことは，結局，期間設定により，解雇権濫用法理による雇用保障を容易に回避できることになってしまうことになるのである。したがって，雇用継続の合理的期待という論拠によって解雇法理を類推適用してきた判例法理の規範的正当性は肯定されるべきであると考える。ただ，このような合理的期待によって更新されたことにするのは，実質的には新たな契約の締結強制であるから，純粋な意味の更新拒絶権の濫用無効により直接的に地位確認判決に至るのではなく，最終的には解雇法理を類推適用して地位確認判決を認容するという操作が必要なのである[60]。その意味で，日立メディコ最判による労働者の合理的期待の保護という理由付けによる解雇権濫用法理類推適用の法理は，上記(i)〜(iii)の3つの主要な要素を前提とする創造的裁判法理と考えざるを得ない。欧州諸国のような制定法上の有期契約規制を欠くわが国においては，同法理の創造は不可欠だったといえる。

　学説の中には，理論的透明性を追求して，有期労働契約に合理的理由を要求しこれを欠く期間設定を無効として更新拒絶を解雇として取り扱うべきだとの見解がある[61]。しかし，立法論としてならともかく，現行判例法理を超えて解釈論として，本来自由のはずの有期労働契約に相当事由を要求する法的根拠を示すことは困難ではなかろうか。その合理的理由を狭く取ればその困難性は増し，広く取れば理由を問う意味がなくなるという問題がある。

2）合理的雇用継続期待の判断要素

　次に，合理的雇用継続期待の存在を前提に解雇法理を類推適用した判例の認定事実をみると，比較的容易に類推適用をする判例もあるが，最近の判例は一般に容易に雇用継続期待の合理性をみとめない。また，合理的雇用継続期待の存在は肯定するが濫用性を否定する判例も多く[62]，いずれにせよ，労働者が勝

---

[60] 下井隆史『労働基準法（第3版）』（有斐閣，2001年）82頁。
[61] 道幸哲也＝小宮文人＝島田陽一『雇用をめぐる法律問題』（旬報社，1998年）82頁以下（島田陽一執筆部分）。

訴した事案は極めて少ないといってよい[63]。日立メディコ事件では，原審は更新回数のほか臨時員就業規則に，年休，定期健康診断，予防接種など長期間の就労を前提とする規定があることを重視して雇用継続の合理的期待の存在を肯定したが更新拒絶の濫用性は否定した。ところが最高裁が期待の合理性を相当と判断するには原判決認定の事実の臨時員就業規則に触れていないことからすると，同事件の最高裁は合理性を比較的緩やかに捉えていたと推定される。しかし，その後の裁判所の捉え方はそうでもない。日立メディコ最判以降の合理的期待ありとした判例の認定事実をみると，いずれも業務自体が恒常的な性格を有することを前提の上に，更新ありとの広告記載および有給休暇の翌年のみ繰越し可との就業規則の規定があったこと[64]，賃金などに勤続を反映する規定があったこと[65]，就業年限満60歳との規定があり以前に雇止めの事例がなかったこと[66]等が認定されている。中には更新手続がルーズで仕事の内容は一般看護職員と同一だったこと等[67]実質無期契約状態になっていたなどとする判例の認定事実とそれほど違いのない事実認定に基づくものもある。

　反対に，雇用継続期待の合理性を否定した判例を大別すると，次の通りである。まず，合理性がないとされた最大の労働者グループは大学や高等学校の非常勤講師[68]や予備校の講師[69]の場合であり，その理由は，①恒常的校務分掌がなく授業時間だけに拘束され他校勤務が否定されないなど拘束性が弱い，②年度ごとに生徒数の変動が多い，③年度ごとにカリキュラム決定や適任者決定

62　ソニー長崎事件・長崎地大村支決平成5・8・20労判638号44頁，日本電子事件・東京地八王子支判平成5・10・25労判640号55頁。

63　労働者勝訴の判例として，豊南学園事件・東京地判平成4・3・31判時1420号131頁，新潟労災病院事件・新潟地高田支決平成6・8・9労判659号51頁，三菱電機（住道工場）事件・大阪地判平成9・12・22労判738号43頁，東洋リース事件・東京地判平成10・3・16労判736号73頁，協和テックス事件・盛岡地判平成10・4・24労判741号36頁，ワキタ事件・大阪地決平成12・4・17労判792号138頁など。

64　ソニー長崎事件・長崎地大村支決平成5・8・20労判638号44頁，大京ライフ事件・横浜地決平成11・5・30労判769号44頁。

65　日本電子事件・東京地八王子支判平成5・10・25労判640号55頁。

66　芙蓉ビジネスサービス事件・長野地松本支決平成8・3・29労判719号77頁。

67　新潟労災病院事件・新潟地高田支決平成6・8・9労判659号51頁。

に広い裁量権が要請されることなどである。これに対し，学級担任その他において高等学校の専任教員と同様の職責を負わされる専任講師や常勤講師については期待の合理性を肯定する判例[70]が多い。

　第二に，最近比較的多くなっているのは，会社が成績をみて更新を決定するなどとの条件をつけたと認定された場合である。例えば，不適格でないこと[71]，勤務態度がよいこと[72]，一定の手数料収入を上げること[73]，様子をみること[74]，仕事振りを観察すること[75]等である。

　第三に，更新回数に上限ないし年齢制限（定年制）が付いている場合[76]である。明示的な年齢制限はないが会社が作業能率を上げ労災事故などを減少させるため60歳以上の従業員を順次減少させる人事方針をとっていたことを理由とする判例もある[77]。なお，有期労働契約者は正規従業員の定年を超えて雇用

---

[68] 亜細亜大学事件・東京地判昭和63・11・25労判532号63頁，尚絅学園事件・熊本地判平成2・3・29労判560号6頁，履正社事件・大阪地決平成7・12・28労経速1590号27頁，桜花学園事件・名古屋地決平成11・9・10労判792号142頁，帝塚山学院大学事件・大阪地判平成11・10・18労判780号83頁，旭川大学（外国人教員）事件・札幌高判平成13・1・31労判801号13頁。

[69] 進学ゼミナール予備校事件・京都地判平成2・3・30労判568号69頁，同控訴事件・大阪高判平成2・11・15労判590号10頁，同上告事件・最三小判平成3・6・18労判590号6頁。

[70] 豊南学園事件・東京地判平成4・3・31判時1420号131頁，池田学園事件・大阪地岸和田支判平成9・3・31労判718号40頁，開智学園事件・浦和地判平成12・3・17労経速1756号14頁。

[71] 大京ライフ事件・横浜地決平成11・5・30労判769号44頁。

[72] ロイター・ジャパン事件・東京地判平成11・1・29労経速1699号16頁。

[73] 泉証券仮処分事件・大阪地決平成11・7・19労判774号80頁，同本訴事件・大阪地判平成12・6・9労経速1753号20頁。

[74] サン・テクノス事件・大阪地決平成12・8・30労経速1748号15頁。

[75] 丸島アクアシステム事件・奈良地決平成9・10・17労判729号21頁，同抗告事件・大阪高決平成9・12・16労判729号18頁。

[76] 定年が就業規則，労働協約，労使慣行などにより有期労働契約の内容となっていたのでその年齢を超える雇用継続の合理的期待は存しないとする判例として三菱電機（パート年齢制限）事件・大阪地判平成3・10・22労判595号28頁，団地サービス事件・大阪地判昭和57・11・22労判400号46頁，三洋電機（住道工場）事件・大阪地判平成9・12・22労判738号43頁がある。

を継続する合理的期待はないとする判例もあるが[78],「むしろ,臨時社員の処遇面で正規社員より有利な点は定年制がないことであるから,被告においては60歳を超えても雇用継続を希望する臨時社員については,その能力ないし適格性に問題がない限り,信義に則った真摯な対応が求められる」[79]とする判例もある。

第四に,その他特別の理由がある場合。例えば,更新に際して契約期間のみならず労働条件の重要部分について交渉がなされた場合[80],賃金額,家賃負担額が改定され不更新の場合の旅費負担が約定されている場合[81],雇用終了を特別に猶予していたに過ぎない場合[82]などである。なお,更新されていないかまたは1回しか更新されていない場合は継続期待の合理性を認めないことが多いが[83],過去に1回も更新がされていないのにその合理性が認められた事件もある。後者の場合は会社が契約締結時に更新する意思であったことが明らかであるような事実認定に基づいている[84]。

以上の検討からすると,継続期待の合理性が認められた事件においては当然更新の合意があったといえるまでの明確な事実を認定するには困難が伴うが,労働契約関係上の信義則の見地から見ると,それと区別しがたい限界線上の事案も多く,その射程距離は相当限定されているということができる。

3) 合理的雇用継続期待の解消

労働者の合理的雇用継続期待に基づく理由付けをする場合には,上記のよう

---

77 雪印ビジネスサービス事件・浦和地川越支決平成12・9・27労経速1749号10頁。
78 協和テックス事件・盛岡地判平成10・4・24労判741号36頁。
79 丸子警報器(雇止め・本訴)事件・長野地上田支判平成9・10・29労判727号32頁。同控訴事件で東京高裁も同説示部分を引用し控訴を棄却した。
80 読売日本交響楽団事件・東京地判平成2・5・18労判563号24頁。
81 フィリップス・ジャパン事件・大阪地決平成6・8・23労判668号42頁。
82 大東設備工業事件・東京地判平成6・8・8労判688号45頁,雪印ビジネスサービス事件・浦和地川越支決平成12・9・27労経速1749号10頁。
83 龍神タクシー事件・和歌山地田辺支決平成2・5・1労判568号43頁,松下産業(外国人技術者)事件・大阪地決平成2・8・10労判571号24頁。
84 トーフレ事件・東京地判平成8・1・26労判1590号19頁。なお,龍神タクシー(抗告)事件・大阪高決平成2・10・8労判581号39頁,同異議事件・大阪高判平成3・1・16労判581号36頁参照。

な問題とは別に，その適用の場において困難な問題を引き起こすことが多い。一旦労働者に法的保護に値する雇用継続の期待が生じた場合，使用者がこれをどのように解消することができるかということである。例えば，最後の更新時に，使用者が労働者に対し明確に次期以降は更新しないと述べた場合はどうか。使用者は，信義則上，この法的に確定した雇用継続に対する合理的期待（クリスタライズした雇用継続の期待）を特段の理由なく一方的に否定することはできないというべきであろう。使用者が特段の理由なく一方的に労働者の期待を解消することが可能であるとすれば，それは労働者が合理的にみて期待したといえる雇用継続期間に見合った猶予期間をおいた場合に限られるというべきであろう。そもそも，使用者の理由のない雇止めに関する期待利益の侵害に対する損害賠償を認めるのではなく，その効果を否定することのできる法的根拠として労働者の合理的期待の存在を用いている限り，容易にその期待を将来に向かって否定することを認めるのは背理であろう。使用者が特段の理由なく一方的に労働者の期待を解消することが可能であれば，それは労働者が合理的にみて期待したといえる雇用継続期間に見合った猶予期間をおいた場合に限られるというべきであろう。

　しかし，使用者が次期以降の不更新を申し込み，労働者がそれを承諾したといえる場合は，意思の欠缺や意思表示の瑕疵がある場合は別として，労働者の雇用継続の合理的期待は有効に解消されると考えざるを得ないようにもみえる[85]。しかし，労働者は，生計維持のため目前の更新を獲得することに必死になるのが通常であろうから，次期以降の不更新に抗することは，通常，きわめて困難である。したがって，その不更新の代償として労働者が特別の利益を得ないことがない限り，使用者側からの次期以降の不更新の申込みに基づく不更新の合意には，労働者の意思の欠缺や意思表示の瑕疵を広く認めることが不可欠といえよう[86]。のみならず，労働者がクリスタライズされた雇用継続の期待を放棄することに同意したといえるためには，それに見合った合理的な代替的利益の提示が必要であり，それがない限り，使用者の上記申込みは，不更新か

85　近畿コカ・コーラボトリング事件・大阪地判平成 17・1・13 労判 893 号 150 頁。
86　例えば，東芝小向工場事件・東京高判昭和 48・9・27 判時 723 号 94 頁。

一回だけの更新かという二者択一を強制するものであり，労働者の実質的交渉の余地を否定するものとして，一方的な労働者の期待解消の試みと同一視すべきではなかろうか。

(5) 雇止めの相当事由と濫用性の具体的判断
1) 人員整理

日立メディコ事件最高裁判決は，人員整理に関する事件において，「臨時員の雇用関係は比較的簡易な採用手続で締結された短期的有期労働契約を前提とするものである以上，雇止めの効力を判断すべき基準は，いわゆる終身雇用の期待のもとに期間の定めのない労働契約を締結しているいわゆる本工を解雇する場合と，雇用されている従業員を解雇する場合とはおのずから合理的な差異があるべきである」と述べ，両者の違いを明らかにした。しかし，最近では，人員整理と並んで労働者の能力・適格性や非違行為を理由とする雇止めが増加する傾向がある。そこで，人員整理を理由とする雇止めと，その他を理由にする雇止めとを分けて，判例がどのように解雇権濫用法理を類推適用しているのかについてみることにする。

まず，人員整理の雇止めに関しては，判例の多くが正規従業員の整理解雇の有効性を判断するための4つの要件を準用している。ただ，判例は，一般に，その判断基準を緩めて適用しているといえる。特に，合理的期待に依拠する判例の多くにその傾向が顕著である。その理由としては，日立メディコ事件最高裁判決のように採用手続の違い[87]をあげる他，雇用継続の期待の強さの違い[88]，企業との結びつきの度合い[89]，採用・処遇の方策[90]などをあげている。実質無期契約状態に依拠する判例の中にもこれと同様の立場に立つものが多いのであるが[91]，会社との結びつき・貢献度を無視して本工と一律に著しい差を

---

87 富士自動車学校事件・静岡地富士支決昭和63・9・28労判528号61頁，ソニー長崎事件・長崎地大村支決平成5・8・20労判638号44頁，日本電子事件・東京地八王子支決平成5・10・25労判640号55頁。
88 芙蓉ビジネスサービス事件・長野地松本支決平成8・3・29労判719号77頁。
89 日立メディコ事件・東京高判昭和55・12・16労判354号35頁。
90 旭硝子船橋工場事件・東京高判昭和58・9・20労判416号35頁。

つけるべきでないなど[92]として，比較的高い判断基準を要求するものもある[93]。また，端的に使用者の目的ないし期待が雇用調整だからとする判例も多い[94]。判例の中には，人員削減の必要性については，一般論として正規従業員の整理解雇の場合と同様である必要がないと明言するものがある[95]。判例は一般に正規従業員の希望退職の募集に先立って有期労働者の雇止めを行うことは許されるとする。これは，合理的雇用継続期待に依拠する判例のみならず実質的無期労働契約に依拠する判例[96]でも共通している。有期労働者の希望退職の募集の必要性については，実質無期労働契約状態に依拠するか，合理的期待に依拠するかにかかわらず，これを肯定する判例[97]と否定する判例[98]がある。また，合理的期待に依拠する判例の中には，雇止め対象者の選抜は企業の裁量判断として裁量権逸脱や濫用の疎明責任を労働者側に課することを明言する判例がある[99]。協議・説明義務に関しては，ほとんどの事件で，雇止め通告時に

---

[91] 岩倉自動車教習所事件・京都地判平成9・7・16労経速1648号3頁。

[92] 赤阪鉄工所事件・静岡地判昭和57・7・16労判392号24頁。

[93] 三洋電機事件（2件）・大阪地決平成2・2・20労判558号45頁。なお，ヘルスケアセンター事件・横浜地判平成11・9・30労判779号61頁は，人員整理の必要性につき，「人員整理を行わなければ倒産必至という状態とはおよそいうことができず，危機的状況にあったとは認められない」と述べる。

[94] 例えば，横道エンジニアリング事件・東京地判平成8・2・2労経速1590号16頁，丸子警報器（雇止め・本訴）事件・長野地上田支判平成9・10・29労判727号32頁，同控訴事件・東京高判平成11・3・31労判758号7頁など。

[95] 実質無期契約状態があったとするダイフク事件・名古屋地判平成7・3・24労経速1588号3頁は，営業利益がなくなる見込みであるとの新聞報道を前提に人件費削減の一応の必要があるとした。

[96] 例えば，国鉄大阪工事局事件・大阪地判平成元・11・13労判551号12頁，同控訴事件・大阪高判平成3・10・11労判600号53頁など。

[97] 例えば，三洋電機事件（2件）・大阪地決平成2・2・20労判558号45頁，丸子警報器（雇止め・本訴）事件・長野地上田支判平成9・10・29労判727号32頁。

[98] 例えば，国鉄大阪工事局事件・大阪地判平成1・11・13労判551号12頁，同控訴事件・大阪高判平成3・10・11労判600号53頁及び同上告事件・最三小判平成4・10・20労判617号19頁。

[99] ソニー長崎事件・長崎地大村支決平成5・8・20労判638号44頁，日本電子事件・東京地八王子支決平成5・10・25労判640号55頁。

一定の説明または再就職のあっせんがなされたことで足りるとしている[100]。

2） 能力，適格性および勤務態度

最近，雇用調整を理由とするものではなく，労働者の能力・適格性および勤務態度を理由とする雇止めが多くなっているが，そうした場合の効力をどのように判断しているのであろうか。これについては，実質無期労働契約状態に依拠する判例の中には，通常の解雇と同様またはあまり違わない判断をしているものがある。例えば，三和交通事件[101]は，就業規則上の解雇自由に該当するが相当性がないので解雇（期間中の解雇）は無効とし，更新拒絶についても「解雇についてした認定判断から明らかな通り……客観的に合理的な理由を欠き，社会通念上相当として是認できないから，無効である」としている。チボリ・ジャパン（楽団員）事件[102]は，原告3名の楽団員のオーディションにおける演奏能力の成績を他の楽団員と比較検討して最低点合格者より相当低く，最低合格点基準にも及ばなかった1名を除く，その余の原告の雇止めを権利濫用としてその楽団員としての地位確認請求を認容した。また，やや特殊な事案として，東芝柳町工場事件最高裁判決を引用する駸々堂（本訴）事件判決[103]がある。同事件は，「定時社員」の2回更新後の雇止めの事件であるが，定時社員の仕事内容は正社員と異ならず，更新は契約書作成などの手続を踏まず，当時も「希望者は更新できる」とした募集広告で新規募集していたという事実が認定されている。大阪地裁は，会社が正社員の私傷病長期欠勤者に6ヵ月の休暇期間を認める協約を締結し，これを定時社員にも適用し協約失効後も雇止めにより雇用契約を消滅させた例がないことを認定した上，当該定時社員が業務に耐えられない状態にあるか否かを検討することなく期間満了と同時に雇止めをしたのは権利の濫用として無効になるとした。この他，期間の長さを変更しながら2回更新した後，協調性欠如等を理由とする雇止めがなされたヘルスケアセンター事件[104]で，横浜地裁は，実質無期契約状態の存在に依拠して解雇法理

---

100 但し，丸子警報器（雇止め・本訴）事件・長野地上田支判平成9・10・29労判727号32頁，同控訴事件・東京高判11・3・31労判758号7頁は事前協議を要求している。
101 大阪地判平成14・10・4労判843号73頁。
102 岡山地判平成13・5・16労判821号54頁。
103 大阪地判平成8・5・20労判697号42頁。

を類推適用して，特に判断基準に触れることなく，雇止めの効力を否定した。ただ，この事件の雇止め理由は些細であり，しかも使用者が注意さえしていなかったのであるから，解雇権濫用基準を適用しても結論に差はなかったと思われる。

　これに対し，明らかに比較的緩い判断基準を適用する例がある。例えば，大阪郵便輸送事件[105]は，郵便袋の運送に従事する運転手の郵便袋の窃盗ないし紛失の容疑を理由とする雇止めの効力を肯定した例であるが，大阪地裁は実質無期労働契約状態の存在に依拠して解雇法理を類推適用し，「臨時社員は，正社員に比して，緩やかな採用基準により，試用期間もなく比較的簡単に採用され，昇格や昇給，退職金制度といった雇用継続により得られる利益もほとんどなく，労務の提供等による会社に対する寄与も小さいものといえるから……正社員を解雇する通常の場合のような厳格な正当事由の存在まで必要なく，一定の合理的理由が存在すれば足りると解するのが相当である。」とした。

　合理的期待に依拠して雇止めの効力を判断した判例では，一般に，明らかに緩い判断基準が適用されている。例えば，トーフレ事件東京地裁判決は，他者から引き抜かれ有期労働契約で雇われた企画・営業課長に自己の営業活動方針に固執する業務指示違反があったことを理由とする雇止めの効力につき，会社は「原告が有期雇用契約を拒否したことに関して原告に解雇通知をする性急な態度に出るなど，強い勧誘によって入社を求めた割には原告に対して不誠実な対応を採り，また……（原告の所属した）課の営業体制を措置していなかった面がある」[106]としながら，原告の勤務態度は職務上の指示に違反したとして原告の濫用の主張を退けた。また，丸島アクアシステム事件奈良地裁決定は，面接・技能試験を受け1年間の期間を定めた有期労働契約で雇用され5年間にわたり正社員と差のない業務に従事してきた嘱託社員の雇止めの効力が争われた例であるが，同地裁は債権者（労働者）が主張する雇用継続の合理的期待があったとの主張を前提としても「債権者の勤務態度に問題がなかったとはいえ

104　横浜地判平成11・9・30労判779号61頁。
105　大阪地決平成4・3・31労判611号32頁。
106　東京地判平成8・1・26労経速1590号19頁。

ず，平成7年後半からの債務者の業績が芳しいものでなかったことをも考慮に入れると」雇止めが不当であるということはできないとした[107]。もっとも，この判断部分は仮定的な傍論であって，判旨はむしろ，同嘱託社員制度は会社が熟練旋盤工不足を補うため人員的に余裕のある場合にのみ成績優秀者を慎重な審査を経て契約更新するということを前提としているので，成績等に問題があり前回の更新時に次回契約をもって雇用を終了する旨の告知をうけていたから雇用継続の合理的期待が存しなかったとするものであった。抗告審は，これを引用し，かつ，民法は有期雇用契約を適法と認めこれを修正する特別法がないのであるから，当事者が明確な意図のもとで有期労働契約の締結・更新を合意している場合にはその意思に即した効果が認められるので，本件認定事実のもとでは雇用継続期待に合理性は認められないとした[108]。なお，期間1年の有期労働契約を2回更新した警備員の配転拒否を理由とする雇止めの事件[109]でも，裁判所は端的に，当該警備員が就労場所で人間関係の円滑を欠き，そのまま放置すると業務遂行等に影響を及ぼすことが懸念されたとして地位保全の仮処分申立を却下した。これらの事件では，他の労働者に比べ能力・勤務態度がどの程度悪かったのかなどの実体的判断はほとんどなされていない。

　これらの判例とは別に，労働者の年齢を理由に適格性判断基準を緩めることを正当化する判例もある。すなわち，大京ライフ事件横浜地裁決定[110]は65歳で定年後期間を1年として1回更新後適格性を理由になされた雇止めの効力につき，「65歳の定年退職後に債務者に更新可能との条件付で1年の期間で就職しており，管理員としての適格性に問題がある場合には契約が更新されないこともあることを認識し得たのであって，ことに月々20万5000円の年金を受給していることを自認していることを考慮すると」更新拒絶が権利濫用にならないとした。この事件では，同決定は「労働者が年金等を受けていることや，高年齢者等の雇用安定等に関する法律4条の2が定年後の再雇用努力義務を65歳までとしていること等……もあり，解雇権の濫用の法理が類推適用され

107　奈良地決平成9・10・17労判729号21頁。
108　大阪高決平成9・12・16労判729号18頁。
109　大阪ビル管理事件・大阪地決平成12・5・16労経速1755号27頁。
110　横浜地決平成11・5・31労判769号44頁。

るといっても，自ら程度の差があるというべきである。」とした。

(6) 判例法理の適用実態の評価

上記(3)及び(4)に検討したように，少なくとも最近では，裁判所が実質無期労働契約状態の存在または合理的雇用継続期待の存在を認める事例は極めて限定されている。濫用判断が例外的な事例に限定されるのは，有期労働契約の締結・更新の自由という原則を前提とし，しかも，救済手段として地位確認判決が予定されているものである限り，やむを得ない帰結であるというべきである。更新回数や勤続年数によって自動的に合理的雇用継続期待の存否が決定されているわけではない。裁判所は，個々の事件の実態に即して，例外的に濫用判断の土俵に乗せるか否かを決定しているということができる。自動更新の合意の場合とは異なり，雇用継続の合理的期待という論拠によって解雇法理の類推適用を正当化する場合，その合理性を信義則の観点からみて正当化できる程度のものに限定するのはやむを得ないと考えられる。

次に，いったん濫用判断に載せられた場合に，その濫用判断の基準はどうすべきかが問題となる。前記(5)で検討したように，判例は一般に人員整理については，無期労働契約に適用される整理解雇法理を有期労働契約に類推適用しているが，その基準は相当に緩められている。実質的無期労働契約状態と雇用継続の合理的期待という論拠の違いがその基準の緩和にどのように関係しているのかが問題となる。ただ，上記のように2つの論拠に分類しても，そのいずれに依拠しているのか必ずしも明らかではない判例や両者を含めて合理的期待に依拠しているとみるべき判例もある。しかも，両者の区別を明示している判例についても，個々の裁判所が具体的認定事実にどちらの論拠を当てはめるかは必ずしも明確とはいえない。したがって異なる論拠による判断基準の程度を明確に区別することは困難である。

現実の有期労働契約の締結・更新状態は，弱い雇用継続の合理的期待を正当化する状態から無期労働契約に限りなく近い状態の中間に濃淡の異なった状態で存在している。したがって，裁判所は，その濃淡に従って濫用性判断を行っているものとも考えることもできる。これによれば，雇止めは限りなく解雇に近づきその適用される基準は無期契約者に限りなく近づき，反対に，日立メ

ディコ事件最判のように合理的期待があったとしかいえない労働者は雇用継続の期待が弱いのでその程度に比例して判断基準は限りなく緩くなることになろう。逆に，限りなく無期契約状態に近づいた場合は，正規社員と同等の雇用保障を受けることになるとも考えられる。

　そこで検討するに，雇用継続の合理的期待に依拠した判例の濫用性の判断基準は一般的に明らかに緩いということができる。まず，人員整理のための雇止めについては，雇用継続の期待の違いの他，雇用調整の目的，会社との結びつきの度合い・貢献度，採用・処遇の方策などをあげて正規従業員の解雇との差別化を肯定する。また，能力・適格性を理由とする雇止めに関しても，使用者側の杜撰な対応を十分に考慮せず容易に労働者敗訴の結論に至っている判例がある。また，成績などが悪くない限り更新するというように雇用継続の合理的期待を条件付けることにより，成績などの慎重な実態判断を回避するかのような判例も，弱い判断基準の適用と同一の効果を有するものとみることができる。中には，年金を受けていることや高齢者雇用安定法の規定を濫用基準緩和理由として用いる判例もあり，必ずしも説得性があるとはいえないが，これも雇用継続の期待の弱さを示すものとしての説示と解釈できるであろう。

　これに対し，実質的無期労働契約を論拠とする判例の中には，やや微妙な判断を示す判例がある。まず，人員整理のための雇止めについては，会社との結びつき・貢献度を実質的に捉えてむしろ正規従業員と一律に著しい差を否定する判例もあるが，実際の処理はあくまで正規従業員の整理解雇と一線を画している。会社との結びつき等は，期間の定めのない契約で雇用されたパートなどの非典型労働者に関してもときどき用いられてきた理由[111]であるが，同判決もこれを否定する趣旨ではない。能力・適格性等については，①採用基準，貢献度，不利益等の差を強調して濫用性基準を緩める判例と②それらに言及せずに相当厳しい濫用性判断をする判例とがある。そもそも，能力・適格性等を理由とする雇止めに関して濫用性基準を緩める要素として雇用継続期待の弱さと独立して採用基準，貢献度等を考慮することが妥当かという問題もあるが，①

111　三和銀行事件・東京高判昭和54・2・27労判315号42頁，東洋精機事件・名古屋地判昭和49・9・30労判211号38頁，春風堂事件・東京地判昭和42・12・19労民集18巻6号51頁。

の判例が正規従業員と区別された判断基準を用いていることは明らかである。これに対し，②の判例が正規社員と同等の判断基準を用いているとみられる判例もある。

　もし，雇止めに解雇権の濫用と同じレベルの濫用性判断基準を適用するとすれば，能力，適格性，勤務態度などを理由にする雇止めに関しては，そのために採られるべき手続も問題とされなければならないであろう。例えば，何度も更新して実質的無期労働契約状態になったような場合，単に直前の期間に勤務成績が悪いから次の期間も成績が悪い場合は雇止めすると通告しただけで雇止めが濫用にならないとはいえないであろう。そのような場合には，正規従業員のように成績向上のための注意，指導などが要求されることになろう。こうした問題を明確にした判例は今のところ存在しない。

　また，解雇権の濫用と同じレベルの濫用性判断基準を適用するとすれば，有期労働契約の期間中の解雇基準との関係も複雑になると思われる。この点については，次の3(3)で論ずる。

　以上の検討から考えると，判例法理は，具体的な濫用性判断に雇用継続期待の濃淡を反映させようとしているようにもみえるが，採用基準や貢献度等の別の要素を入れて濫用性を決定しようとしている面もあり，判断基準の透明性が低く判断の予測可能性が極めて低いものといわなければならない。また，雇用継続期待の濃淡により雇止めと雇用存続期間中の解雇の規制が相対化するものと捉えられているともいえないから，有期労働契約で雇われた労働者は，その更新がいくら常態化しても，雇用保障において無期労働契約者と同等に扱われる可能性は極めて低いといわなければならない。いわば，雇用保障に関する身分的な違いが最後まで残るということになる。

(7)　立法的提案

　労基法14条に関する議論にみるように有期労働契約の人身拘束的機能もなおその役割が終わったとはいえないものの，現行法上，企業の労働力弾力化の要請によって有期雇用契約の自動終了機能の重要性が高まってきていることは明らかである。雇止めに関する現行法理はそのフレキシビリティーのために企業の要請をあまり阻害しない形でしか機能していない。それは，例外的に濫用

第 2 章　労働契約の自動終了

性を判断し，しかも，その判断基準は解雇権濫用基準に比べ相当緩められているため，企業の締結・更新の自由への介入の程度は極めて小さい。有期労働契約者が無期労働契約者に比べ格段に低い雇用保障を与えられているに過ぎないことは明らかである。これは，実質的に無期労働契約の状態になっても基本的に維持されており，いわば身分的な区別のメルクマールになっている。

　また，雇止めの判例法理は，雇用継続に対する期待の濃淡のほか採用基準，貢献度等を考慮して濫用判断基準を適用するものであることから，解雇権濫用判断以上に判決の結果についての予測可能性が低い。したがって，労働者や使用者は，どのような場合に雇止めが有効なのかということを知るすべがない状態に置かれている。この状態を是正する措置としては，労働契約法17条2項が，有期契約により労働者を使用する目的に照らして，必要以上に短い期間を定めて，その反復更新をしないように配慮する義務を使用者に義務付けている。また，労基法14条2項に基づく「有期労働契約の締結及び更新・雇止めに関する基準」（平成20年1月23日厚生労働省告示第12号）が，締結に際して，更新の有無の明示，更新・不更新の判断基準の明示，それらの変更の迅速な明示，これとは別に，1年以上継続雇用している者を雇止めする場合にはその旨を当該期間満了の30日以上前に予告することを義務付け，これに従って，行政官庁が同条3項に基づいて使用者に対して必要な助言・指導を行うことができるようにしている。しかし，これらの措置によって，本節で検討したような問題が解決できないことは明らかである。

　以上のような，有期契約者を長期の不安定な雇用に置くことを防止し，かつ有期労働契約に関する紛争を予防するためには，どうしても有期労働契約の締結・更新の自由を制限する一定の立法措置が必要であるといわなければならない[112]。しかも，期間の定めのない労働者と有期労働者との間の雇用保障格差が社会問題化している現状において，このことは焦眉の問題であるというべきである。したがって，欧州連合の有期労働指令（1999/70/EC）5条（更新を正当化する理由，雇用関係の最長総継続期間，最大更新回数の導入義務のいずれか1つ又は複数）のような措置が必要となると思われる。これに関しては，欧州連

112　下井隆史『労働基準法（第3版）』（有斐閣，2001年）83頁。

合加盟諸国のなかにも，大別して，規制の厳しい国と緩い国に分かれている。具体的には，本節の(8)に規制の概略を示した主要国のうち，イギリス，オランダ，ベルギーは規制が弱く，反対に，イタリア，ドイツ，フランスは規制が厳しいということができる。

EU加盟国中，もっとも規制の弱い国の中に入ると思われるイギリスにおいては，4年以上の期間継続雇用され，有期契約が客観的な理由で正当化されない場合には，期間の定めのない契約とみなすとしている[113]。のみならず，労働組合との労働協約若しくは被用者代表との労使協定によってこれを修正できるとしているため，特に労使協定による修正を認めることに対する批判はイギリス国内でもきわめて強い[114]。これに対し，フランス，ドイツ及びイタリアなどでは，有期労働契約の締結理由を規制し，そうした理由がなければ期間の定めのないものとみなし，又は，そうした理由があっても，一定期間の雇用継続により期間の定めのない契約になる等としている。確かに，既にみたように，わが国では解雇に正当理由が必要とされていることから，有期労働契約にその締結を正当化する理由を求めることに論理的整合性があるということはできる。

しかし，①フランス，ドイツ及びイタリアなどでも一定の期間の一定の更新は正当理由を要求されないことになっていることから，実質的にはこれらの期間に反する有期契約ないしその更新の違法性が事後的に争われることが多いと思われること，②これらの国々においては，違反の救済はわが国のような無効ではなく，結局金銭的補償に帰着するということ，③客観的に合理的な事由を絞り込みすぎると有期労働契約を利用しづらくなり，反対に絞り込みを弱くすると意味がなくなるので，どの程度絞り込んで法定すべきかの判断が容易でないこと，④わが国でも，解雇権濫用法理の類推適用という法理が一応確立して

113　2002年有期被用者（不利益取扱防止）規則8条。

114　S. Hardy and M. Butler, 'United Kingdom', in R. Blanpain and C. Grant (ed.), Fixed Term Employment Contracts: A Comparative Study (Vanden Brode, 2009), pp. 411–427, at 427 and 428. なお，有期契約に関する最近の各国の法律の状況を比較する有益な文献として，同書のほかに，B. Caruse and S. Sciarra (ed.), Flexibility and Security in Temporary Work: A Comparative and European Debate (I Working Papers, 2007) がある。

115　平成21年7月15日厚生労働省第5回有期労働研究会資料1「有期契約労働者の割合（国際比較）」参照。

おり，この明文化は可能であること，⑤規制が厳しいと思われる国々において，有期労働者の割合が必ずしも低くはないという事実[115]，⑥欧州においては，経済的な悪影響を避けるためむしろ規制を弾力化する傾向がみられることから，わが国においても，あまり厳格な規制を行うことは危険が大きい。

そこで，まず，現行の判例法理をベースにして，期間の定めのない労働契約の解雇権濫用法理（労働契約法16条）を前提として，今まで判例で類推適用する手法としての判例実務を次の2つに整理して法定することを提案したい。①特段の事情がなければ当然に更新されるとの黙示の合意がある場合，及び②反復更新等により雇用継続の合理的期待が生じたといえる場合には解雇権濫用法理が類推適用される旨を法定する。あたかも期間の定めのない契約と実質的に異ならない状態になっていたといえる場合の法定化は，それを維持することにはすでに論じたような難点があるから含めない方が妥当である。次に，これに加えて，一定期間の雇用継続を超える場合は，期間の定めのない契約とみなす規定を共に導入する。これについては，現在，労働基準法上，有期労働契約の上限が原則3年・特例5年となっていることから，例えば，雇用継続期間を3年（特例該当者に関しては5年）または更新回数5回のいずれかを長い方の期間を超えた場合は，原則として期間の定めのない契約になるとする立法を導入する。なお，期間の定めのない契約となるとする場合でも，イギリスの場合のように，例外的に正当化する理由があれば，期間の定めのない契約を維持することを許容する旨を定める必要があると思われる[116]。

(8) 参考——諸外国の更新規制制度の概要
1) イギリス

イギリスでは，有期労働契約締結に特別の理由は必要とされないが，更新には次のような規制がある。

有期労働契約の期間満了時の不更新は解雇とみなされる（1996年雇用権法95条1項b号）。したがって，一応，解雇は剰員整理手当法及び不公正解雇制度

---

116 例えば，国，地方公共団体などからの助成金で行う研究プロジェクトの場合などが考えられる。

の規制を受ける。しかし，その不更新（または，その反復更新後の不更新）が解雇とみなされても，そのことから当然に剰員整理解雇とされるわけではない。その契約があくまでも一時的な目的をもち，労働者がその旨を知っており，その一時的な目的が解消したことが証明された場合は，「その他の実質的な理由」がある解雇に該当する。その公正不公正は，使用者の経営判断が如何なる合理的使用者もそうしなかったといえるものでない限り，公正な解雇となる[117]。したがって，事後的な理由規制が全くないわけではないが極めて緩い。しかし，2002年以降は，同法235条2A項により，次のような規制が加わった。すなわち，ある労働者が有期契約またはその更新によって4年以上雇用され，かつ，その有期契約が更新された場合には，その最後の更新のとき，更新されなかった場合は，その契約締結のときに，その雇用が客観的理由によって正当化されなければ，当該被用者は期間の定めのない常用被用者とみなされる。しかし，以上のルールの4年の最長期間及び客観的並びに更新回数制限などについて，労働協約又は労使協定（組合がない場合の労働者代表と使用者との協定）によって，これと異なった規定をおくことができる[118]。

2) オランダ

オランダでは，有期労働契約締結に特別の理由は必要とされないが，更新には次のような規制がある。

① 2つ以上の有期労働契約がそれぞれ3ヵ月以上の断絶期間を置かずに合計3年を超えて継続する場合，又は，3つ以上の有期労働契約がそれぞれ3ヵ月以上の断絶期間をおかず継続的に締結された場合は，期間の定めのない労働契約となる。

② 有期労働契約の反復更新を前の使用者から後の使用者が引き継ぐ場合も①のルールは適用される。したがって，使用者が雇用していた有期労働者の仕事を変えないで派遣事業者が前の使用者に替わって雇用しても同じこ

---

[117] North Yorkshire County Council v. Fay [1985]IRLR 247（CA）.

[118] M. Butler, 'United Kingdom' in R. Blanpain and C. Grant（ed.）, op.cit., pp. 411–429: C. Barnard and S. Deakin, 'United Kingdom'in B. Caruse and S. Sciarra（ed.）, op. cit., pp. 113–136.

第2章　労働契約の自動終了

とになる。

③　また，①のルールは，いずれも，労働協約で労働者の有利にも不利にも修正できる[119]。

3）ベルギー

ベルギーでは，有期労働契約が反復更新されると，それが仕事の性質その他の理由で正当化されない限り，期間の定めのない契約とみなされる。しかし，次の場合は，その期間と更新回数に関する規制に服すれば，期間の定めのない労働契約とならない。すなわち，①2年の間に，最低3ヵ月の期間を付した有期労働契約を最大4回まで締結することが認められる。②また，個々の有期労働契約の締結について理由を付し，労働監督署の事前許可を得れば，3年の間に，6ヵ月以上の期間の有期契約を最大6回まで締結することができる。いずれの場合も，使用者は，その労働契約の利用が当該企業の賃金費用と雇用に与える影響に関し労使協議会に書面で通知する義務を負う。しかし，特に，①の規制は，前掲欧州指令に抵触する可能性が高い[120]。

4）イタリア

イタリアでは，有期労働契約締結には，それを正当化する理由が必要とされる。すなわち，使用者は，当該契約締結から5日以内に，技術的，生産的，組織的又は代用としての理由を書面で明示しなければならず，これに違反する契約は期間の定めのない契約となる。但し，12日以下の期間の有期労働契約は例外とされる。さらに，次のような例外が認められる。①特定の者との有期労働契約，例えば，派遣労働，徒弟，訓練，農業雇用，有期ブルーカラー労働者，②観光産業及び公務における特別の業務で3日を超えない場合，③管理職で5年を超えない場合，④果実や野菜を取引する企業の雇用の場合。

これとは別に，有期労働契約の更新は，次の場合にのみ許される。合計雇用

119　A. Veldman, 'the Netherlands' in R. Blanpain and C. Grant (ed.), op. cit., pp. 239-364; H. Houwing, E. Verhulp and J. Visser, 'The Netherlands' in B. Caruse and S. Sciarra (ed.), op. cit., at pp. 59-77.

120　F. Hendricks, 'Belgium' in R. Blanpain and C. Grant, op. cit., at pp. 109-134.

121　M. Colucci, 'Italy' in R. Blanpain and C. Grant, op. cit., at pp. 311-321; B. Caruso and L. Zappala, 'Italy' in B. Caruse and S. Sciarra (ed.), op. cit., at pp. 38-58.

期間が3年以内であること，同一の活動で同一の客観的理由に関して更新は1回のみであること，被用者の更新意思が明確であること[121]。

5) ドイツ

ドイツでは，有期労働契約が締結できる理由が法律に限定列挙（具体的には，企業内の臨時の必要がある場合，職業訓練後の雇用契約，一時的代替雇用，特殊な仕事の性格，試用期間，被用者が公的財政援助を受けている場合等の8つの理由）されている。ただし，①2年以内の有期労働契約で，3回まで，合計最長期間2年以内の雇用継続の場合（なお，この更新回数及び最長期間は労働協約で別途定めることができる），及び②58歳以上の被用者の場合（この場合，最長雇用継続期間制限もない），③新設企業が新設から4年間に有期労働契約を締結する場合の間は例外とされる。これに反する有期労働契約は期間の定めのないものとみなされる[122]。

6) フランス

フランスにおいては，一時的な労働契約は通常かつ永続的な企業活動に関する職務を永続的に埋める目的又は効果をもつものではあり得ないという一般原則に基づき，有期労働契約は「限定的かつ一時的な課業」のためにのみ締結できるとされている。このため，有期労働契約は，4つの理由，すなわち，①休暇中の労働者の代替労働，②活動の一次的増加，③季節労働，及び④職業訓練及び雇用促進のためにのみ許容される。この一般原則に反する使用者には刑事罰が課せられるほか，労働者は，当該有期労働契約を期間の定めのない契約にすることを求めることができる。他方，その利用の理由によって最長雇用期間は異なるが，ほとんどの場合，更新を含めた合計雇用期間は18ヵ月を超えることができない。この違反に関しても，使用者には刑事罰が科せられるほか，

---

[122] M. Veiss, 'Germany' in R. Blanpain and C. Grant, op. cit., at pp. 185-197; M. Fuchs, 'Germany' in B. Caruse and S. Sciarra (ed.), op. cit., at pp. 28-37. 詳細は，労働政策研究・研修機構『ドイツ，フランスの有期労働契約法制調査研究報告』（労働政策研究 No.L-1, 2004年）4-8頁及び11-71頁（橋本陽子執筆部分）。

[123] J-P, Laborde, 'France' in R. Blanpain and C. Grant, op. cit., at pp. 171-183; S. Laulom and C. Vigneau, 'France' in B. Caruse and S. Sciarra (ed.), op. cit., at pp. 10-27. 詳細は，労働政策研究・研修機構・前掲研究報告8-10頁及び72-112頁（奥田香子執筆部分）。

当該有期労働者と使用者との間に期間の定めのない契約が形成される[123]。

3 雇用保護機能・人身拘束機能――期間中の解雇と辞職
(1) 有期労働契約に関する法律規定

　現在，期間の定めがない労働契約が一般的であり期間の定めがある労働契約が例外的とされていることは，わが国だけでなく世界的な現象である[124]。しかし，わが国において，労働契約に期間を定めないことが原則であるとされているわけではないのであって，当事者が期間を付するか否かの選択の自由を制限する法律上の規定はないのである。そして，期間の定めのない労働契約は民法 627 条所定の予告期間を与えればいつでも解約（使用者の解雇または労働者の辞職）できるが，期間の定めをおく場合には，民法 628 条による「已ムコトヲ得ザル事由」がない限り解除することはできないとされている。したがって，期間の定めをおく場合，当事者は，その期間は止むを得ない理由がない限り自ら適法に契約を解除できない負担（拘束機能）を負う代わりに，止むを得ない理由がない限り相手方から適法に契約を解除されない利益（保障機能）を得ることを意味する。この拘束機能は，両当事者にとって賃金等の労働条件の固定化を意味すると同時に労働者にとっては人身拘束を意味する[125]。このため，民法 626 条は，労働契約の期間が 5 年を超えもしくは第三者の終身間継続すべきときは 5 年（商工業見習者の雇用については 10 年）を経過した後は 3 ヵ月の予告期間を与えればいつでも解除ができるとして，その拘束機能に制限を加えているのである。しかし，現行の労働基準法 14 条は，労働者保護の目的から特に労働者の人身拘束的な側面に注目し，一定の事業の完了に必要な期間を定めるものを除き，3 年（特例労働者の場合に関して 5 年）を超える期間を定める労働契約を締結してはならないとして労働契約の期間の上限を更に限定している。そして，2003 年の労働基準法が上限を 1 年（特例 3 年）から 3 年（特例 5 年）に延長するに際し，拘束機能の濫用に留意して，経過措置として，一定の

124　菊池高志「労働契約の期間」『講座 21 世紀の労働法第 4 巻―労働契約』（有斐閣，2000 年）68 頁以下。

125　花見忠「規制緩和と労働法制の再検討」書斎の窓 1995 年 4 月号 46 頁，島田陽一「労働契約期間の上限緩和」季労 183 号 52 頁（1997 年）。

事業の完了に必要な期間を定める者及び特例労働者を除き，契約期間の初日から1年経過した日からいつでも退職できるとする経過的な規定を置いた（労基法137条）。

(2) 拘束機能と期間中の辞職

　有期契約の自動終了機能の法的規制の問題と比べ，有期契約期間中の使用者による解雇と労働者の辞職が本格的に問題とされるようになったのは，比較的最近，特に上記の2003年の労働基準法の改正が問題となってからであるということができる。この問題は，民法628条の解釈の問題に関わり，解雇と辞職を完全に切り離して論じることはできない。そこで，便宜上，まず，民法628条の趣旨を明らかにして，期間中の辞職規制，そして期間中の解雇規制の順に考察することにする。さて，立法史的には民法628条の「やむを得ない事由」（改正前の「已ムコトヲ得ザル事由」）は，比較的広く取っている[126]ものと思われる。その理由は，「やむを得ない事由」は，使用者の解雇のみならず，労働者の辞職にも適用されるのであるから，どちらの場合にも妥当性を有するように解釈されなければならないからである[127]。このことは，民法上，解除自由の原則が貫徹されていることから考えて，拘束が期間の合意によろうとも，その拘束をあまり厳しく守らせることが好ましくないと考えられたものと思われる。ただ，労働契約法17条1項が新たに有期契約途中の使用者の解雇について，別途定めを置いたことから，民法628条について，労働者の辞職の場合と均衡をとって考える必要はなくなったともいえ，民法628条の労働者の辞職の「やむを得ない事由」を広く解するように再解釈することも不可能ではないか

---

[126] 民法の学説によれば，一般に，使用者側に関しては事業上の失敗，労働者側に関しては労務者の疾病・負傷による相当期間の就労不能，近親者の看護の必要，家庭の事情の急激な変動，女子労務者の結婚などがこれに当たるとされている。鳩山秀夫『増訂日本債権法各論（下巻）』（岩波書店，1924年）553頁，我妻栄『民法講義債権各論（中巻2）』（岩波書店，1962年）59頁，末弘厳太郎『債権法各論』（有斐閣，1918年）685頁参照。

[127] 従来の労働法の学説は，解雇規制を重視して検討していたため，この面の配慮が必ずしも十分でなかったと思われる。

もしれない。しかし，例えば，労働者の技能などに不当に見合わない劣悪な賃金その他の労働条件で働かされていたとか，家族的事情で少しでも高い賃金を必要としていたとの事情がある場合を考えた場合，少なくとも後者については「やむを得ない事由」ありというのは困難であろう。したがって，損害賠償責任を肯定することの有無，及びその内容が問題とされなければならない。

その場合，労働者に対する損害賠償について，中には，我妻教授のように「労務者に損害賠償義務を課することは今日の経済事情に適さない」とする見解もあり，この点を考慮する必要性に触れる判例もある[128]。確かに，同じ期間といっても労働者と使用者ではその実質的意味が異なること，すなわち，有期契約の残余期間中の労働者に対する賃金保障の経済的必要性は高いのと比較し，使用者側の代替雇用の捜索あるいは欠員の短期的調整はそれほど困難ではないということはできよう。しかし，損害賠償責任を完全に否定することは，使用者に有期契約締結の意義を否定することになるから，やはり無理といわざるを得ない。また，現行法上，1年を超える期間を定める有期契約でも労働者は1年を経過した後は，申し出によりいつでも退職することができると定められており[129]，長期の拘束は既に相当に規制され，労働者は保護されているとみることもできる。

そこで，損害賠償額を具体的にどのように算定するかが問題となる。民法学説の代表的見解は，「雇用期間満了までの間において，使用者が代わりの労務者を雇えなかったり，雇うためにより高い賃金を支払わなければならなかったりしたことから使用者に生じる損害」とするものである[130]。この見解は，有期契約の期間の満了までを対象として，実際に使用者が雇えた時点までの使用者の得べかりし利益の喪失とその代替労働者の雇入れ費用及び差額賃金を損害賠償額の内容とするものであると考えられる。代替労働者を雇った以降の企業収益の違いを賠償の対象としないのは，「企業は，継続的に事業を営む組織体

---

[128] ケーズインターナショナル事件・東京地判平成4・9・30労判616号10頁。ただし，この判例は，期間の定めのない契約で雇用された労働者が予告期間をおかず突然辞職した事案に関するものである。

[129] 労基法137条。

[130] 幾代通＝広中俊雄編『新注釈民法』（有斐閣，1989年）92頁（三宅正男執筆箇所）。

としての性格を有するから，特定の個人の生み出す将来の利益を前提に逸失利益を算定するのは適当ではなく，退職者が生じたことによる損害は，これを補充するまでの間において得られるべきであった利益という点から算定するのが相当である」とするリアルゲート事件判決[131]と共通する考え方であると思われる。

しかし，①労使に対し有期契約の期間がもつ前記の実質的な違いの他，②実質的に人身拘束的効果を持つような損害賠償額を肯定することは強制労働の理念（労基法5条など）からみて好ましくないこと，また③特に期間が長い場合，残余期間中にどのようなことが起こり得るかは労働者にも予想し難いことなどを考慮すると，責任対象期間の上限を期間満了までとするだけではなく，労働者が従事している職種や仕事の内容からみて，その補充に要すると考えられる合理的推定期間までとする必要があるのではないかと思われる。また，雇用関係は人的信頼・協力関係が極めて強く要求されるものであることから，労働者の辞職には多かれ少なかれ使用者の労働者に対するそれまでの対応と取扱いが寄与していることが多いと思われる。したがって，その損害賠償額の決定には，過失相殺的な考慮が必要である[132]。さらに，解釈を超えていえば，公平の原則に鑑みて，労働者の負うべき損害賠償額の上限を当該労働者の賃金額を超えない額とする立法を考えるべきである。

(3) 雇用保障機能と期間中の解雇

有期契約期間中の労働者の辞職に関する紛争が未だ裁判上顕在化していないのに対し，使用者の期間中の解雇に関する紛争は既に顕在化しているとはいえ，

---

[131] 東京地判平成19・4・27労判940号26頁は，競業会社を設立し，従業員らを新会社に移籍させた元取締役の忠実義務に反する不法行為による損害賠償責任が問われた事件である。

[132] 労働者が雇用期間中に会社に損害を与えた場合の会社の労働者に対する賠償請求額を減額する理由とも共通するものがあるのではないかと思われる。例えば，道幸哲也「労働過程におけるミスを理由とする使用者からの損害賠償法理」労判827号6頁参照。

[133] 代表的論文として，根本到「有期契約期間と中の解雇と民法628条の強行法規性」労旬1601号10頁以下（2005年）。

それが議論の対象になったのは比較的最近のことである[133]。そして，ごく最近までは，有期契約期間中は，民法628条1項が「やむを得ない事由」を要求しているから，通常の解雇の場合に必要とされるより，厳しい解雇事由が必要とされるであろうと一般的に解釈されていたに過ぎず，十分につめた議論はされてこなかったようにみえる。例えば，平成5年の中部共石油送事件名古屋地裁決定は，「民法651条1項に基づいていつでも解除することができるとする」被告会社の主張は採用することができないとして，解雇事由の存在を検討し，結局，被告会社の主張する事由は「未だ民法628条本文の定めるやむを得ない事由には該当しない」としたが，「やむを得ない事由」の内容を明らかにしようとはしなかった[134]。その後のいくつかの判例も，結局，当該解雇が会社の就業規則に定める解雇事由に該当するか否かを検討するに止まっていた[135]。

民法628条の「やむを得ない事由」の解釈が直接問題とされたのは，安川電機八幡工場（パート解雇）事件においてである。同事件で福岡高裁は，628条の「やむを得ない事由」は，労基法20条の「やむを得ない事由」より広いことを指摘するとともに，控訴会社の就業規則で定める解雇事由も628条の「やむを得ない事由」に沿って解釈すべきことを明らかにし，当該事件との関係では，「どんなに相手方の業績悪化が急激であったとしても，労働契約締結からわずか5日後に，3ヵ月間の契約期間の終了を待つことなく解雇しなければならないほどの予想外かつやむを得ない事態が発生したと認めるに足りる疎明資料はない。」として，「当該解雇が，3ヵ月の雇用期間の途中でなされなければならないほどの，やむをえない事由」[136] は存在しないとした[137]。

ところで，すでに考察した労働者の辞職と同様に，使用者の解雇に関しても，民法628条の「やむを得ない事由」を広く解することが公平の原則に沿うこと

134　名古屋地決平成5・5・20労経速1514号3頁。

135　エヌ・ティ・ティ・テレホンアシスト事件・大阪地判平成10・5・25労経速1673号14頁，アラコム事件・東京地判平成12・11・14労判804号94頁，南明興産事件・東京地判平成15・4・25労経速1748号24頁等。

136　福岡高決平成14・9・18労判840号52頁。

137　なお，同本訴事件・福岡地小倉支判平成16・5・11労判879号71頁も同様な処理をした。

になる。また，立法当時，「已ムコトヲ得ザル事由アルニ拘ハラズ当事者ヲ雇傭契約ニ拘束セシムルハ極メテ不公平ナルコト之レ法律ガ此告知権ヲ認メタル理由ナリ。故ニ此規定ハ強行法規ニ属スルモノト解スルヲ正当トス。随ツテ已ムコトヲ得ザル事由アルモ告知権ヲ認メザル特約又ハ告知ヲ為ストキハ特ニ違約金ヲ支払フベシトイウ特約ハ無効ナリトス。」[138]とされていたことからすると，628条を強行規定と解しても，なお，強行法規制は「解除事由をより厳格にする当事者間の合意は，同条の趣旨に反し無効というべき」であるが，「解除事由を緩やかにする合意をすることまで禁じる趣旨とは解し難い」[139]と解することも可能である。

　しかし，労働契約法が制定され，一方で，16条が解雇につき一般的に濫用無効を明示し，他方で17条1項が，特に，使用者の「解雇」について，「やむを得ない事由がある場合でなければ解雇することはできない」と定めている以上，その「やむを得ない事由」を労働契約で緩めることは趣旨に反するであろうし，むしろ「やむを得ない事由」は「客観的に合理的な理由」より狭く解されなければならないことになると思われる。すなわち，「やむを得ない事由」でなければ，そもそも解雇権を行使することさえできない。また，「やむを得ない事由」があって，解雇権を行使できる場合であっても，解雇権の行使が，16条の規定する解雇権濫用法理上，濫用として，解雇無効となる場合があると考えられる。特に，17条は実体的な規制に限られるが，16条は手続的な規制も含んでいるという点に留意しなければならないであろう。なお，「やむを得ない事由」の解釈において，期間設定の意味を踏まえて，その趣旨にあった解釈をすべきことは当然である。したがって，前掲安川電機八幡工場（パート解雇）事件の福岡高等裁判所の前記説示は妥当というべきである。

　しかし，平成14年から17年間も長期にわたり多数回にわたって更新されてきた事実に照らすと，その「期間」の意味はあいまいになっているのであるから，この点が「やむを得ない事由」の解釈にどのように反映されるべきかがなお問われなければならない。もし，東芝柳町工場事件のような事実があり，期

138　鳩山秀夫『増訂日本債権法各論（下巻）』（岩波書店，1924年）554頁。
139　ネスレコンフェクショナリー関西支店事件・大阪地判平成17・3・30労判892号5頁。

第 2 章　労働契約の自動終了

間の定めのない場合と異ならない状態で存在していたとした場合，一方で，期間中は通常の解雇より厳しい縛りがあり，他方で，期間満了時に更新拒絶が相当難しいことになるが，それでいいのか。それは，使用者自身がそれを維持してきたことに原因があるので，特に問題がないといっていいかという問題であると思われる。

　この点に関し，社団法人K社事件[140]は，興味深い判例ということができる。同事件では，17年間にわたり1年ごとに有期契約を反復更新してきた労働者と使用者が，平成16年1月1日付けで期間を同年12月31日までとする雇用契約書（自動更新が明示されていた。）を取り交わした後，平成17年1月9日に使用者が労働者に対し，雇用期間を同月1日から3月31日とすることを通知した。神戸地裁は，労働者の雇用継続期待に合理性が認められるから，「実質的に期間の定めがない契約と変わらないというべきである」とした上で，上記の「通知は実質的には，同年3月31日をもって原告を解雇する旨の解雇予告とみるべきであるとして，解雇権の濫用があったか否かを検討した。しかし，神戸地裁は，この解雇の濫用性の判断において，この解雇が有期契約の期間中の解雇であるか否かについて何等の言及もしなかった。しかし，神戸地裁は，本件雇用契約が有期契約であったことを考慮して，本件の解雇権の濫用性判断を緩める説示を行っている[141]。このように有期契約であることを完全に否定しない以上，当該契約は平成17年1月1日に期間1年の契約が更新されたとみるのが自然であるから，本件解雇は有期契約の期間中の解雇であり，民法628条の「やむを得ない事由」の有無が検討されなければならないはずである。神戸地裁は，長期の間反復更新された有期契約の期間中の解雇は，その期間の意味の希釈とともに厳格な意味の期間中の解雇ではないと考えた可能性がないともいえない。

　他方，長期の間反復更新された有期契約の期間中の労働者の辞職についてはどう考えるべきか。期間中に辞めるのは長期の反復更新がない場合と同様に困難なままなのか。解雇権濫用法理の類推適用が専ら労働者の雇用保障を目的と

140　神戸地判平成 17・9・28 労判 915 号 170 頁。
141　辻村昌昭「有期契約労働者の中途解雇の効力」労判 923 号 5 頁（2006 年）。

するものであるから,「期間」の意味が曖昧になってくる程度に応じて,労働者側の辞職に関しては,むしろ,「やむを得ない事由」が広がり,労働者の辞職の正当性が肯定されやすくなると解釈するのが適当と思われる。

第2節　自動退職取扱規制

1　はじめに

　労働契約を自動的に終了させる原因は,上述の有期契約の期間満了や契約目的である特定の仕事の完了が典型的な例であるが,そのほかに労働契約や就業規則に予め定めた事由の発生があげられる。そうした事由を予め定めておくことは,それが強行法規や公序良俗に反しない限り適法と解される。この例として,わが国の企業でよくみられるのは,就業規則に定める定年退職制における定年年齢到達及び休職制度における休職期間満了規定である。後者の例としては,傷病休職期間の満了と事故欠勤休職の満了があるが,判例上しばしば争われてきたのは,傷病休職期間の満了である。ところで,就業規則の定年年齢到達や傷病休職期間満了に関する規定は,必ずしも,それを自動終了事由として定められているわけではなく,それを解雇事由として定めていることもある。したがって,ここでは,便宜のため,いずれをも検討対象とする。本節の考察の中心は,傷病休職期間満了による雇用契約の自動終了におくことにするが,その前に定年年齢に基づく解雇・自動退職について簡単に触れておきたい。

2　定年制度

　定年制度は,退職年齢を理由とする解雇制度(定年解雇制)及び自動退職制度(定年退職制)とに分かれる。後者は,就業規則で「定年年齢に達したときは退職とし,社員の身分を失う」等と定めている例である。定年解雇制は,解雇であるから,労基法の解雇に関する規制が適用されるが,定年退職制にはその適用がない。就業規則に定年退職制を定めても,定年で自動退職する取扱いをしていなかった場合,そのような慣行の下では使用者は定年制度を主張でき

142　協和精工事件・大阪地判平成15・8・8労判860号33頁。

第2章　労働契約の自動終了

ないとした判例がある[142]。しかし，多くの企業は，定年退職後に労働者を嘱託等と称して期間を付して再雇用してきた。こうした場合でも，労働協約や就業規則で欠格事由ないし正当事由がなければ再雇用する権利を与えていると認められることもあり得る[143]。また，定年後の自動的な雇用継続の労働慣行によって，再雇用の黙示的契約の成立を認めることができる場合もあるが[144]，そうした労働慣行は単なる反復継続だけで成立するものではなく，使用者の意思に反する場合でも再雇用が行われるという事態の反復継続が必要であるとする判例が多い[145]。

最近の興味深い事案にクリスタル観光バス事件[146]がある。定年退職年齢を満60歳とする就業規則があった会社と労働組合が定年年齢を62歳まで延長する労働協約を締結したが，特定の事由に該当する者については，「雇用を延長せず，就業規則の定めにより退職するものとする」旨定めていた協約規定につき，大阪高等裁判所は，同規定は例外的に雇用を延長しない場合を限定列挙したものであり，それらの事由に該当しない限りは，当該従業員らからの希望があれば雇用延長を行う趣旨であるとした。したがって，会社が雇用延長願いを不承認とした場合には，解雇権濫用法理が類推適用され，例外事由該当性の判断を誤っている場合は不承認の意思表示は無効になり，雇用契約が成立したものとして扱われるべきであるとした。延長承認に解雇権濫用法理を類推適用して，承認したのと同様の法的効果を認める手法は，有期労働契約の不更新の規制法理と共通するものであるといえる。

ところで，従来から，定年年齢到達を理由とする解雇や自動退職取扱いは，

143　JALメンテナンスサービス事件・東京高判平成17・6・20労判894号86頁。
144　大栄交通事件・横浜地判昭和49・3・29労判200号39頁，同上告事件・最二小判昭和51・3・8判決245号24頁，東豊観光事件・大阪地決平成2・6・28労判565号28頁。
145　御園サービス事件・名古屋地判平成15・5・26労判859号88頁，三室戸学園事件・平成14・1・21労判823号19頁，日本大学事件・東京地判平成14・12・25労判845号33頁，法政大学事件・東京地決昭和62・8・19労判508号73頁等。
146　大阪高判平成18・12・28労判936号5頁。
147　木村五郎「定年をめぐる法律問題」日本労働法学会誌56号20頁以下，29頁（1980年），島田信義「定年制『合理化』論への法的批判」季労86号59頁以下，69頁（1972年）。なお，木村論文は，判例・学説の網羅的考察を行っており，極めて参考になる。

憲法 27 条の労働権の精神に反し[147]，また年齢差別にあたり憲法 14 条の精神に反し，公序良俗違反になるとの見解が主張されてきた[148]。しかし，定年制度を一要素とする長期雇用システムにおける雇用保障機能と年功処遇機能が維持されている限り，合理性があり公序良俗違反にあたらないとする見解も多い[149]。判例は，現在までのところ，後者の見解をとっている。すなわち，「定年退職制は，一般に，老年労働者にあっては，当該業種又は職種に要求される労働者の適格性が逓減するにもかかわらず，給与が却って逓増するところから，人事の刷新・経営の改善等，企業の組織及び運営の適正化のため行われるものであって，一般的にいって，不合理な制度ということはできない」[150]。そして，「憲法 14 条 1 項は，年齢による差別を明示的に禁じていないが，雇用関係において年齢による取扱いの差が合理性を欠くものであるならば，右憲法条項違反となることもありうるものと解すべきであるが，一般に，定年制は，定年に達したすべての者に対して機械的かつ一律に適用されるものであって，いわゆる形式的平等は満たされているということができる。また，実質的に考えてみても……人の刷新・経営の改善等，企業の組織及び運営の適正化を図るため……必要であるという合理的理由が存するし，労働者の側からみても……定年制が存するがゆえに，労働者は，使用者による解雇権の行使が恣意的になされる場合には，これが権利濫用に当たるものとして無効とされ，その身分保障が図られているものということができ……一応の合理性がある」[151] としている。わが国の解雇権濫用法理は解雇を容易に認めない長期雇用システムにおける雇用保障と切り離せないことから，判例の見解を支持せざるを得ないと思われる。

しかし，定年制は一定の年齢で雇用関係を断ち切ることを正当化するもので

---

148 島田・前掲注 (147) の論文，西村健一郎「少子高齢社会と高齢被用者の雇用」季労 206 号 119 頁 (2004 年) など。なお，憲法 14 条 1 項列挙の事由は例示列挙に過ぎないと解されている (尊属殺人被告事件・最大判昭和 48・4・4 刑集 27 巻 3 号 265 頁，待命処分無効確認事件・最三小判昭和 39・5・27 民集 18 巻 4 号 711 頁)。

149 菅野和夫『労働法 (第 8 版)』(弘文堂，2008 年) 431 頁，櫻庭涼子「高年齢者の雇用確保措置」労旬 1641 号 45 頁以下 (2007 年)，馬渡淳一郎「定年制の基本問題と公務員の定年制」日本労働法学会誌 56 号 45 頁以下 (1980 年) など。

150 秋北バス事件・最大判昭和 43・12・25 民集 22 巻 13 号 3459 頁。

151 アール・エフ・ラジオ日本事件・東京地判平成 6・9・29 労判 658 号 13 頁。

あるから，その年齢レベルの如何によっては不当に高年齢者の生存を脅かす恐れさえ生じる。したがって，定年制の合理性は，社会保障との関係からも問題とされなければならない[152]。そのことが明らかになってきたのは，厚生年金の開始年齢の引上げが問題となってからである。具体的には，厚生年金の支給開始年齢を60歳から65歳に引き上げることから，それによる60歳から65歳までの雇用確保の必要性が問題になってからである[153]。これに対応して，1986年に高年齢者雇用安定法（以下，高年法）が制定され，定年年齢を60歳以上とする使用者の努力義務規定が導入された。平成2年の改正では，この努力義務規定の禁止規定化が検討されたが先送りとなり，定年に達したものが再び雇用されることを希望するときは，使用者は65歳に達するまでの間雇用するように努めなければならないという努力義務規定を導入した。結局，平成6年改正に至って，厚生年金の支給開始年齢の引上げに合わせて，60歳未満の定年制を禁止する旨定めた（高年法8条）。その後，同法は，平成16年改正で，65歳までの雇用継続措置を義務付けた。すなわち，65歳未満の定年の定めをしている事業主は，①当該定年の引上げ，②高年齢者が希望するときは，当該高年齢者をその定年後も引き続き雇用する制度（これを継続雇用制度という。）の導入，③当該定年の定めの廃止，のいずれかの措置を講じなければならないとした（高年法9条1項）。これには，その義務付けを弾力化するため，当該事業場の労働者の過半数で組織する組合又はそうした組合がない場合には労働者の過半数を代表する者との書面の協定で，継続雇用制度の対象となる者の基準を定め，それに基づく制度を導入した場合には，②の措置をとったものとみなすとした（高年法9条2項）。

これらの条文に関しては，その解釈・運用につき，学説・判例の対立が生じている。まず，高年法8条違反の60歳未満の定年を定める就業規則の規定は，同法が強行法規であるから無効になり，定年制の定めのない状態になるとする

---

[152] 荒木誠之「定年制をめぐる法律問題」法制研究38巻2－4合併号233頁以下，250－251頁（1972年）は，定年制はその年齢が一般的に労働能力・意思の喪失時期と一致し，その労働者が生活保障給付を得られるという条件の下で有効となるとする。

[153] 坂本重雄「高年齢者雇用保障の政策課題」季労156号6頁以下（1990年），清正寛「高年齢者雇用の法的課題」同156号17頁以下。

高裁レベルの判決が下された[154]。この規定に違反することから，当然に就業規則が無効になるといえるのかについては疑問がないわけではないが，前述のように，定年制の適法性が公的年金受給権の存否を含めたバランスの上に肯定されるものであるとすれば高年法8条を強行法規として無効と解すべきである。これに関しては，学説の中には，定年年齢が60歳になるとする見解もある[155]。しかし，高年法に労基法13条のような補充的効力の規定がなく，同法の制定の実質的目的が65歳までの雇用確保の必要性にある以上，定年年齢が60歳でなければならない理由はない。

　次に，高年法9条の効力に関しては，学説上，同条は公法的効力を有するだけであるとして私法的効力を否定する見解[156]と私法的効力をも有するとする見解が対立している[157]。最近の判例は，同条1項は，「公法上の措置義務や行政機関に対する関与を要求する以上に，事業主に対する継続雇用制度導入請求権ないし継続雇用請求権を付与した規定（直截的に私法適法力を認めた規定）とまで解することはできない」とする[158]。その理由として，①同法の目的と名宛人からみて社会政策誘導立法ないし政策実現立法として公法的性格を有すること，②9条1項が直ちに私法上の効力を発生させる程度の具体性を備えていないこと，③同条2項が各事業主の実情に応じて柔軟な措置を許容していること，④同法の規定に努力義務規定が多く，義務規定に反する場合にも制裁まで予定されていないこと，⑤9条1項の義務違反に関し補充的効力の規定もないこと，をあげている。私法的効力を否定する学説は，これらに加えて，同法が

154　牛根漁業協同組合事件・福岡高宮崎支判平成17・11・30労判953号71頁，平成19・11・30最高裁上告不受理。

155　岩村正彦教授は，努力義務規定を受け継いだという立法経緯からみた同条の目的及び使用者の定年制を設けるという意図から，8条は就業規則の規定を無効にするのみならず空白となる部分を60歳とすると解する（岩村正彦「職業生活からの引退」『岩波講座・現代の法12』（岩波書店，1998年）301頁以下，534頁参照）。

156　櫻庭・前掲注（149）の論文。

157　根本到「高年齢者雇用安定法9条の意義と同条違反の司法的効果」労旬1674号6頁以下（2008年），山川和義「高年齢者雇用安定法9条1項違反の私法上の効果」日本労働法学会誌114号8頁以下（2009年）。

158　NTT西日本事件・大阪地判平成21・3・25労旬1703号66頁。

憲法27条1項の要請を受けたものであって，同条2項の要請によるものではないことをも強調する[159]。

　しかし，①上述のとおり，9条が公的老齢年金の支給開始年齢の引上げに合わせて規定されたものであり，むしろ，憲法27条2項の要請をも受けたものとみるのが合理的であり[160]，単なる労働市場整備のための社会政策誘導立法とみることは妥当でない。そのように解することは，8条との整合性を欠くことになる。②9条1項が3つの選択肢を設けたことや同2項のみなし規定や附則5条の措置を定めていることは，憲法27条2項と憲法22条（営業の自由）の入念な調整を行うものであり，そのことは同法の立法，改正過程から明らかといえるのであって，その規制の多岐性や柔軟性の故に直ちに私法的効力を否定するべきではない。確かに，9条1項違反に対しては，指導，助言，勧告が用意されているが，類似の例は私法的効力を有する男女雇用均等法にみることができる[161]。③他に努力義務規定が多いからといって9条の規定の私法的効力が当然に否定されるべきではない。むしろ同条1項が従来の努力義務から義務規定化されたことを重視すべきである[162]。④労基法13条の補充的効力規定がないとはいえても，そのことから直ちに私法的効力が否定されるわけではない[163]。もっとも，高年法9条1項違反の場合，その措置内容が多義的かつ具体的でないため履行請求を認めることはできないが，65歳未満の定年制は無効になるが，使用者が同項の要件に適合した雇用確保措置を講じた場合は，その措置が有効になるとする見解[164]が支持されるべきであろう。次に，このような立場によっても，使用者が同法9条2項及び附則5条に基づいて労使協定や就業規則に再雇用制度等の制度を定めた場合，それが現に雇用されている希

---

[159] 櫻庭・前掲注（149）の論文49頁。
[160] 根本・前掲注（157）の論文14頁。
[161] 根本・前掲注（157）の論文11頁，山川・前掲注（157）の論文14頁。むしろ，罰則ではなく，広範な選択肢を用意して主体的な決定を促し，最終的には私法的な法的効果を用意する欧州連合やイギリスで用いられるデフォルトルールの一種といえるかもしれない。
[162] 根本・前掲注（157）の論文12頁，山川・前掲注（157）の論文14頁。
[163] 山川・前掲注（157）の論文17頁。
[164] 根本・前掲注（157）の論文15頁，山川・前掲注（157）の論文18頁。

望する高年齢者全員又はそのほとんどの再雇用を拒否するものであるような場合には，継続雇用制度に値しないものとして，9条1項違反となる[165]。そうとまではいえない場合でも，個々の定められた再雇用基準や手続は9条1項2号の継続雇用制度の趣旨からみて不適法と解されたり，当該基準や手続の運用が不適法[166]と解される場合には，継続雇用を前提とした制度であるため，事業主は再雇用の申込みをしていることになるため，再雇用を希望した高年齢者との再雇用契約は成立する[167]。以上のような解釈は，今日的雇用実態を無視するものともいえないと思われる。すなわち，60歳から65歳という年齢により，一般に労働者の肉体的能力や知的能力が著しく劣るとはいえず，また個別的に著しく劣っていれば改善の余地が期待できないとして解雇可能であるし，企業側は賃金の減額等が可能である。また，若年労働の雇用機会の喪失に直結することを示唆するとの指摘もあるが[168]，少子高齢化の下で労働力の有効な活用は望ましいものである。また，若年労働者の入職困難は，若者の学習レベル，職業教育問題，職種上の需給（例えば，介護・医療労働は供給が不足している）のミスマッチの問題と多分に関係していると考えられるからである[169]。

3 傷病休職期間の満了
(1) 傷病と解雇
長い職業生活の中で労働者が風邪をひいたりインフルエンザに罹ったりする

165　根本・前掲注 (157) の論文 18 頁。

166　日通岐阜運輸事件・岐阜地判平成 20・9・8 労経速 2016 号 26 頁は，1 回でも C ランクと査定されれば再雇用拒否という「人事評価基準」は C 評価が従業員の 20%にとどまるものであり，個人査定の指標があり客観性も欠かず違法でないなどとした。

167　根本・前掲注 (157) の論文 18 頁，山下昇「高年齢者の雇用確保措置を巡る法的諸問題」日本労働研究雑誌 550 号 43 頁以下，47 頁 (2006 年)。

168　しかし，多くの実証研究では，長期不況と高齢化の進行が，若年労働者の雇用に深刻な影響を与えているとしている。太田聰一「若者の就業機会の減少と学力低下問題」伊藤隆敏＝西村和雄編『教育改革の経済学』（日本経済新聞社，2003 年）161-164 頁。

169　矢島正見『変わる若者と職業世界（第二版）』（学文社，2005 年）23-58 頁，熊沢誠『若者が働くとき』（ミネルヴァ書房，2006 年）7-8 頁。熊沢教授は，高年齢者の時短の必要性や若者の職業教育の重視を説いている（前掲書 109 頁，161-173 頁）。

のは当たり前のことであるが，不幸にも手術を要するような深刻な傷病で何ヵ月も，あるいは何年も入院を強いられるような場合も起こり得る。このような場合，賃金を主な生活の糧としている労働者にとっては，会社から解雇されたり退職扱いにされたりすることはなんとしても避けたいところである。しかし，会社にとっても働けない者を長期にわたって雇っておくわけにはいかない。使用者は社会保険の拠出等を負担しなければならず，代替労働者も雇わなければならない。いつまでも労働編成を暫定的にしておくこともできない。そこで，会社は，どのような傷病がどの程度の期間続いたら解雇できるのか，また，解雇の前に軽易な仕事に配転する義務があるのか，ということが問題となる。しかし，実際には，多くの会社は，就業規則などにおいて，傷病に罹ったら労働者を一定期間休職させることができる傷病休職制度と呼ばれるもの定めている。この制度は，通常，その所定期間において傷病が治らなかった場合には，当該期間満了時に労働者を解雇し又は退職扱いする旨定めているのが一般である。

ところで，ここでいう傷病休職とは，私傷病による傷病休職の意味に限定する。業務上の傷病（労働災害）の場合には，法律上，特別の定めがあり，異なった取扱いがなされているからである。すなわち，その療養のための休業期間およびその後30日間は解雇が禁止されているのである[170]。ただし，その休業期間は，労働者の傷病が治り又は症状が固定するまで続くが，労働者の療養開始から3年経過後に使用者が労基法上の打切補償を行った場合[171]，または3年経過した日において労災保険法の傷病補償年金を受けている場合又はその日以降同年金を受けることができることになった場合，その日以降は解雇の禁止が解かれる[172]。

労働者の不治の病や労働に耐えない長期の傷病の継続は，労務提供の不能として使用者の解雇を正当化する事由であることは明らかである。したがって，傷病による欠勤の場合，問題とされなければならないのは，その病気が労働者の労働能力を喪失させ又は労務の履行を不能にする程度のものであるかという

---

[170] 労基法19条。
[171] 労基法81条。
[172] 労災保険法19条。

ことである。しかし，この場合でも，労務の履行不能には，短期的なものと長期的なものとがある。労働契約は，継続的契約であり，特に期間の定めのない契約では相当に長期の継続が前提とされている。そして，解雇権濫用法理の存在の下では，使用者の解雇回避の努力が義務付けられているといえるから，使用者は，雇用維持のための積極的な回避義務が存するといわなければならないであろう。したがって，傷病により長期の欠勤を要する場合にも，解雇の濫用性判断にあたっては，当該労働者の勤続，勤務成績等の貢献度，その職種の代替性，配転の可能性，病気の性格，回復可能性，回復に要する期間，使用者の企業規模，使用者の経済的負担等を考慮して，使用者がどれだけ雇用維持に努力するべきかが問われることになる。

　しかし，前述のように，多くの会社には，傷病休職制度があるため，判例に現れた事件で，使用者が労働者を休職に付さずに解雇した事件は比較的少ない。そして，傷病休職制度があるのに，会社が傷病休職の措置を取らないで解雇した場合は，その傷病が回復の見込みがない場合を除き，解雇は原則として無効とされる例が多い[173]。

(2) 休職制度の意味

　傷病休職はどのような法的性格を有するのであろうか。同じく休職期間といっても，組合専従，公職就任，出向などを理由とするものは，休職期間満了とともに当然に復職となるとするもので，雇用関係を維持するための休業状態の処理機能を果たすものである。これに対し，傷病休職の場合，休職事由たる病気の状態が消滅せずに休職期間が満了することが，通常，自動退職事由（「休職期間が終了しても，休職事由が消滅しない場合は，休職期間の満了をもって退職とする」等と規定されている）または解雇事由とされている。このため，傷病休職は，通常，解雇猶予の意味を有すると考えられる。すなわち，萩沢教授が指摘するように「通常であれば労務の不提供によって契約を維持しえず，解雇す

173　読売新聞見習社員事件・東京地決昭和31・9・14労民集7巻5号851頁，日報サービス事件・東京地判昭和45・2・15判タ247号250頁，日野自動車事件・東京高判昭和52・11・22労判290号47頁など。

べき場合に，一定期間を限って労働契約の終了を猶予し……休職事由が消滅しないままに休職期間を経過した場合に，はじめて労働契約を終了させようとするものである」[174]。果たして解雇に適する事由が休職に付する時点で必要なのか，それとも休職期間中のどこかの時点で生じればよいのかが必ずしも明らかではないという問題はあるが，使用者が労働者を休業に付する限り，その期間は解雇ができないという意味で，休職期間は解雇猶予期間としての意味を有するといってよい[175]。傷病休職に関する規定の中には，一定期間（例えば，2ヵ月とか3ヵ月）にわたって労働者が就労できない傷病の継続があると，ほぼ自動的に休職命令がなされるようになっている例も多い。しかし，休職命令はその時点で当該労働者が就労できないことが明らかでなければならないから，休職命令を発するには，当該労働者の「傷病の内容，程度が通常勤務に支障を生じるほどのもの」でなければならないのは当然である[176]。

(3) 猶予期間の限界

これとは反対に，労働者の健康状態が回復不可能な場合，使用者は，休職規定がある限り，休職を命じ，かつ，休職期間満了まで解雇することができないのであろうか。これは，一部の就業規則にしばしばみられる休職期間中に得られない賃金の一部会社負担や健康保険法99条の傷病手当金の支給資格にも関係する問題である。まず，休職の発令に関していえば，休職期間の規定があるからといって，使用者が労働者の傷病が回復の見込みのない場合にも解雇せずに休職させなければならないものとは考えられない。しかし，解雇猶予制度としての傷病休職期間の規定が定められている限り，使用者は原則として傷病休職を適用すべきであるから，この適用を免れるのは，傷病の回復の見込みがないことを使用者が証明できる場合に限られるというべきである。判例の中には，「休職制度があるからといって，直ちに休職を命じるまでの欠勤期間中解雇されない利益を従業員に保障したものとはいえず，使用者には休職までの欠勤期

---

[174] 萩沢清彦「休職制度」『経営法学全集：人事』（ダイヤモンド社，1966年）212頁以下。
[175] この点は，事故欠勤休職（傷病以外の自己都合の欠勤が一定期間継続した場合に命じるとする休職）の場合も同様に解される。
[176] 富国生命保険事件・東京高判平成7・8・30労判684号39頁。

間中解雇するか，休職に付するか否かについてそれぞれ裁量があり，この裁量を逸脱したと認められる場合にのみ解雇権濫用として解雇が無効になると解すべきである。本件では，……Xは，平成13年1月31日まで就労不能と診断されており，仮に休職までの期間6ヵ月及び休職期間3ヵ月を経過しても就労は不能であったのであるから，YがXを解雇するに際し，就業規則8条に定める休職までの欠勤期間を待たず，かつ，休職を命じなかったからといって，本件解雇が労使間の信義則に違反し，社会通念上，客観的に合理性を欠くものとして解雇権の濫用になるとはいえない。」とするものがある[177]。この判決は，結論において正しいといえるが，一般論としては，使用者の決定の裁量を重視しすぎるもので妥当ではないと考える。

次に，休職から職場復帰後，さらに休職に付さなかったことが争われた事件として，他にカンドー事件[178]がある。東京地裁は，躁うつ病で休職しその休職期間満了前に復職した後，再度躁うつ病が再発した労働者の解雇につき，症状の「程度が重く，治療により回復する可能性がなかったということはできないから，……原告の勤務状況及び同一の理由による7ヵ月余の休職を考慮したとしても」解雇は権利濫用に該当すると判示した。妥当な判決といえる。

次に，一度，使用者が労働者をある傷病について休職に付した場合には，その期間中は，原則として，同一の傷病を理由に解雇できないと考えられる。このことは，その病気が悪化して回復不能が明確になった場合でも同様と解すべきであろう。このように解さないと，休業期間中も将来の回復可能性について争いが生じ，労働者は不安定な状態に置かれることになる。すなわち，休職期間は雇用保障期間としての性格をも有するということができる。しかし，労働者が休職期間中に会社を中傷したことなどを理由とする懲戒解雇等が認められるのはもとより，会社の経営悪化を理由として，合理的な被解雇者選定基準に基づいてその労働者を解雇することは認められるといわなければならない[179]。

---

[177] 岡田運送事件・東京地判平成14・4・24労判828号22頁。
[178] 東京地判平成17・2・18労経速1904号3頁。
[179] 富士精密工業事件・東京地判昭和26・11・1労民集2巻5号537頁。

(4) 休職事由消滅と復職

傷病休職期間は以上のような意味で、解雇猶予期間であるから、労働者の休職事由が休職期間内に消滅しない場合、使用者はその不消滅を理由に解雇または退職したものとして取り扱うことができることになる。解雇の場合は解雇予告が必要になるほか、その休職期間満了時の労働者の傷病状態をもって、労働者を復職させず解雇することが社会的に相当なものとして是認することができるかが問題とされる[180]。これに対して、自動退職事由となっている場合には、その意味を厳格に解すると、休職期間満了時において雇用の終了に対する司法的判断の介入の契機は存在しない。すなわち、判例は、一般に休職期間満了までに休職事由の消滅がなければ、当然に退職したことになるとしている。これと調和させて、判例は休職期間満了までに休職事由が消滅した場合には当然に復職の効果が発生するとしている。そして、これは就業規則に自動復職の規定があると否とを問わないとする[181]。のみならず、聖マリア学園事件[182]では、就業規則に休職事由が消滅したときは復職を命ずることができる旨定められていても、復職命令は休職事由消滅の確認行為に過ぎず、「使用者が復職を拒否している場合は、当然復職が認められるべき時期に復職したものとみなされる」とされた。そこで、最大の問題は、休職事由は消滅したか否かということになる。

(5) 休職事由消滅の立証責任

この場合、重要なのは、誰が休職事由の消滅を立証する責任を負うかということである。この点に関し、山口赤十字病院事件判決[183]は、労働者は傷病の治癒の程度に関する使用者の認定があってはじめて復職が許されるが、その確

---

180 マール社事件・東京地判昭和 57・3・16 労経速 1116 号 13 頁、ニュートランスポート事件・静岡地富士支決昭和 62・12・9 労判 551 号 65 頁、宮崎鉄工事件・大阪地岸和田支決昭和 62・12・10 労経速 1333 号 3 頁、全国電気通信労組事件・東京地判平成 2・9・19 労判 568 号 6 頁。

181 三豊製作所事件・東京高判昭和 45・4・14 判タ 252 号 281 頁。

182 横浜地決昭和 58・11・26 労判 424 号 80 頁。

183 山口地判昭和 41・5・16 労民集 17 巻 3 号 637 頁。

認は使用者の恣意を許すものではないとして労働者の立証責任を緩和している。また，姫路赤十字病院事件判決[184]は，休職期間が満了したときは自然退職とする旨の規定がある場合，使用者が労働者に対して自然退職を理由として労働者の労働契約上の権利の消滅を主張するためには労働者が休職期間中，その勤務に堪え得ない状態が継続したことを主張，立証すべきであるとした。さらに，エール・フランス事件判決[185]も「使用者が当該従業員が復職することを容認し得ない事由を主張立証してはじめてその復職を拒否して自然退職の効果の発生を主張しうる」と判示した。これに続き，東洋シート事件判決[186]は，自動退職条項が「使用者の有する解雇権の行使を実質的に容易にする結果を招来することがないよう配慮する義務がある。このことは，本来病気休職制度が，傷病により労務の履行が不能となった労働者に対する使用者の解雇権の行使を一定期間制限して，労働者の権利を保護しようとする制度であることを考えると，けだし当然であるいうべきである。」と論じた。これらの判決では休職期間満了時に解雇するという制度との区別がなくなってしまうとの批判が加えられている。これらの判決の法的理論構成をどう考えればいいのか。北産機工事事件判決[187]は，休職期間満了時の復職不能を雇用契約終了の停止条件と構成した。札幌地裁は，「休職期間の満了を理由に原告を退職させる要件が具備していないと認めることはできず，原告を休職期間満了とした退職とした取扱いは無効」と述べた。

　考慮されなければならないことは，東洋シート事件判決が指摘したように，休職期間満了自動退職制を解雇権濫用法理の存在とどのように整合的に捉えるかである。解雇権濫用法理に基づいて，今日，使用者は，雇用を維持するために積極的に解雇を回避するように努力する雇用契約上の義務を負うに至っている。したがって，休職処分時において，労働者が解雇適状にあったとの保障がない以上，使用者は労働者を一度休職に付したら休職期間満了まで何もしなく

---

[184] 神戸地姫路支判昭和 57・2・15 労判 392 号 58 頁。
[185] 東京地判昭和 59・1・27 労判 423 号 23 頁。
[186] 広島地判平成 2・2・19 判タ 757 号 177 頁。
[187] 札幌地判平成 11・9・21 労判 769 号 20 頁。

てよいという訳にはいかない。休職期間にあっても，使用者は雇用維持のための努力義務から逃れることはできない。このため，休職期間は，単に使用者に雇用終了を消極的に猶予するよう要請する期間に止まらず，雇用維持のために積極的に解雇を回避するように努力するための期間でもあると考えざるを得ない。したがって，使用者は，労働者の復職の申し出がないときでも，むしろ定期的に傷病回復の状況を労働者に打診して診断書などを提出させ，職場復帰の可能性に配慮するよう努力する義務があるといえると思われる。結局，使用者が休職期間満了を理由に退職取扱いにするには，事前に労働者が就労不能であることを確認する必要があり，期間満了時の就労不能の立証は使用者が負うべきであると考える。

(6) 使用者の解雇又は退職取扱い回避の努力

　前記エール・フランス事件判決は，使用者は「単に傷病が完治していないこと，あるいは従前の職務を従前どおりに行えないことを主張立証すれば足りるのではなく，治癒の程度が不完全なために労務の提供が不完全であり，かつ，その程度が，今後の完治の見込みや，復職が予定される職場の諸般の事情等を考慮して，解雇を正当視しうるほどのものであることまでをも主張立証」すべきであると判示した。その後の判例を検討すると，傷病休職期間満了を理由とする解雇はもとより退職取扱いのケースでも，判例は，一般に，使用者に雇用終了の回避努力を信義則上の義務として強く要請している。こうした判例の流れは，自宅治療命令と賃金請求に関わる最高裁の片山組事件判決[188]の影響を強く受けたものといえる。

　同事件で最高裁は，次のように論じた。すなわち，「労働者が職種や業務内容を特定せず労働契約を締結した場合においては，現に就労を命じられた特定の業務について労務の提供が十全にはできないとしても，その能力，経験，地位，当該企業の規模，業種，当該企業における労働者の配置・異動の実情及び難易度等に照らして当該労働者が配置される現実的可能性があると認められるほかの業務について労務の提供を申し出ているならば，なお債務の本旨に従っ

188　最一小判平成10・4・9労判736号15頁。

た履行の提供があると解するのが相当である。」とした。この見解が一般化できるとすれば，職種や業務内容が特定されていない労働者に関しては，なし得る業務がある限り，少なくともしばらくの間は従前の業務が不可能な場合でも，解雇ないし退職取扱いができない可能性が高くなるであろう。具体的には，東海旅客鉄道（退職）事件判決[189]は，当該労働者が身体障害等により従前の業務に対する労務提供を十全にはできなくなった場合でも，雇用契約上の雇用継続配慮義務により能力に応じた職務を分担させる工夫をすべきであるとし，また，キヤノンソフト情報システム事件[190]では，雇用契約上，原告に職種や業務内容の特定はなく，復職当初は開発部門で従前のように就労することが困難であれば，しばらくは負担軽減措置をとるなどの配慮をすることも被告の事業規模からして不可能ではないと解される上，サポート部門は開発部門より残業時間が少なく作業計画を立てやすいとのことであり，同部門に原告を配置することも可能であったとした[191]。

以上は，退職取扱い事件の例であるが，解雇事件でも同様に解することができるであろう。では，職種や業務内容が特定されている場合はどうか。全日本空輸事件で，大阪地裁[192]は，航空機の客室乗務員に関し，復職後直ちに従前の業務に復帰できない場合でも比較的短期間で復職することが可能な場合は，「債務の本旨に従った履行の提供ができないということはできず」「休業又は休職に至る事情，使用者の規模，業種，労働者の配置等の実情から見て，短期間の復帰準備期間を提供したり，教育措置をとるなどが信義則上求められており」そのような手段をとらず解雇することはできないとした[193]。これに対して，カントラ控訴事件[194]で，大阪高裁は，職種を貨物自動車運転手に特定された

---

[189] 大阪地判平成11・10・4労判771号25頁。
[190] 大阪地判平成20・1・25労判960号49頁。
[191] この他に，関西電力事件・大阪地決平成12・5・16判タ1077号200頁，中川工業事件・大阪地決平成14・4・10労経速1809号18頁，独立行政法人N事件・東京地判平成16・3・26労判876号56頁，B学園事件・大阪地決平成17・4・8労判895号88頁等。
[192] 大阪地判平成11・10・18労判772号9頁。
[193] 同様の立場の判例として，カントラ事件・大阪地判平成13・11・9労判824号70頁がある。
[194] 大阪高判平成14・6・19労判839号47頁。

労働者につき，従前の業務を通常の程度に遂行できない場合は，原則として債務の本旨に従った履行の提供ができない状態にあり，他に現実に配置可能な部署ないし担当できる業務が存在し，経営上もその業務を担当することに問題がない場合は，債務の本旨に従った履行の提供ができる状態にあるとした。確かに，職種が特定されている場合，その職種の仕事の履行が債務の本旨に従った履行であり，それが通常程度にできなければ賃金請求ができなくなると考えざるを得ない[195]。しかし，労働者の雇用継続に配慮する信義則上の義務が肯定される限り，短期間の復帰準備期間であれば，可能な代替業務に就けることなどが求められるといってよいであろう[196]。なお，職種や業務が特定されているといっても，その職種や業務内容の幅をどのように考えるかということが問題となることはいうまでもない[197]。

結局，復帰の場所はその労働者の原職を原則とするが，それに限らず，その労働者の職種の範囲内で就かせることの可能な職務が考えられる。十分な回復がなされていない場合は，軽減業務への配転も考えて徐々に原職ないし類似の職に就かせる努力をする義務があると考えられる。そうすると，使用者が労働者に対して自動退職の効果を主張するには，そのような復職に適するほどにも回復していなかったことを主張立証すべきことにある。実際，今日のめざましい技術革新の下では，そもそも原職が長い間変わらないまま存続しているとは限らない。一定の休職期間が経過する間には，労働者の傷病状態の変化もさることながら現場の状況も変化していることが多い。休職命令当時には存在しなかったような軽易な仕事ができたり，従来重労働であった仕事が相当に軽減される場合も多いであろう。そうすると，雇用継続に対する配慮義務を前提とする限り，傷病の消滅の判断にあたっては，単に傷病の回復状態のみならず職場環境の改善等も考慮に入れなければならない。このように考えると，前掲エー

---

195 水島郁子「私傷病労働者に対する復職命令と賃金請求権」労旬1560号46頁以下（2003年）。

196 野田進「職種を特定された労働者の私傷病の治癒判断及び賃金請求権の回復の時期」ジュリスト1254号257頁（2003年）。

197 小樽双葉女子学園事件・札幌地小樽支判平成10・3・24労判738号26頁，同控訴事件・札幌高判平成11・7・9労判764号17頁。

ル・フランス事件判決[198]は支持されるべきあるということができる。

(7) 健康診断

　休職前または休職期間中に労働者の就労または職場復帰の可能性を判断するためには医師の診断書が重要である。したがって，使用者が労働者に医師の診断書の提出を命じる必要がある。休職する前に関しては，使用者は労働者に傷病欠勤としての有利な取扱いをする要件として診断書の提出を命じることができ，これに従わない労働者を無届け欠勤とすることができる[199]。また，休職後に関しては，使用者は，休職期間中，使用者が職場復帰の可能性を判断するために労働者に診断書の提出を求めて拒否された場合には復職を認めないことができる。使用者は診断書なしには労働者が労務に適するか否かを的確に判断できないし，そうしないで復職させれば安全配慮義務上の責任を問われるおそれがあるからである。問題は，使用者が会社の産業医その他の指定医の診断を受けてその診断書を提出するように命じたり，労働者が一定の医師の証明書を提出したのに対して，使用者がその診断書の真偽を疑問として，会社の産業医その他の指定医の健康診断を受けるように命じたりすることができるかである。一般論として，使用者が休職中の労働者の職場復帰の是非を決定するために，労働者に対し指定医の診断を受けることを指示することが，直ちにプライバシーの侵害になるとはいえない。したがって，その指示にもかかわらず，労働者が指示した医師の診断を受けないで診断書を提出しなかった場合は，疾病が治癒していないと判断する1つの要素とすることができるといわざるを得ない[200]。しかし，自己の健康情報を開示するものであるからプライバシーに関わるものであり，自己の選んだ医師ではなく，使用者の指定医の診断を受ける義務を労働契約上一般的に肯定することはできない。その疾病が精神的疾患の場合には，特にそうである[201]。したがって，復職の判断に指定医の診断を受

---

[198] 東京地判昭和59・1・27労判423号23頁。
[199] 日本電電公社事件・東京地判昭和56・10・20労経速1097号15頁等。
[200] 大建工業事件・大阪地決平成15・4・16労判849号35頁，全国電気通信労組事件・東京地判平成2・9・19労判568号6頁，松山市立中学校事件・松山地判平成11・2・24判例地方自治203号21頁等。

けることが就業規則上明定されていたり，そのことがその会社で慣行化していたりする場合でも，その拒否を理由に懲戒処分を加えることはできないと考える[202]。最後に，休職期間満了に際していえば，使用者の雇用継続配慮という信義則上の義務に基づき，使用者は，労働者の回復状態を確認する積極的な行動を取る必要があるというべきである。

(8) 休職期間満了時の雇用終了の通知

　判例は一般に，就業規則等で休職期間満了までに休職事由が消滅しない場合は自動退職となる旨規定している場合，その効果発生のために特段の意思表示が要件とされているとはいえず，休職事由が消滅しないまま休職期間が満了することは雇用契約の自動終了事由とみるべきで，使用者に労働者を退職させるか否かの裁量権があるとはいえないとしている[203]。また，傷病休職期間満了による自動退職を定年退職と同様に捉えて「労働法が雇傭契約の終了には常に一般的に解雇の意思表示を要求しているものと解すべき根拠はなく」傷病休職期間満了による当然退職を規定している場合にも「解約告知を要求しているものと解すべき理由はない」ので，当然退職規定自体無効ではないと判示するものがある[204]。しかし，すでに述べたような使用者の雇用継続配慮義務を前提にすると，労働者が復職を求めなかったとしても，使用者は休職期間の経過を漫然と待って自動退職したものとして取り扱うことはできない。休職期間満了により労働者が自動退職したといえるためには，休職期間満了時に使用者は労働者の傷病状態が職場復帰を可能にするほどに治癒していないことを積極的に判定する必要がある。このためには，少なくとも，使用者は，自動退職予定日に先だって，労働者が医師の診断書を提出するように求める義務があり，その結果職場復帰が不可能であると判断する場合には，「休職事由が消滅したとは

201　富士電機E＆C事件・名古屋地判平成18・1・18労判918号65頁。
202　ただし，最高裁は電電公社帯広局事件・最一小判昭和61・3・13労判470号6頁において，指定医による法定外健康診断命令を拒否した労働者に対する懲戒処分を有効とした。
203　三和交通事件・札幌地決昭和57・1・18労民集33巻1号31頁。
204　電気学園事件・東京地決昭和30・9・22労民集6巻5号588頁。

認めずに退職扱いする旨の意思表示」を行う必要があるというべきである[205]。

---

205 タカラ事件・東京地判平成4・9・8労判616号79頁。

第3章　退職強要の規制法理

第1節　はじめに

　雇用終了をもたらす法律行為としては，既に論じた使用者の解雇（使用者の解約告知），労働者の辞職（労働者の解約告知）及び労使の合意解約があげられる。このうち，法律や判例が特に厳しい規制を加えてきたのが解雇であることはいうまでもない。解雇は，使用者の一方的な行為であり，その恣意に基づいて労働者の権利や利益が危殆に瀕せしめられる可能性が高いからである。そして，第1章で検討したように，わが国では，裁判所によって形成，確立され，労働契約法の明文の規定により確認されている解雇権濫用法理による一般的解雇規制法理が存在する。しかし，解雇規制の意義は，労働契約に期間を定め，雇用契約の自動終了事由を合意し，あるいは，各種の不当な圧力によって退職を誘導することなどによって著しく減殺される。これを避けるためには，形式的には労働者の意思を媒介とする解雇以外の雇用終了をもたらす法律行為に対しても，法的規制を加えることが必要となる。しかし，解雇規制を実質化するためには，解雇，更新拒絶または合意解約といった法律行為の無効を前提とした救済手段を追求するだけでは限界がある。そこで，本章においては，無効法理のみならず，損害賠償法理の積極的な活用を通じて雇用終了における労働者保護を促進する途を検討する。

第2節　解雇，合意解約，辞職の区別

1　合意解約の申込み・承諾と辞職

　雇用契約の終了に労働者の終了の意思表示が伴う場合としては，労働者の合意解約の申込み・承諾の意思表示及び辞職の意思表示（解約告知）があること

第 2 節　解雇，合意解約，辞職の区別

はいうまでもない。そして，それらは，その法的効果において著しく異なる。すなわち，辞職の意思表示の場合は，原則として，その表示行為（告知）が使用者に到達した時点で終了の時期が確定し，2週間後に契約は終了してしまう（民法627条1項）。これに対し，使用者からの合意解約申込みに対する承諾の意思表示であれば，それが使用者に伝えられた時点で雇用契約は終了する。しかし，合意解約の申込みの場合，それを使用者が承諾する前に，労働者がそれを撤回することが可能である。もっとも，合意解約の申込みを労働者が自由に行い得るかについては，争いがないわけではない。すなわち，民法524条は，隔地者に対し承諾期間を定めずになした申込みにつき，申込みをなした者は，承諾を得るに相当な期間，その申込みを撤回できないとしており，通説は，対話者間でも同条の適用ないし類推適用があるとしているからである。しかし，判例は，一般に，退職の意思表示に関しては，特段の事情がない限り，その自由な撤回を肯定してきた。例えば，岡山電気軌道事件判決は[1]，「使用者が承諾の意思表示をし，雇用契約終了の効力が発生するまでは，使用者に不測の損害を与えるなど信義に反すると認められるような特段の事情がない限り」労働者は自由に合意解約の申込みを撤回できるとする。

　したがって，例えば，昭和自動車控訴事件[2]では，4月9日に労働者が退職願を所長に提出したが，当日から11日まで重役に回覧決済していたところ，その間に労働者は翻意して同月11日に所長に撤回の意思表示をした。翌日，重役会で了承済みとの回答をしたが，福岡高裁は，退職の効力は生じないと判示した。もっとも，例えば，労働者が人事部長のように使用者から退職の承諾権限を与えられている地位の人に退職届を提出した場合は，人事部長が「はい」と言って受領したことによって退職の合意が有効に成立する。その典型的な事件が大隈鐵工所事件[3]である。民青の活動に関わっていた労働者が人事部長から同僚の失踪の原因を聞かれた際，慰留にも拘らず人事部長に退職願を提出してしまった後，労働者が翻意して撤回を主張した。原審たる名古屋高裁は

1　岡山地判平成3・11・19労判613号70頁。この他，後掲昭和自動車控訴事件，ジャレコ事件・東京地判平成9・6・20労判720号24頁等。
2　福岡高判昭和53・8・9判時919号101頁。
3　最三小判昭和62・9・18労判504号6頁。

会社が当該労働者に対し退職辞令書の交付などにより承諾の意思表示をしたと認めることができないので退職は有効に撤回されたとしたが，最高裁は，人事部長に採用の決定権が与えられていないからといって，退職承認の権限がないとはいえないとし，当該労働者の「採用の際の手続から推し量り，退職願の承認について人事部長の意思のみによって会社の意思が形成されたと解することはできないとした原審の認定判断は経験則に反する」として，退職承認の決定権が当該人事部長になかったのかどうかを判断し直すよう事件を原審に差し戻す，破棄差戻しの判決を下した。

　のみならず，合意解約の申込みと辞職の区別は，実際には，必ずしも容易でないという問題がある。例えば，大通事件判決[4]は，退職・辞職の意思表示の意義を考える際に参考になる。同事件は，取引先（A社）の工場内でフォークリフトを操作する労働者（X）は，A社従業員から日頃作業妨害を受けていると思い込んでいたところ，A社のある従業員から作業妨害されたと思い，同従業員に対し暴言を吐き，流し台を破損させるなどの行為を行ったことから，Xの使用者であるY社が休職処分を申し渡したところ，どうして自分だけが処分されるのかと主張し，Y社常務の説得に対して，非常に興奮して「そんな処分を受けるぐらいやったらこっちから辞めたる」などと叫んで事務所を飛び出したという事件である。この「辞めたる」と言って飛び出した行為を法的にどのように捉えるかが問題となった。

　大阪地裁は，「労働者による一方的退職の意思表示は……雇用契約を，一方的意思表示により終了させるものであり，相手方（使用者）に到達した後は，原則として撤回することはできないと解される。しかしながら，辞職の意思表示は，生活の基盤たる従業員の地位を，直ちに失わせる旨の意思表示であるから，その認定は慎重に行うべきであって，労働者による退職又は辞職の表明は，使用者の態度如何にかかわらず確定的に雇用契約を終了させる旨の意思が客観的に明らかな場合に限り，辞職の意思表示と解すべきであって，そうでない場合には，雇用契約の合意解約の申込みと解すべきである」とした。さて，労働者が使用者に対して「会社を辞めたい」とか「辞めさせていただきます」とい

---

[4] 大阪地判平成10・7・17労判750号79頁。

う旨の表明をした場合，これを退職（合意解約の申込み）と捉えるか辞職（解約告知）と捉えるかについて，判例は，従来から，「なりふり構わず退職するという強引な態度」でなければ，合意解約の申込みと捉えるべきとか[5]，「労働者が使用者の同意を得なくても辞めるとの強い意志を有している場合を除き」合意解約の申込みと捉えるべきとしてきた[6]。

また，東京地裁は，ジャレコ事件[7]で「X（労働者）が退職を希望した理由が，もっぱら経済的困窮によるもので，転職する以外に方法がなかったこと，Xが退職を考えるようになってから本件意思表示を行うまでに約1年間あることからして，Xは充分考え尽くした上で，本件意思表示を行ったと認められる他，原告は，退職時期および退職の意思表示を行う時期を，就業規則の規定，賃金計算上の便宜及び転職先会社における就労の開始時期等諸事情を踏まえ，念入りに考慮して決定して」いるなど，意図した退職日に確実に退職しようとの確固たる意思をもって意思表示を行ったと考えられるから，同意思表示は合意解約の申込みではなく解約告知であると判断している。大通事件の場合も，判旨は，結局，Y社常務も飛び出したXを引き留めようとしたほか，翌日その意思を確認する電話をしたことなどから，Xの「会社を辞めたる」発言を合意解約の申込みと解すべきであるとした。その意味では，大通事件判決は，従来の判例の判断枠組みを踏襲するもので特に注目すべきものとはいえない。

なお，大通事件について敢えて付言すれば，Xが果たして意思表示をしたといえるか否かは検討の余地があったように思われる。同判決は，「感情的になって，いわば売り言葉に買い言葉として，そのような表明をしてしまったのであって」真意でなかったというXの主張に充分答える形になっていない。実際問題として，右のようなY社常務の対応などから考えれば，Xの合意解約の申込みがあって後に有効に撤回されたというよりは，退職・辞職の効果意思がなかったとみる方が妥当ではなかろうか。とりわけ人間関係の密な小規模の組織においては，効果意思のない感情の表現と捉えられるべきことが多いと思

5　田辺鉄工所事件・大阪地決昭和48・3・6労経速819号22頁。
6　全自交広島タクシー事件・広島地判昭和60・4・25労判487号84頁，同控訴事件・広島高判昭和61・8・28労判487号81頁。
7　東京地判平成9・6・20労判720号24頁。

われるからである[8]。いずれにせよ，判旨が「会社を辞めたる」というような表明を行った労働者の種類，その表明の具体的な内容，その表明がなされたときの諸状況によっては，むしろ，売り言葉に買い言葉として捉える余地のあることを全く考慮した形跡がないのはやはり問題である。この点，前掲全自交広島タクシー事件地裁判決が「本件発言は，X（労働者）が事前に熟慮し，或いは夫と相談のうえ辞職を希望してなしたものとは認め難いけれども，意思表示としての効果を持たない単なる感情の表現と認めることはでき」ないとしているのとは対照的である。

2　解雇と合意解約

ところで，実は，上記のような合意解約と辞職の区別の困難性と同様に，解雇と合意解約や辞職の区別が困難な場合も存在する。一般に，「解雇」とは，使用者が雇用契約を将来に向けて一方的に終了させる効果意思をもった意思表示であり，継続的契約関係を将来に向けて解消させるいわゆる解約告知（前記の辞職）に共通する概念である。したがって，例えば，中川製作所事件[9]は「解雇の意思表示と断ずるためには，当該行為をもって雇用契約関係を一方的かつ確定的に終了せしめる効果意思を推断させるものでなければならない」としている。しかし，雇用契約においては，他の継続的契約関係とは異なり，その終了が実際に労働者の合意解約の申込み・承諾ないし辞職によるものか使用者の解雇によるかの判断が難しい場合が多いのである。その1つの例として東京セクハラ（M商事）事件[10]をあげることができる。

同事件では，原告X（女性労働者）が上司からセクハラを受け，両者間で示談が成立した後，被告Y社代表が両者に対し，社内にいさかいを持ち込んだので，本来なら懲戒解雇であるが，将来のことがあるから，依願退職で辞めてもらいたいと告げた。そして，Xが退職願を提出しなかったにも拘らず，Y社

8　例えば，やや旧いが下崎事件・福岡地飯塚支判昭和38・1・19労旬514号10頁は，申請人が「辞める」といい，副社長が「辞めてもいい」といって，口論に近い対話がなされたことをもって，直ちに合意解約が成立したとはいえないとしている。

9　東京地判平成4・8・10労判616号96頁。

10　東京地判平成11・3・12労判760号23頁。

代表は他の従業員の前でXが辞職すると述べ、後任に採用したSに引き継ぐよう求めた。また、Y社から後日、Xに送られてきた書面「離職票賃金支払い証明書」には離職理由は整理解雇と記載されていたという、事案である。Y社はXにより合意解約されたと主張したが、東京地裁は「Xが勤務を継続することを事実上不能にしており、他方、Xは、右の事情から勤務を継続することができず、解雇の効力を承認せざるを得ないと判断し、退職金を受領したものの……退職届を提出しなかったのであるから、Y社代表者は、遅くとも……までにXを解雇する旨の意思表示をしたものと認めることができる」と判示した。

　この事件では、必ずしも明確な形の解雇の意思表示がなされているとは言い難いが、他方、明確な形でのXの合意解約の申込みないし承諾も認められない。しかし、諸般の事情、とりわけ、Y社代表が後任としてSを復職させ事務の引継ぎをした事実に鑑みれば、Y社代表が雇用契約を終了させる意思は確定的といえ、他方、Xの勤務継続は同代表の行為により事実上不可能な状態にあったと認めることができるのであるから、雇用契約は同代表によって一方的に終了させられたとみるのが合理的であると考えられる。したがって、判旨は妥当である。因みに、このような判断は、この判決が最初のものではないということは指摘しておかなければならないであろう。この事件に近い先例として、すし処「杉」事件[11]をあげることができる。同事件では、使用者が原告（従業員）のタイムカードを背の届かないところに移動させ、出勤した原告に対して「一人分しか給料を支払う力がない」、「あんたはこの仕事にあわないから、好きにしたらいいやんか」等と述べたのち、後任者に渡すためであるとして、すし屋の出入口の鍵の引渡しを求めたことから、原告は解雇されたものと判示された。

第3節　解雇の承認

　上記の合意解約と関連して、判例の中には、従来から解雇の承認という表現を用いるものが多数存在する。例えば、やや旧い例ではあるが、東京地裁は、大林組事件[12]で、解雇通告後、依願退職届を出したり、解雇予告手当、退職

---

[11]　大阪地判昭和56・3・24労経速1091号3頁。
[12]　東京地決昭和25・4・1労民集1巻1号54頁。

金等を受領した場合には，解雇を承認しない旨明確にその意思表示をする等その他の方法により，解雇の効力を明らかに争う旨の反証のない限り，解雇を承認したと認めるほかない，とした。これは，果たして合意解約の承諾（または申込み）を意味するのか，あるいは，解雇の効力を争わないことの意思を意味するのか明らかとはいえない。前者だとすると，解雇は形成権の行使であるから，解雇を承認するということには法的な意味はない[13]。したがって，解雇の意思表示には解約の申込み（またはその誘引）としての趣旨も含まれていたと解することになろう[14]。その場合，それに対する労働者の解約の承諾（またはその申込み）には確定的な意思が要求される[15]。そして，後者だとすると，労働者が確定的な意思をもって解雇の効力を争わない旨の表明をなしたか[16]，労働者が解雇を争うことが信義則に反するといえるような事実[17]が存しない限り，使用者は解雇の承認を主張することはできないというべきであろう。いずれの場合であっても，解雇予告手当や退職金等の受領という事実だけでは，労働者の確定的な解雇の承認の意思があったとはいえないということである[18]。なお，解雇の承認が合意解約の趣旨か解雇の効力を争わない趣旨かにより，雇用契約の終了時点に差が生じることが予想される。前者なら労働者の承諾の時点，後者なら解雇の時点[19]ということになろう。しかし，不当な解雇の後，労働者が復職する意思を失って退職金を請求したり，確定的に復職の可能性のなくなる他社に就職したりして損害賠償を請求した場合でも，合意解約がなされたとは言い難い[20]。そうすると，解雇の効力を争わないことの意思の表明[21]

---

[13] 松竹事件・東京地判昭和43・7・23判時533号80頁。

[14] 八幡製鉄所事件・最一小判昭和36・4・27民集15巻4号974頁。

[15] サン石油（視力障害者解雇）事件・札幌高判平成18・5・11労判938号68頁。

[16] 不起訴の合意は，事実上，強者の支配に任される虞が強いから，容易に認められるべきでないとされていることから考えて（新堂幸司『新民事訴訟法』（弘文堂，1998年）229頁），これを認めることは極めて慎重であるべきだろう。

[17] これは，通常，労働者が長期間経過後に訴訟を提起した場合に問題となる失効の原則と呼ばれるものと共通するところがある。小西國友「解雇無効の主張と失効の原則」『実務民訴講座9巻』343頁参照。失効の原則も，事情によっては，信義則違反とならない場合があることはいうまでもない。

[18] 相互製版事件・大阪地決平成2・6・15労判565号58頁。

[19] 三井化学事件・福岡地判昭和42・5・15労経速620号16頁など。

あるいは辞職の意思表示があったとみるべきなのだろうか[22]。その場合，意思表明後の損害賠償はどのように算定されるべきかが問題となる。違法に解雇され，かつ，その就業拒否状態が継続して，労働者がやむを得ず他社に就職した場合，他社の賃金レベルの方が低ければ，なお元の会社に雇用継続したと推定される期間の差額分が得べかりし利益として賠償されるべきであると考えるべきであろう。この損害賠償算定の問題については，すでに論じたところを参照していただきたい[23]。

第4節　意思表示の瑕疵

　民法の意思の欠缺及び瑕疵ある意思表示の規定が，合意解約又は辞職の意思表示に適用されることはいうまでもない。中には少数ながら，心裡留保に関する民法93条但書を適用した例がある。すなわち，労働者の反省の意を強調する意味で使用者の指示に従って退職願を提出し，使用者が退職の意思のないことを知っていた場合は心裡留保として無効とするものである[24]。また，従来から，強迫に関する民法96条を適用する例がある。旧い事例は，一般に，物理的な圧力ともいえるような威圧を行使した場合などに限られていたといえる。例えば，若い女性従業員に対して長時間一室に閉じ込め「退職願を書かないかぎり家には帰さない」などといって執拗に退職を強要したとか[25]，未成年女性に対して上司・幹部3名が取り囲んで大声で情交関係を難詰して退職願を提出させたとか[26]，あるいは17歳から20歳の若年労働者に従業員等が責任を追及

20　新大阪警備保障事件・大阪地判平成4・9・30労判620号70頁。
21　前掲新大阪警備保障事件大阪地判，和光商事事件・大阪地判平成3・10・29労判599号65頁。
22　ニュース証券事件・東京地判平成21・1・30労判980号18頁。
23　第4章第7節3(4)以下。
24　尼崎鉄工所事件・神戸地判昭和30・12・1労民集6巻6号1166頁，臨済宗相国寺派事件・大阪高判昭和41・4・8高民集19巻3号226頁，昭和女子大学（仮処分）事件・東京地決平成4・2・6労判610号72頁，昭和女子大学（本訴）事件・東京地判平成4・12・21労判623号36頁。
25　旭光学工業事件・東京地判昭和42・12・20労民集18巻6号1267頁。

し，先輩格の従業員がトイレまで付いてくるというきびしい監視下で退職願を書かせた[27]というような事例である。民法96条が規定する強迫とは他人に害意を示し，恐怖の念を生じさせ，それによって他人に意思表示をさせたといえなければならないからである。

しかし，比較的最近になると，上司が就業規則に定められた懲戒解雇事由が存在しないのに懲戒解雇すると述べ，懲戒解雇された場合の各種の不利益を告げることにより労働者が恐怖の念を抱いて退職届を提出したというような事情だけで，つまり物理的な威圧を伴わない場合も，経済的・精神的に多大の打撃があれば，強迫があったとして退職の合意ないし辞職の効力を否定する判例もみられるようになった。しかし，それらの判例も子細にみれば，単に労働者が懲戒解雇の不利益を告げられたというものではない。最初の判例は昭和自動車事件一審判決[28]と思われる。しかし，同控訴審判決[29]は，強迫ではなく，合意解約の申込みの承諾前の撤回という形で労働者勝訴を維持した。強迫の成立に疑念があったためと思われる。その後のニシムラ事件[30]では，使用者が理由のない懲戒解雇のみではなく告訴までちらつかせたこと，また，伊澤商店事件[31]では，使用者が退職を既定のこととした処遇をするようになったことが認定されている。また，ネスレ日本事件仮処分事件[32]では，労働者の退職の意思表示が懲戒処分を恐れてなされたものとして，強迫の成立を認めたが，その本訴事件であるネスレジャパンホールディング事件[33]では，原審は使用者による懲戒解雇の示唆が違法な威迫と認めず，控訴審の東京高裁もそれを支持した[34]。東京高裁の判示を要約すると次の通りである。

26　石見交通事件・松江地益田支判昭和43・11・18労民集20巻6号1527頁，同控訴事件・広島高高松支判昭和48・10・26高民集26巻4号431頁。

27　後藤ナット事件・東京地判昭和44・10・28判時590号87頁。

28　福岡地判昭和52・2・4労判270号26頁。

29　福岡高判昭和53・8・9労判318号61頁。

30　大阪地決昭和61・10・17労判286号83頁。

31　大阪地決平成元・2・27労判536号1頁。

32　水戸地龍ヶ崎支決平成12・8・7労経速1781号26頁。

33　水戸地龍ヶ崎支判平成13・3・16労経速1781号20頁。

34　東京高判平成13・9・12労経速1781号16頁。

当該労働者は，労働組合の役員として長年にわたり，労使交渉に携わってきたのであり，工場長から懲戒処分が検討されている旨告知された程度で，絶望的な心理状態になるとは考えられない。当該労働者は退職願の提出に先立ち，自己都合による退職をした場合の退職金額および賞与，大入り袋，未消化の有給休暇，健康保険等の取扱いについて，さまざまな質問や要望を述べ細かく確認していた。また，上司に自己都合により退職する旨挨拶した後に，退職願を自書した上，工場長らが拇印をすればよいといわれたのに，わざわざ駐車場に停めてあった自車まで印鑑を取りに行き，退職願に押印した。当該労働者は，また，その後，普段どおり工場内の風呂に入り，私物を整理し，上司や同僚らに退職する旨のあいさつをした上で帰宅した。さらに，翌日，人事総務課長に対して，早期退職優遇制度の適用について照会した。このような事実から，東京高裁は，当該労働者が「工場長らの発言により，畏怖し，絶望的な心理状態に陥って正常な判断能力を失い，退職願を提出するに至ったものとは，到底認められない」とした。

以上のことからすると，民法 96 条の強迫は容易に認められないというしかない。もっとも，懲戒解雇事由がないのに懲戒解雇に該当するといわれて労働者が退職届を提出したという事案は，強迫ではなく，動機の錯誤（民法 95 条）によって，処理されるのが一般的である。退職の意思表示の場合は，通常，退職するという表示行為に間違いはないが，退職を決定する動機が退職しないと懲戒解雇されると誤解したことにある場合には，その誤解を使用者が知っていたといえる場合には，退職決定に動機の錯誤があったと主張できる[35]。例えば，学校法人徳心学園（横浜高校）事件[36] は，私立学校 Y の教諭 X が学校祭と高体連登山大会が重なった日に出勤命令を無視して登山大会に参加したことが懲戒解雇に該当すると教務主任 H にいわれ，依願退職願いを提出した後，退職を撤回した事件である。横浜地裁は，「（当該事由）を理由とする懲戒解雇は解雇権の濫用として無効となる……。したがって，懲戒解雇の可能性がなかったのに，X は，H 教務主任の説諭により懲戒解雇になると誤信して本件退職願を提出したのであって，その申込みの意思表示に動機の錯誤があるとういうべきで，

35　北海道電力事件・函館地判昭和 47・7・19 判タ 282 号 263 頁。
36　横浜地決平成 7・11・8 労判 701 号 70 頁。

これがY側に表示されていたことは明らかであるから，要素の錯誤となり，本件合意退職は無効である。」とした。しかし，労働者の動機が表示されていたことが要件とされるので，使用者が労働者の動機を知っていたと推定できなければ[37]，動機の錯誤が成立しないこともあり，労働者勝訴の例は少ない[38]。なお，動機の錯誤の適用事例は，あると信じた懲戒解雇事由がなかった場合に限られないことはいうまでもない[39]。

第5節　退職強要

1　退職強要に対する慰謝料請求

　退職（合意解約・辞職）の効力との関係で民法の意思の欠缺及び瑕疵ある意思表示が問題とされた事案のほとんどは，上記の判例から明らかなように，使用者が不当に労働者に退職を強要したものである。しかし，上記のように意思の欠缺及び瑕疵ある意思表示の規定の適用によって，一旦なされた合意解約や辞職の効力を否定することは容易ではない。換言すれば，使用者が，あえて民法の意思の欠缺及び瑕疵ある意思表示を醸成するような行為に出ることは少ないということができる。むしろ，使用者は，陰湿な有形無形の圧力を用いて巧妙に労働者を退職に追い込もうとすることが多い。そうした使用者の嫌がらせによる退職追込みケースの典型は，第1章第6節で検討したセガ・エンタープライゼス事件の【事実の概要】(ウ)に記載したような手法である。そうした使用者の嫌がらせ行為を大別すると，それが違法な業務命令による場合（業務命令

---

[37] アドバンス販売事件・東京地決昭和53・7・19労判カード301号5頁。
[38] 東芝事件・横浜地川崎支判昭和49・9・22労判113号35頁，大隈鐵鋼所事件・名古屋地判昭和52・11・14労判294号60頁，丸中製糸事件・長野地諏訪支判昭和59・3・26労判435号74頁，ヤマハリビングテック事件・大阪地決平成11・5・26労経速1710号23頁，昭和電線電纜事件・横浜地川崎支判平成16・5・28労判878号40頁等。
[39] 例えば，「会社は企業再開の場合……誠意をもって再雇用を考慮する。」旨の和解協定書を作成し，雇用契約が合意解除されたのであるが，再雇用が動機であり，そのことは表示されていたので，合意解約には要素の錯誤があったとされたものがある（山本鉄工事件・大阪地判昭和38・3・1労民集14巻2号379頁）。類似のものとして，丸中製糸事件・長野地諏訪支判昭和59・3・26労判435号74頁。

タイプ）と業務命令によらない場合（事実行為タイプ）とがある。どちらの場合も，労働者は，使用者の嫌がらせ行為に対して，不法行為に基づく損害賠償を求めることができる。

　例えば，人員削減を目的として退職の意思のない教員に対して，その必要性もないのにリポートや研究物の提出命令を行ったり，無関係な問題を労働者の退職と結びつけたりしながら長期間にわたって執拗に退職勧奨を続けたことは不法行為を構成する[40]。また，合理化目的の指名退職勧告に応じないため合理的理由なく旅客接遇業務担当者に必要のない統計作業を命じそれを継続させたエール・フランス事件[41]，及びリストラに絡んで会社が新経営方針に積極的に協力しなかった課長をそれまで20代前半の契約社員が担当していた受付業務へ配転したバンク・オブ・イリノイ事件[42]があり，いずれの事件でも判決は，当該業務命令が労働者を退職に追い込むという意図や動機でなされた人格権を侵害する違法な行為であるとして，会社に不法行為に基づく100万円の慰謝料を命じている。

　また，業務命令タイプの事案では，労働者は，嫌がらせとしてなされた業務命令の効力を争うことができることはいうまでもない。これを配転命令についていえば，使用者の業務上の必要性がない場合のみならず，その必要性があっても，その配転命令が「他の不当な動機・目的をもってなされたものであるときもしくは労働者に対し通常甘受すべき程度を著しく越える不利益を負わせるものであるとき等，特段の事情の存する場合」には配転命令が権利の濫用となる[43]。例えば，マリンクロット・メディカル事件[44]では，業務上の必要性が不明確で「配転命令に応じられない債権者（労働者）が退職することを期待するなどの不当な動機・目的を有していたが故であることが一応認められ，結局本件配転命令は配転権の濫用」として無効とされた。また，出向に関して，60

---

[40] 下関商業高校控訴事件・広島高判昭和52・1・24労判345号22頁，同上告事件・最一小判昭和55・7・10労判345号20頁，鳥取県教員事件・鳥取地判昭和61・12・4労判486号53頁。
[41] 千葉地判平成6・1・26労判645号11頁。
[42] 東京地判平成7・12・4労判685号17頁。
[43] 東亜ペイント事件・最二小判昭和62・7・14労判477号2頁。
[44] 東京地判平成7・3・31労判680号75頁。

第3章　退職強要の規制法理

歳定年制の導入とともに定年協定（協約）に規定された54歳出向原則に基づき他社に出向を命じられた労働者らがその出向命令の効力を争った事件で，裁判所は，定年延長を図ろうとした定年協定の趣旨及び高齢者雇用安定法の精神から，出向を命じるについては「出向先の労働条件が出向者を事実上退職に追い込むようなことになるものではないこと」などが要件となるとの解釈を施して，その要件を欠く出向命令を人事権の濫用として無効とした判例がある[45]。

　ところで，使用者による嫌がらせ行為が労働者を追い出すことを目的としている場合，労働者がその会社にとどまって使用者の行為の違法性または業務命令の効力を争うことはきわめて難しいことはいうまでもない。とりわけ，労働組合の支援も期待できないような今日的状況の下では不可能に近いといえる。このことを反映して，労働者が辞職してから使用者の不法行為責任を追及する事案が増加してきた。例えば，クレジット債権管理組合等事件[46]では，2名の原告労働者は，会社の違法な業務命令によって退職を余儀なくされたことを理由として不法行為による損害賠償を求めた。裁判所は，会社が不正行為に加担したとの誤った前提に基づいて行った自宅待機命令その他の業務命令及び出勤停止処分により原告らを退職に追い込んだことが不法行為に該当することを認め，会社に対して，2名の原告それぞれにつき慰謝料100万円の支払を命じた。しかし，この事件のように労働者が実際に退職に追い込まれたような場合，そして通常人がその労働者の立場にあれば退職せざるを得なかったであろうという相当の蓋然性が認められる場合でも，退職に追い込まれなかった場合と同様の処理でよいのかという疑問が生じる。なぜなら，実際に退職に追い込まれた場合，労働者はその後の賃金収入を断たれてしまうからである。

2　退職追込み

　上記のような使用者の退職追込み行為に関しては，学説上，追込み行為によって退職の意思表示をしてしまった労働者に対して，退職後の逸失利益の賠償を認めるべきであるとの見解，さらには，労働者の退職の意思表示の効力を否定すべきであるとの見解が主張されるようになり，前者の見解は判例によっ

---

[45]　東海旅客鉄道事件・大阪地決平成6・8・10労判658号6頁。
[46]　福岡地判平成3・2・13労判582号25頁。

ても一部採用されるようになった。各種の嫌がらせなどによる陰湿な圧力をかけて退職に追い込むことは，実質的には解雇に等しいとみることもできるが，法的にはこれを端的に解雇として解雇権濫用法理等の解雇規制を適用することは困難である。そこで，そうした嫌がらせに行為などによる労働者の不本意な退職または辞職をどのように規制・救済すべきかが重要な問題となっている。以下，最近の学説と判例の動向を要約して，若干の検討を加えることとする。

(1) 学説・判例の動向
1) 擬制解雇説
この問題を解決するために主張された先駆的な学説が小西教授の擬制解雇説である。小西教授は「解雇は使用者の発意（イニシアチブ）によってなされる」ものであると定義し，合意解除も，労働者の申込みないし承諾が「使用者の終了意思の具体化された所為の支配的影響のもとになされる場合には，解雇として取り扱われるべきである」とし，これを擬制解雇と名づけた。そして，この擬制解雇は，合意解除に限らず，「労働者が明示的，黙示的に辞職の意思表示をする場合」も認められるとした。それは，「使用者のイニシアチブによる解雇を制限し労働者の保護をはかろうとする労基法をはじめとする制定法や判例法の目的に照らし」，そうすることが合目的であるからだとする[47]。これは，端的に解雇概念を使用者による一方的な雇用契約の終了という一般的な定義から「使用者のイニシアチブによる」雇用契約の終了へと拡張するものと理解することができる。その意味で，上の解雇の一般的な定義に基づきながら，事実認定のレベルで比較的ルーズに捉える若干の判例とは明確に異なる。しかし，判例の中にも，この擬制解雇説に近いものがないわけではない。その代表的なものが丸一商店事件[48]である。会社代表者が原告に「来月からは残業代は支払えない。残業を付けないか，それがいやなら辞めてくれ。」と告げたところ，原告は「それでは辞めさせてもらいます。」と言って退職したのであるが，裁判所は，会社代表者の発言は，実質的には，解雇の意思表示に当たると判示し

---

[47] 小西國友『解雇と労働契約の終了』（有斐閣，1995年）169頁以下。ただし，初出は1976年。
[48] 大阪地判平成10・10・30労判750号29頁。

た。ただ，同事件は地位確認請求ではなく解雇予告手当請求を認容したものである。

2） 準解雇説

上記の退職ないし辞職の無効という法律効果を結果する擬制解雇説と異なり，労働者が慰謝料に加え，退職ないし辞職がなければ得られたであろう逸失利益の損害賠償請求を可能にすることを目指す学説に準解雇説がある。その成立要件としては，①使用者に雇用契約を終了させる社会通念上相当な理由がなかったこと，②使用者の追出し意図の具現化された行為があったこと，③使用者の当該行為と労働者の合意解約または辞職の間に相当因果関係が肯定されることが必要とする。それは，使用者の解雇規制回避・潜脱意図と行為態様の違法性（退職ないし辞職誘導に導くに効果的といえる行為態様）により雇用の終了という結果が生じた場合には，それらを一体として捉え，不法行為法上，将来の得べかりし賃金などの逸失利益の賠償を認めるべきだからとする。加えて，同説は，準解雇の救済を不法行為のみならず，信義則に基づく職場環境配慮義務の債務不履行と構成することが考えられるとした[49]。

3） 職場環境配慮義務説

準解雇説が主張されたころから，判例の中には，職場環境配慮義務違反を理由として逸失利益の賠償を認める判例が出てきた。その典型的なものは，エフピコ事件[50]である。同判決は，会社が分社化に伴い剰員に選んだ労働者に対し契約上転勤義務のない他工場へ転勤を命じ，「転勤に応じられないのであれば年内にやめろ，自己都合での退職届を出せ」等と虚偽，強圧的な言動で退職に追い込んだことが，「労働者がその意に反して退職することがないように職場環境を整備し」，また，「労働者の人格権を侵害する等の違法・不当な目的・態様での人事権の行使を行わない」配慮義務に違反するとして，退職による損害賠償として6ヵ月分の賃金相当額の逸失利益の賠償を命じた[51]。

4） 強迫概念拡張説

以上の逸失利益の賠償を含めた損害賠償請求を肯定するための法理とは異なり，民法の意思の欠缺ないし意思表示の瑕疵の規定を拡張解釈ないし類推適用

49　小宮文人「嫌がらせをしてやめさせないで」法学セミナー 493 号 94 頁以下（1996 年）。
50　水戸地下妻支判平成 11・6・15 労判 763 号 7 頁。

して，退職および辞職の無効を引き出そうとする学説も主張されるようになった。これは，もともと民法規定の適用困難性を前提として主張された準解雇法理の効果が損害賠償に留まることの不十分さを認識した見解といえる。その1つは，強迫概念を労働事件においては従来の通説的見解より広く解釈しようとするものである。この強迫概念拡張説は，「民法学者も，いわゆる経済的強迫の場合を念頭において，強迫法理の拡張を考慮する余地があること，強迫概念が意外に拡大しうる可能性を秘めており，その外延は時代の変化とともに変わりうることを指摘している」のであり，「強迫の有無の判断においても，明らかな退職勧奨行為だけでなく，たとえば内容のない苦痛な作業に長期間従事させる行為や長期間何も仕事を与えない行為なども場合によってはそれが全体として脅迫に該当する，という仕組みを採用」することを提案した[52]。

5）　心裡留保例外類推適用説

もう1つの見解は，民法93条但書の類推適用を主張するものである。この見解は，憲法を含めて体系的に説明する。すなわち，「①労働者に対して使用者の社会的権力が不当に行使されることにおいて憲法27条2項による対処の必要性の要件を充たし，②使用者の不当な圧力により退職に関する労働者の自己決定が侵害される点において労働基準法2条1項の理念に反することになるため労働契約法……による対処が要請され，③職場環境配慮義務違反がみられる点において民法1条ノ2（現行民法2条）の適用条件を充たすといえるため，民法規定を用いての法理構成を行うことが求められる」（カッコ内筆者付加）とする。そのうえで，「一方で使用者の職場環境配慮義務違反の事実（帰責事由）があれば，他方で，たとえ労働者が効果意思通りの表示を行って辞職もしくは合意解約によって退職した場合であっても，職場環境配慮義務違反の事実が存しなければ退職しなかったであろうとの不本意さを示す労働者の内心（意思形

---

[51] 他に，同様の理論構成によってセクハラにより退職に追い込まれた女性労働者の逸失利益の賠償を肯定するものに京都セクハラ（呉服販売会社）事件・京都地判平成9・4・17労判716号49頁がある。また，仙台セクハラ（自動車販売会社）事件・仙台地裁平成13・3・26労判808号13頁は，一般論としては，職場環境配慮義務の一内容として退職回避義務を肯定できるとする。

[52] 森戸英幸「辞職と合意解約」日本労働法学会（編）『講座21世紀の労働法第4巻‐労働契約』（有斐閣，2000年）213頁以下。

成過程における本音・内心の声）が存し，これを使用者が認識しあるいは認識すべかりしとき（即ち，認識可能性を有するとき）には，民法93条但書の類推適用により，退職をめぐる労働者の意思表示……は無効となる。」とする[53]。

6）　自己決定環境整備説

　より最近の学説は，上記判例の環境整備義務とドイツ法にヒントを得て，労働者が「自己決定できる環境を整えることを配慮すべき責務」が使用者にあるとの発想に立ち，使用者には「威迫等の不作為義務」と「適正な情報を提供する作為義務」が課せられ，次のような形で合意の効力を否定する可能性を考慮すべきであるとする。①使用者の沈黙ないし不適切な情報提供あるいは威迫行為が労働者を錯誤に陥らせる限り，欺罔行為となり，情報提供義務違反や威迫等が違法性判断基準となり，当該情報が労働者の意思決定に影響を与えることを使用者が認識していれば，詐欺の故意を推定する。②労働者の自己決定が十分保障されていない場合や情報提供義務違反がある場合は，基本的保護型公序良俗違反となる。③情報提供義務や威迫等の不作為義務の履行状況を考慮して，労働に自由意思に基づくものと認めるに足りる合理的な理由が客観的に存在していたといえる事情がなければ効力を否定する[54]。

(2)　若干の検討

　擬制解雇説は，その効果が法律行為の無効にあり，またそれが罰則を伴う労基法19条や20条にも適用されることなどから，擬制解雇概念の適用範囲が極めて限定されざるを得ない[55]。強迫概念拡張説に関していえば，強迫とは他人に害意を示し恐怖の念を生じさせる行為を言うのであるから，苦痛な仕事を与えることや居づらくすることが強迫を構成するというのは無理であるが，そうした一連の行為により今後益々ひどい目にあわせるぞという害意の表示と捉え

53　三井正信「準解雇の法理（1）〜（4）」広島法学27巻1号53頁以下，2号111頁以下（以上2003年），3号1頁以下，4号31頁以下（以上2004年）。

54　根本到「合意解約の有効性判断と情報提供義務・威迫等不作為義務—労働法における『合意の瑕疵』論を考える素材として—」『労働保護法の再生』（信山社，2005年）57頁以下。

55　小宮・前掲注（49）の論文96頁。

ることは不可能ではないと思われる。しかし、強迫を極めて厳格に解してきた判例法理がそれだけの拡張を許容できるかは、労使関係以外の他の領域との整合性を図る必要性を考えれば、大きな疑問があるといわざるを得ない。心裡留保例外類推適用説は、憲法27条2項、労基法2条2項、消費者契約法12条の規定を前提に民法93条但書の退職追込み行為への類推適用可能性を主張する極めて意欲的なものであるが、果たして、民法93条但書の類推適用がそのような理由で可能なのか、そのために引用されている最高裁の代理権濫用の場合の類推適用が退職追込み行為の場合の類推適用を肯定する理由となるのかについては多分に疑問がある。

　強迫概念拡張説や心裡留保例外類推適用説に比し、「威迫等の不作為義務」と「適正な情報を提供する作為義務」を重視する自己決定環境整備説はより発展の余地のある魅力的な見解といえるが、退職を無効とすることを前提とした解釈論としてはやはりかなり困難な議論と思われる。しかし、立法論としてみれば、極めて現実的な提案であると思われる。実際、その内容は、2009年5月に民法（債権法）改正検討委員会によって発表された『債権法改正の基本方針』の公序良俗（【1.5.02】〈2〉）、沈黙による詐欺（【1.5.11】〈2〉）及び不実表示（【1.5.15】）の提案を先取りするものといってよいだろう。とりわけ、【1.5.02】〈2〉は、「当事者の困窮、従属もしくは抑圧状態、または思慮、経験もしくは知識の不足等を利用して、その者の権利を害し、または不当な利益を取得することを内容とする法律行為は、無効とする。」としており、自己決定環境整備説の前記③を規定するものといえる。これによれば、労働者が使用者の各種嫌がらせまたは強圧行為により「従属もしくは抑圧状態」に置かれ、その結果、退職せざるを得なかったと言える場合は、労働者の「権利」（法律上保護される利益を含むものとされる。）を「害し」たということができるから、その労働者の辞職（解約告知）または退職（合意解約）が無効になると解釈することも可能となると思われる。ただ、退職追込み行為は、特殊、労働関係という継続的信頼関係の下で行われる不当な利益侵害行為である。これを民法の一般規定として定める暴利行為禁止拡張の枠組みで十分に対応できるのかは定かではない。むしろ、労働契約法上に要件を明記して、行為規範として機能するように規定することが望ましいと思われる。また、労働組合員であるが故の

差別的嫌がらせの場合を除き，各種の嫌がらせで退職に追い込まれた労働者が職場復帰を求める可能性は少ないということを考えると，救済として退職の無効を追求するメリットは必ずしも大きくはないのではないかと思われる[56]。そうすると，立法措置が取られない限り，少数の判例がすでに肯定している逸失利益をも含めた職場環境配慮義務違反を理由とする損害賠償の法理を発展させ，救済の実を失わせない額の逸失利益の算定基準を形成していくしかないのではなかろうか。なお，労働者の合意解約や辞職の意思表示も，それが使用者の働きかけに応じたものである場合は，8日程度のクーリングオフの期間を設定して，その期間は労働者に撤回を可能にするとの立法提案もなされている[57]。この提案は有用と思われるが，果たして，どの程度の働きかけを考えているのか，この働きかけの程度が明らかに労働者の退職を導き出しえるようなものである場合には，期間を限定する必要性は低い。また労働者が撤回して復職する可能性は低いから，十分な金銭的補償による救済を用意する必要があると思われる（第1章第7節参照）。

因みに，現在までのところ，職場環境配慮義務違反を理由に逸失利益の賠償を認めた判例の多くは，その賠償額を6ヵ月分の賃金相当額とするものが多い。それらの判例は，労働者の再就職までに要する合理的期間（少なくとも雇用保険基礎手当受給期間は再就職できないものと推定する）に得られたであろう賃金額を算定する手法をとっている。しかし，これでは，救済の実を失わせない額の逸失利益とはいえず，逸失利益の賠償を認める意義がないといわなければならない。そして，理論的にも，むしろ，退職追込み行為がなければ，当該労働者が雇用に留まったと推定される合理的期間を諸般の事情を考慮して決定し，さらに，再就職の有無，その可能性，再就職までの機関，再就職先の賃金レベル・雇用継続可能性などの事情を考慮してできるだけ労働者の有利に逸失利益の額を決定するのが筋であろう。

---

[56] 小宮文人「解雇の法的規制と救済」西村健一郎他編『新時代の労働契約法論』（信山社，2003年）363頁以下，375頁。
[57] 今後の労働契約法制の在り方に関する研究会「最終報告書」（2005年）65頁。

第6節　退職追込みと英米のみなし解雇

1　はじめに

　さて，使用者の退職追込み行為による労働者の退職の法的規制に関しては，上記のように学説が積極的な提案を行っているが，判例の中には，使用者の雇用契約上の職場環境配慮義務に基づいて労働者の救済を図ろうとする例もあるが，全体としては，必ずしも十分には対応していないということができる。本節は，筆者が退職追込み行為の法規制を念頭におきつつ，英米法上の constructive dismissal or discharge を参考にして提案してきた準解雇法理を中心として，退職追込み行為による賃金等の逸失利益の賠償責任を問うことの必要性を論じるものである。しかし，本節の内容は，2004年に労働法律旬報に掲載した論文[58]に若干の修正を加えて転載するものであること，及び，そのため本章の他の節と若干重複するところがあることを予めお断りしておきたい。

　さて，この論考の契機となったのは，原告である助教授が医科大学を相手取って訴えを提起した東京女子醫科大学事件[59]である。同事件において，控訴人（原告）脳神経外科助教授が被控訴人（被告）医科大学の退職強要行為により退職を余儀なくされたことに対する逸失利益を含む損害賠償を請求したのであるが，東京地裁も東京高裁も，単に，400万円の慰謝料請求のみを認容するに留まり，肝心の逸失利益の賠償請求を棄却した。筆者の目からみると，同判決は，そもそもどうして退職した労働者が将来の得べかりし賃金を請求できるのかについて十分な考慮をしていないのでないか，一連の追出し行為を個々の行為に分断して個々の不法行為の成立を検討する手法に囚われすぎているのではないかなどの疑問を抱かせるものであった。

2　退職追込み行為に対する規制の必要性

　わが国では，第1章で述べたように，解雇権濫用法理が確立され，これが労

---

[58] 「『準解雇』再論」労旬1576号4-15頁（2004年）。

[59] 一審：東京地判平成元・7・15労判865号57頁，控訴審：東京高判平成16・2・9判例集未登載。

働契約法16条で確認されている。この解雇権濫用法理が国民一般に浸透しつつある反面，この法理の適用を回避しようとする動きが心無い使用者の間に広がりつつあるように思われる。例えば，机2脚，いす2脚，ロッカー1台，内線電話1台のみの窓もなく狭い部屋に特定の業務も与えられずに9名が押し込められ，みだりにそこを離れられない状態にされ，退職を勧告されたセガ・エンタープライゼス事件[60]のような例は決して珍しいものではなく，それ以前の例として松蔭学園事件[61]，それ以降の例として国際信販事件[62]などがある。また，転籍を拒否したため，人事部付とされ仕事も与えられず，ついたてで仕切られた机で1日中座ったままの状態を余儀なくされて鬱病になり，横浜西労働基準監督署が労働災害と認定した事件なども報告されている。

　もちろん，労働者は，人事権や業務命令権の効力を争い，また事後的に違法な人事権や業務命令権の行使による損害の賠償を求めることができることは言うまでもない。しかし，如何なる場合も，労働者に対し，雇用に留まって使用者の権利行使の効力を争い損害賠償を求めることを期待することは現実的ではない。実際の雇用関係において，使用者は職場を物理的にも秩序的にも管理し，事実上，どのような人事や業務命令をも行える立場にある以上，使用者が労働条件や労働環境を耐え難いものとすることは比較的容易である。このため，将来にわたるいじめや嫌がらせ等の人格権侵害行為の継続を考えると，労働者が雇用に留まりつつ法廷闘争を継続しようと決意することは極めて困難である。今日のように，労働者が労働組合の支援を期待できない状態においてはとりわけそうである。

　したがって，使用者が労働者を辞職に追い込むような状態を故意に作出または認識しながら放置するような場合には，労働者が自ら辞職ないし退職した場合でも，その辞職ないし退職が，客観的にみて，使用者の故意的な作為または不作為の追込み行為の結果といえる限り，その雇用喪失に伴う損害につき十分な賠償が得られるような法解釈が必要とされるのである。さもなければ，使用

60　東京地決平成11・10・15労判770号34頁。第1章第6節参照。
61　東京高判平成5・11・12判時1484号135頁。
62　東京地判平成14・7・9労判836号104頁。

者の退職追込み行為によって，裁判所により長年を経て形成し確立された解雇権濫用法理は実質的に形骸化してしまうと思われる。

ところで，何らかの解雇規制がなされている場合，使用者がその解雇規制を潜り抜けようとするのはどこの国にもみられる普遍的な現象である。したがって，他の先進国の法律がその現象をどのように防止しようとしているかを検討することは有益である。そして，先進国の中には，労働者の辞職ないし退職が使用者の違法な行為による場合，それを解雇とみなして真正な解雇と同一の法的規制を加える国が存在する。その代表的な例がアメリカ合衆国とイギリスである[63]。そこで，まず，両国のみなし解雇の定義とその形成起源及びその存在意義について検討する。

3 アメリカとイギリスのみなし解雇

(1) アメリカの場合

1) みなし解雇（constructive discharge）の起源と不当労働行為法制

アメリカの20世紀前半の判例の中には，使用者が約定されていない仕事を命じた場合，約定された仕事をさせない場合および約定報酬を支払わない場合には労働者の辞職を解雇と解するとする判例がみられる。しかし，その後，労働者の辞職を一定の要件に基づいて解雇と同様に取り扱う判例法理が発展してきた。それがアメリカのみなし解雇（constructive discharge）法理である。この法理の起源は，不当労働行為に関する全国労働関係法8条a項3号の「(使用者が) 雇入れ，雇用の継続または何らかの雇用条件に関する差別により労働組合の組合員あることを奨励または妨害すること（は不当労働行為である）」との規定に関する全国労働関係局の解釈・適用にあった。このみなし解雇の概念は，1938年のSterling Corset Co., Inc.事件[64]で初めて使用されたが，1953年には，全国労働関係局の救済命令執行力付与請求訴訟事件たるNLRB v. Saxe-Glassman

---

63 なお，フランスにおいても，使用者が労働契約の本質的内容を一方的に変更し労働者がこれに同意せず離職する場合，それは解雇とみなされるとする契約法理が存在しているが，これについては，野田進『労働契約の変更と解雇—フランスと日本—』（信山社，1997年）が詳しい。

64 9 NLRB 858.

Shop Corp 事件[65]における第 1 巡回裁判所（連邦控訴裁判所）判決によって支持されるに至った。

　こうしたみなし解雇の概念を認めるか否かは，2 つの面で労働者の救済に重大な違いを生ぜしめる。被用者が解雇された場合，全国労働関係局は「バックペイを付しまたは付さない復職を含むところの本法の政策を実効あらしめるような積極的な是正命令を発する」ことができるが，辞職追込み行為自体が不当労働行為といえても，労働者の辞職が解雇に該当しなければ，全国労働関係局は当該労働者の復職を命じることができないばかりか，辞職後のバックペイの支払いを命じることもできないことになるからである。言い換えれば，使用者が被用者を辞職に追い込むことによる不当労働行為の規制を大幅に回避することを防止するために，被用者の辞職を「解雇」とみなす必要があったのである。

　そして，1960 年代には，ほとんどの巡回裁判所はみなし解雇を認めるようになり，1972 年の J. P. Steven & Co., Inc. v. NLRB 事件[66]で第 4 巡回裁判所は，「使用者が組合員活動または組合員資格を理由に被用者の労働条件を故意に耐え難いものとし，そのことによって当該被用者を辞職に追い込む場合，当該使用者は（全国労働関係法）8 条 a 項 3 号に違反して当該被用者をみなし解雇したことになる。」と述べた。そして 1984 年には，Sure-Tan, Inc. v. NLRB 事件[67]において，連邦最高裁判所も「全国労働関係局は，下級審の支持を受けながら長い間……使用者が故意に被用者が辞職せざるを得ないような労働条件を作り出す場合―いわゆるみなし解雇―にも使用者は同条に違反すると判示してきた」との見解を示した。

　しかし，巡回裁判所は，一般に，全国労働関係局の理論，すなわち，使用者の不当労働行為だけで被用者の辞職を合理的としてバックペイの支払を認めるのではなく，被用者の辞職が使用者の具体的差別行為に対する合理的な対応といえるか否かを重視してきた。したがって，例えば，1940 年の NLRB v. Waples-Platter Co. 事件[68]において，第 5 巡回裁判所は，合理的な被用者は雇用に留

---

[65]　201 F. 2d 238.
[66]　416 F. 2d 490.
[67]　467 US 883.
[68]　140 F. 2d 228.

まったであろうとしてみなし解雇を認めず、バックペイの支払を命じなかった。みなし解雇には、辞職が使用者の故意的行為に対応してなされ、その対応が合理的であったことが必要とされたのである。

2) みなし解雇と雇用差別禁止法制

みなし解雇の法理は、性、人種、宗教を理由とする差別を禁止する公民権法 Title VII の訴訟においても認められてきた。ただ、公民権法の訴訟では、みなし解雇の一般原則として「使用者が故意に」という要件を含んではいるものの、その要件として被用者を辞職に追い込む実際の意図まで要求してはいない。もっとも、少数ながら全国労働関係法の訴訟におけるように使用者の辞職追込み意図につき特定的意図を要求する判例がないわけではない。すなわち、第10巡回裁判所は、1975年の Muller v. U.S. Steel 事件[69]で「原告の苦情の対象である任務変更その他の行為が原告を辞職に追い込む意図を有したものであると確信するに至らなかった」と述べて、みなし解雇の成立を否定したのである。これは、同年に行われた第5巡回裁判所の Young v. Southwestern Saving and Loan 事件[70]と極めて対照的である。Young 判決では、宗教的理由で銀行の職員定例会議に出席しなかった出納係員が右理由を述べたにもかかわらずなお出席を命ぜられたため辞職せざるを得なかった場合、その辞職による雇用の終了がみなし解雇と認められた。同判決は、みなし解雇の一般原則に「使用者が故意に」との要件を含めるが、被用者を辞職に追い込もうとする意図の立証という要件を課していない。

巡回裁判所の判例は、特定的意図をみなし解雇の不可欠要素としない多数の裁判所（第1、第3、第5、第7、第9、第10および第11巡回裁判所）と不可欠要素とする少数の裁判所（第2および第4巡回裁判所）とに分かれている。しかし、以前、特定的意図を支持した第8巡回裁判所は、「みなし解雇を主張する原告は使用者が辞職に追い込もうと意識的に意図していたことを証明しなければならないということを意味しない。……使用者はその行為の合理的に予見できる結果を必然的に意図していると判断されなければならない。」[71]として、特定

---

[69] 509 F. 2d 923.

[70] 509 F. 2 140.

[71] Hukkanen v. International Union of Operating Engineers, 3 F. 3d 281.

的意図の推認を認めることにより特定的意図の要件を満足することを容易にしたのである。いずれにせよ，巡回裁判所のほとんどは，実質的に特定的意図を要求してはいないということができる。

すでに述べたように，不当労働行為については，全国労働関係局は使用者が違法な差別を行っている限り，それに対する被用者の辞職は合理的であるとする傾向があるのに対し，裁判所はその辞職が諸般の事情に照らし合理的であるか否かを慎重に判断する傾向にある。すなわち，被用者が辞職する前にその使用者の行為の影響を緩和する努力をしたかどうかをも考慮するのである。Title VII に関する訴訟においても，同様のアプローチが採られている。みなし解雇が成立するためには「事実審が……その労働条件は，ある合理的な者がその被用者の立場にあれば辞職に追い込まれ得たといえるほどに困難または不快なものであると確信することが要求される。そして，この判断にあたり，①裁判所はその差別が単に訴訟可能な程度の差別を超えるものであるか否か，および②被用者がその危害を回避する努力をしたか否かを検討している。

①に関しては，例えば，1980年の Bourgue v. Powell Electrical Manufacturing Co. 事件[72] がある。バイヤーに志願した女性 Bourgue に対して，「俺は，女には，そしてどんな女のやつにも同じポジションの男に払う同額の給与は支払わない。俺の知ったことではない。」と述べて他のバイヤーの給与である 950 ドルにすることを拒否し，Bourgue が 675 ドルから 850 ドルにする試用期間設定に同意したのに，その期間を過ぎても 719 ドルしか払われなかった。そこで，Bourgue は辞職してみなし解雇の訴えを提起したが，第 5 巡回裁判所は，「我々は差別賃金だけで合理的な被用者が辞職に追い込まれるほどの悪質な状態になるとは考えない。」と判示した。また，②に関しては，例えば，1998 年の Lindale v. Tokheim Corp. 事件[73] で，第 7 巡回裁判所は，昇進の機会を 2 回も逸した後に性差別の訴えを起こした原告のみなし解雇の主張を退けた。裁判所は，「ある状況の下では，合理性の基準は，みなし解雇訴訟で勝訴する前提として，被用者が仕事を放棄する前に何かを行うことを要求する。その理由は……耐え

---

[72] 617 F. 2d 61.

[73] 145F. 3d 953.

難いと主張する労働条件に受動的であることはしばしばその主張と矛盾するからである。……何もしないことは当該被用者が実際にその労働条件を耐え難いものとは考えなかったことを示すか，または，訴訟に直面するまで使用者に事態を正す合理的な機会を与えることを否定することになるからである。」と述べた。

この Title VII に関するみなし解雇は，公民権法703条 a 項1号の「個人の雇入れ懈怠または拒否または解雇その他個人に対する差別」の一類型として救済の対象とされるものである。この場合も，もしこれが単なる辞職であれば，辞職に追い込む差別行為自体は救済の対象となるが，706条 g 項の定める①当該行為の差止め，②バックペイを付しまたは付さない復職または採用を含む積極的是正措置，③その他適切と考えるあらゆる衡平法上の救済のうち，②の救済を得ることはできない。しかし，みなし解雇に該当すれば，解雇と同様に②の救済を得ることができることになる。復職が不可能な場合はフロント・ペイの支払（将来の得べかりし賃金の支払）を得ることもできる。なお，これらに加え，1991年公民権法102条に基づき，上限額以内で補償的損害賠償（compensatory damages）と積極的悪意が認められれば懲罰的損害賠償（punitive damages）が認められる可能性がある。

3) 公序違反または契約違反のみなし解雇

以上のように，連邦の制定法に定められた差別的な解雇においてみなし解雇が重要な役割を演じていることは明らかであるが，みなし解雇は，必ずしも連邦の制定法上だけでなく，州レベルの制定法やコモン・ロー上でも，重要な役割を演じつつある。そして，殊に，コモン・ロー上のみなし解雇を検討することは重要である。なぜなら，上記の連邦の制定法と関係して形成されたみなし解雇は，解雇と同一の法的効果を有する概念としてコモン・ロー上受け入れられているからである。このことは，みなし解雇が具体的な制定法上の「解雇」の文言の拡張解釈でないことを明確に示しているのである。

ところで，不法行為や債務不履行としての，みなし解雇の請求を維持するためには，労働者は，①みなし解雇の存在のみならず，②解雇には正当解雇事由を必要とする明示または黙示の労働契約上の合意または誠実公正取扱義務（duty of good faith and fair dealing）に違反すること，または解雇であれば何らか

第 3 章　退職強要の規制法理

の不法行為に該当すること証明しなければならない。②の要件は，アメリカにおいては，一般的に，労働契約は随意契約であるとの推定を受けるため，①の要件以上に②の要件を満たすことが困難である。しかし，②の要件は，本節の中心的考察対象ではないので筆者の別稿に譲り[74]，みなし解雇がどのような内容のものとして構成されているかをカリフォルニア州の判例を例にとって検討する。ちなみに，カリフォルニア州の裁判所の不法行為や債務不履行としてのみなし解雇の明示的承認は比較的最近のことではあるが，不法行為や債務不履行のみなし解雇を認める州はカリフォルニアに限られるわけではなく，むしろ，前記①と②の要件を満足する限り必然的に承認せざるを得ないものと考えられているといってよい。例えば，カリフォルニア州の第 4 地域控訴裁判所は，1987 年の Brady v. Elixir Industries 事件[75] において，「当州の裁判所はどのような事実や事情がみなし解雇を構成するかという問題を扱ったことはないが，第 9 巡回裁判所，カリフォルニア公正雇用住宅委員会および他の多くの州裁判所が，制定法及びコモン・ロー上，その問題を取り扱っている。これらすべての先例は，不法行為的みなし解雇は違法な差別のような公序違反と理性ある者なら辞職に追い込まれると感じるほどの悪化したまたは耐え難い事情を要求している。」と述べている。

　さて，不法行為や債務不履行のみなし解雇に関するカリフォルニア州の判例においても，みなし解雇の構成要素として問題とされているのは，①使用者の辞職追込み意図と，②被用者の辞職選択の合理性の問題である。しかし，カリフォルニア州のコモン・ロー上も，①について問題となっているのは，追込み意図自体ではなく，労働条件が理性ある者を辞職に追い込むほどに耐え難いものであることを使用者が認識しているか否かである。この点に関し，不法行為的みなし解雇が問題となった前掲 Brady 判決において，第 4 地域控訴裁判所は，耐え難い労働条件の存在に関する使用者の実際の認識または故意の証明は厳しすぎるが，両当事者が少なくとも問題を平和裏に職場内で解決させるには何らかの使用者の認識（この具体的内容は不明）の証明は必要であると判示した。

---

[74] 小宮文人『英米解雇法制の研究』（信山社，1992 年）85 - 168 頁。
[75] 196 Cal. App. 3d 1299.

第6節　退職追込みと英米のみなし解雇

　しかし，その後，Turner事件[76]においてカリフォルニア州最高裁判所は，Brady判決を修正して，使用者は被用者の耐え難い条件を実際に認識していなければならないとした。その理由は，訴訟が提起される前に使用者がその事情を是正するというBrady判決の目的達成のためには被用者の耐え難い条件を実際に使用者が認識している必要があるということである。すなわち，「そうした条件の存在を使用者が実際に認識し，その後，是正措置をとらないことは，使用者が故意に被用者を辞職に追い込んだという状況証拠を形成する。」とした。

　②の被用者の辞職選択の合理性の問題に関して，Turner判決は，みなし解雇に達するためには，不当な労働条件の悪化や使用者の行為またはその継続的な繰返しとなることが必要であるとする。使用者の1回的，瑣末的または単発的な非違行為は，通常，みなし解雇を主張するには不十分であるが，例えば，被用者に対する使用者の暴行や被用者に対する犯罪行為の命令などは，一回限りでも，みなし解雇を構成し得るとする。そして，みなし解雇を構成するか否かの基準は，客観的なものであり，理性ある者が辞職以外に合理的な選択肢がないと感じるほど耐えがたい使用者の行為や労働条件があったか否かであるとした。

　こうした不法行為的または債務不履行的みなし解雇の場合，アメリカ合衆国では，コモン・ロー上，解雇無効の法理は存しないから，救済はもっぱら損害賠償に限られている。ただし，不法行為の場合には，懲罰的損害賠償があり得るし，債務不履行なら得べかりし利益の損害賠償が認められ得る。後者については，将来の得べかりし賃金の算定が困難とする判例もあるが，違法に雇用が終了しなければ，労働者が雇用に留まったとみられる合理的な期間の賃金などの逸失利益を認める判例があるのである。例えば，その期間を，3年半，4年，8年または10年とする判例などがある[77]。

76　Turner v. Anheuser-Busch, Inc., 876 P. 2d 1022.
77　Panhandle Eastern Pipe Line Co. v. Smith, 637 P. 2d 1020 (1981); Weskotoni v. Michigan National Bank-West, 716 F. 2d 378 (1983); Rabago-Alvarez v. Dart Industries, Inc., 55 Cal. App. 3d 91 (1976); Drzewiecki v. Block, Inc., 24 Cal. App. 3d 695 (1972) 等参照。

4） アメリカ合衆国におけるみなし解雇の意義

以上のように，アメリカ合衆国では，使用者による辞職追込み行為による辞職を一定の基準の下で解雇と同一に扱うみなし解雇の法理が判例上確立している。その基準とは，一般に，労働条件が理性ある者を辞職に追い込むほどに耐え難い労働条件ないし使用者の行為またはその継続的繰返しが存在したか否か，及びそのことを使用者が実際に認識していたか否かというものであるといえる。この法理は，決して特定の法律の文言解釈に限定されるものではなく，労働上の一般法理として確立されており，その救済は制定法ならそれが規定する解雇の救済，コモン・ローならそれにより確立されている解雇の救済と同一である[78]。

(2) イギリスの場合

1) みなし解雇 (constructive dismissal) の法定

アメリカ合衆国の場合とは異なり，イギリスでは，みなし解雇が制定法上に定められている。それは，イギリスの一般的な解雇規制制度，すなわち，不公正解雇制度上「被用者が，その使用者の行為を理由として予告を与えることなく契約を終了せしめ得る情況の下で……契約を終了させる」ことを解雇概念の1つとして定めるものである（1996年雇用権法95条1項c号）。しかし，この規定は，間もなく，コモン・ロー上の履行拒絶の法理に結び付けられることになった。すなわち，コモン・ローの一般法理によれば，契約当事者の一方に契約の基本的条項の違反がある場合，それは履行拒絶を構成し，相手側がその履行拒絶を受け入れる場合には当該契約は終了し，相手方は予告を与えずに契約

---

[78] 以上につき，詳しくは，小宮文人『英米解雇法制の研究』（信山社，1992年）15-42頁及びその後の論文，C. Shuck, 'That's It, I Quit: Returning to First Principles in Constructive Discharge Doctrine,' 23 Berkeley J. Emp. & Lab. L. 401 (2002); S. D. Underwoood, 'Comment: Constructive Discharge and the Employer's State of Mind: A Practical Standard,' 1 U. Pa. J. Lab. & Emp. L. 343 (1998); J. A. Meckes, 'Note: Turner v. Anheuser-Busch, Inc：California Supreme Court Provides Employers with a More Favorable Constructive Discharge Standard,' 26 Golden Gate U.L. Rev. 675 (1996); S. H. Perry, 'Note & Comment: Enough is Enough: Per Se Constructive Discharge for Victims of Sexually Hostile Working Environments under Title VII,' 70 Wash. L. Rev. 541 (1995) を参照されたい。

を解除して損害賠償を求めることができるとされる。労働契約については，使用者が契約締結当初予想できなかった危険を伴う航海のための乗船を命じた場合や与えるべき仕事を与えなかった場合など基本的な義務に違反した場合，被用者は辞職して違法解雇と同一のコモン・ロー上の損害賠償請求（ただし，賠償額は，通常，コモン・ロー上の解雇予告手当額に限定される）をなすことができるとされていた。

この法理と同様に，使用者が基本的な義務に違反した場合には，不公正解雇制度上は解雇とみなされ，その救済は不公正解雇のそれ，すなわち，復職・再雇用命令または得べかりし賃金を含む補償金の裁定となるとする解釈が確立されたのである。逸失利益の補償について，もう少し詳しく説明すると，これは審問までの稼得の喪失分および将来の稼得の喪失分の賠償を内容とするものである。後者の喪失額決定の要素は，審問日においてなお失業状態の場合は，その後どれだけの期間に失業状態にあるか，以前の雇用におけるよりどれだけ低い賃金の雇用に就かなければならないかということである。雇用審判所は，当該被用者の能力，健康，地域の雇用状態などを考慮して決定してきた。審問までに他の雇用についていた場合は，その雇用と以前の雇用の純稼得額の差額を計算し，解雇や辞職の可能性を考慮しながら，その賃金差がどれだけの期間続くかを推測してきた。

2） みなし解雇に該当する事例

そして，このみなし解雇の適用に当たって，労働契約に伴うものとされるコモン・ロー上の義務が次第に拡大されていった。とりわけ，「使用者は，合理的かつ適切な理由なしには，使用者と被用者の間の信頼関係を破壊しまたはひどく損なう見込みのある仕方では行為しない」旨の相互信頼義務が労働契約に黙示的に内在するものとされるに至った。今日，この相互信頼義務違反は不公正解雇における解雇概念該当性の問題に限らず，それ自体を理由として，被用者のコモン・ロー上の損害賠償請求の訴訟原因として確立されるに至っているのである[79]。そのことは，ともかくとして，みなし解雇との関係に絞ってみると，例えば，26年間満足のいく仕事をしてきた部下を使用者が約束も守らず

79　Malik v. BCCI [1997] IRLR 462（HL）.

まるで茶汲み坊主のように扱った事件，会社の取締役が管理職にある者をその部下の前で罵倒した事件，被用者を不当に窃盗罪で警察に告発したのに謝罪要求に応じなかった事件などさまざまな事件に関し，審判所及び裁判所はみなし解雇を認定している。また，使用者の権限を超える転勤・職務変更，権利のない停職・休職処分，健康・安全配慮の欠如などの事件でも，同様に被用者の辞職をみなし解雇として不公正解雇の救済を命じている。

3) イギリスにおけるみなし解雇の意義

イギリスにおいては，みなし解雇は，制定法上，解雇として位置づけられている。しかし，これは，違法な履行拒絶に該当する使用者の契約違反行為を理由とする被用者による労働契約の解除と損害賠償の請求として，コモン・ロー上は，予告期間に限られていた損害賠償請求の拡張と理解することも可能である。興味深いことに，不公正解雇制度とみなし解雇の導入を契機として発展したコモン・ロー上の黙示的相互信頼義務条項は，最近，その違反を理由として解雇に対する予告期間の賃金分という制限を超えたコモン・ロー上の損害賠償責任を求める訴訟をもたらした。これに対し，貴族院は，Johnson 事件判決[80]において，そのような訴訟を認容することは，不公正解雇の救済としての補償額に上限を設けた国会の立法意図をくじくとの実質的な理由に基づき，黙示的相互信頼義務条項は契約の継続を前提とするものであり雇用終了に関しては問題とならないとの見解を示した[81]。

4 わが国における退職追込み行為規制

(1) 英米法を参考にして

さて，以上のようにアメリカ合衆国やイギリスにおいては，使用者の著しく不当な行為や労働条件の付加により辞職せざるを得なかった労働者に解雇と同

---

[80] Johnson v. Unisys Ltd [2001] IRLR 279（HL）.

[81] イギリスのみなし解雇および黙示的信頼義務条項に関する論文として，小宮文人・前掲注（78）の著書42-75頁，有田謙司「イギリス雇用契約法における信頼関係保持義務の展開と雇用契約間」山口経済学雑誌 46 巻 3 号 341 頁（1998 年），及び P. Elias, Unravelling the Concept of Dismissal - I,' 3 I. L. J. 17 (1978)； D. Brodie, 'Legal Coherence and the Employment Revolution,' 117 L. Q. R. 606 (2001) などがある。

一の救済を与える法理，すなわち，みなし解雇の法理が形成されていることが明らかになった。しかも，アメリカ合衆国においては，これは，単に特定の法律の文言解釈に限られるのではない。形式的には解雇でないが，実質的には解雇と同一とみなしているのである。これに近い手法は，わが国にもないわけではない。すなわち，有期契約の雇止めへの解雇権濫用法理の類推適用がそれである。雇止めは解雇とは明らかに異なるが，その実質に照らして法理を類推適用しているのである。他方，みなし解雇の特別規定を有するイギリスは，その根拠をコモン・ロー上の使用者の違法な履行拒絶を理由とする被用者の契約解除においている。そして，いじめまたはいやがらせ的な辞職追込み行為による場合は，使用者による黙示的相互信頼義務違反による履行拒絶を理由とする被用者の契約解除が可能な場合としている。このことが，逆に同義務違反を理由として雇用終了によるコモン・ロー上の逸失利益の損害賠償を求めえるのではないのかとの疑問が提起された[82]。しかし，貴族院はそれを認めることは，訴訟要件としての被用者の勤続要件を定め，補償金の上限を設定した不公正解雇法制を導入した国会の目的をくじくことになるとして右の主張を退けたのである。このことから，黙示的相互信頼義務違反による損害賠償は解雇自体についてはコモン・ロー上の予告手当相当分しか得られないが，解雇に至るまでの同義務違反の損害賠償請求はできるという不可解な判決[83]が生まれたのである[84]。以上のことから言えば，イギリスでは，辞職追込みはみなし解雇として制定法上の復職命令または逸失利益を含めた補償金（実質は，職の喪失の補償と解雇に伴う逸失利益を含めた損害賠償額とされている）に結果するが，判例は，制定法上のみなし解雇の根拠を使用者の労働契約上の義務違反による違法な履行拒絶に求めており，仮に不公正解雇法制がないとしたら，労働契約上の義務違

---

82 ちなみに，契約上の解雇手続に違反する解雇の場合，その予告期間を超える解雇手続に要する期間の逸失利益の賠償が認められることは，黙示的信頼義務条項が判例上確立される以前から認められていた。例えば，控訴院判決の Gunton v. Richmond-upon-Thames London Borough Council [1981]ICR 355（CA）参照。

83 McCabe v. Cornwall County Council and another [2003]IRLR 87（CA）.

84 小宮文人「労働契約上の黙示的信頼条項にもとづくコモン・ローと制定法上の権利」労旬 1561 号 60 頁（2003 年）。

反，とりわけ黙示的相互信頼義務違反による履行拒絶につき，労働者の辞職による雇用終了に伴う逸失利益の損害賠償が法理として成立する可能性が十分にあり得るといえるのである。

　こうした両国の事情に照らしてわが国の判例及び学説の状況をみると，次の点が指摘されるであろう。まず，わが国においても，早くから，①擬制解雇とか準解雇という概念を用いて，解雇概念の拡大の必要性を論じる見解が出てきた。前者は解釈による解雇概念の一般的な拡大を主張し，後者は不法行為責任として逸失利益の賠償をも請求する根拠として準解雇という概念を主張するものである。これらは，アメリカ法の解雇概念の拡大と共通点を有する。しかし，これとは別に，判例の中には，セクシャルハラスメント（以下，セクハラ）の救済を発端として，②使用者の労働契約上の職場環境整備義務という信義則上の義務または不法行為法上の義務に違反することを理由として，退職追込み行為に対する逸失利益の賠償を含めた損害賠償責任を認めるものが少なからず存するに至っている。このうち債務不履行構成のものは，イギリス法のみなし解雇の解釈と共通点を有する見解とみることができる。また，不法行為構成のものはアメリカ法の解雇概念の拡大と類似する結果をもたらすといえる。そこで，次に，それら①と②の見解について検討する。

(2)　擬制解雇及び準解雇の法理

　擬制解雇の法理を主張されたのは小西國友教授であるが，その見解は次のようなものであった。「労働者と使用者の意思の合致によって締結される合意解除も，それを構成する労働者側における申込みないし承諾の意思表示が，労働契約を終了せしめんとする使用者の終了意思の具体化された各種の所為の支配的影響のもとになされる場合には，それは解雇として取り扱われるべきである，すなわち，擬制解雇と認めるべきである」とするものである。すなわち，解雇が使用者の単独行為であって使用者の発意（イニシアチブ）によるのに対し，合意解除は労働者と使用者の双方の意思の合致によるという相違点があるが，合意解除が使用者の一方的なイニシアチブのもとで締結される場合には，解雇として取り扱われるべきであり，そうすることが使用者の一方的なイニシアチブによる解雇を制限し労働者の保護をはかろうとする労基法をはじめとする制

定法や判例法の目的にかなうと主張する。

　同教授は、その適用事例として、「使用者が労働者の非違行為に対して執拗に責任を追及する態度を示して合意解除の申込みの意思表示をし、労働者において合意解除に応じる以外に解雇を免れることはできないと考えて承諾の意思表示をする場合」、「使用者が労働者に対して疲労度の高い職務や通勤に不便な勤務場所等の不利益な内容の配置転換を命令し、労働者が使用者の態度に立腹して合意解除の申込みの意思表示をし、これを使用者が承諾する場合」および「使用者が労働者に仕事を与えることをせず、労働者が労働意欲を喪失して合意解除を締結する場合」をあげている。そして、擬制解雇の効果は解雇と同じであり、それは労働契約を将来に向けてのみ終了させ、また擬制解雇と認められる合意解除の締結について合理的で相当な事由の存在が認められない場合には無効となるとする[85]。

　これに対し、筆者は準解雇の法理を主張した。これは、「使用者の追出し意図に基づく行為によって労働者の退職がもたらされたといえる場合、その退職が労働者と使用者との合意解約によるか労働者の解約告知によるかを問わず、使用者に解雇を正当化し得る事由が存しない限り、当該使用者の行為と雇用の終了とを一体として準解雇を構成する」とするものである。これは、擬制解雇は、それが社会的に相当な理由を欠く場合は直ちに無効になり、また罰則規定の伴う労基法19条や20条にも適用されるとするのでその擬制解雇概念の適用範囲が極端に狭いものになってしまうこと、そのような不当な仕方で退職に追い込まれたものであればその救済は必ずしも無効構成である必要はないとの発想によっている。つまり、解雇概念の拡張の必要が生じるのは、労働者の自由な瑕疵のない意思による雇用の終了とはいえても、それが不本意にも使用者の追出し意図に基づく不当な行為によってもたらされたといえる場合においてである。このような場合、使用者による雇用終了誘致行為を一定の範囲で不法行為としてとらえることにより、労働者が雇用の終了に伴う損害の賠償を追求し得るものと構成することができると考えたのである。これは、労働者を追い出そうとする使用者の意図の違法性とその意図を実行するために採られた行為の

---

[85] 以上、小西國友『解雇と労働契約の終了』（有斐閣、1995年）169-180頁参照。

第3章　退職強要の規制法理

違法性に着目するものである。

まず，わが国では，判例法上，解雇権濫用法理が確立され，社会的に相当な事由のない解雇はなし得ないことになっている。したがって，もっぱらこの解雇規制を回避して労働者の退職を引き出そうとする意図は脱法的なものとして違法である。平成15年の改正で労働基準法が社会的に相当な事由のない解雇を無効とすると規定してからは，このことはより明確である。次に，使用者がその違法意図実現のためにとった行為の態様の違法が問題とされなければならない。特にその違法性の程度が問題となる。なぜなら，その行為は，必ずしも常に使用者の追出し意図を実現するに効果的な程度の強い違法性を有するわけではないからである。しかし，その行為が意図の実現に効果的である場合には，それは労働者の退職による雇用の終了と一体として準解雇を構成し，労働者は雇用終了に伴う損害賠償を請求できるというべきであるとする。それゆえ，準解雇が成立するためには，①使用者が雇用契約を終了させる社会通念上相当な事由を有しないこと，②使用者の追出し意図の具体化された行為があること，③合意解約または労働者の辞職により雇用契約が終了したこと，及び④その使用者の行為と合意解約または辞職との間に相当因果関係があることの4要件が認められなければならない[86]。しかし，使用者またはその履行補助者が強度のいじめ・嫌がらせといった人権侵害行為を継続して行っているような場合，一般に，通常人が労働者の立場にあれば当該使用者の所為によって退職したであろうとみることができ，その人権侵害行為と退職との間に原則として相当因果関係は認められ，または使用者の追出し意図があったものと推認されるべきである。

判例の中には，従来から，会社の労働者退職追込みに不法行為責任を認め，慰謝料算定に退職追込み行為により退職を余儀なくされたことを考慮すべきであるとする判例があった。その典型的な例として，クレジット債権管理組合事件[87]があげられる。同事件では，さしたる根拠なく横領事件の加担を他の従業員の前で公言され，その後の自宅待機命令，出勤停止処分，東京事務所出所

86　道幸哲也＝小宮文人＝島田陽一『リストラ時代：雇用をめぐる法律問題』（旬報社，1998年）50-57頁。

87　福岡地判平成3・2・13労判582号25頁。

命令など違法な行為により退職に追い込まれた労働者に関し、判旨は「一連の違法な業務命令等と原告らの退職との間には相当因果関係」があり、「退職を余儀なくされた原告らの精神的苦痛を慰謝すべき金額」の賠償を認めるべきだとした。また、擬制解雇ないし準解雇という用語こそ用いていないが、実質的にそれらの法理と類似の処理をしている例がないわけではない。名村造船所事件[88]では、取締役会長が原告をその部下工員その他女性事務員等多数の職員の前で「技手とか職員とかいってよくまともに歩いているな」「そのような無責任な者は職長でも技手でもない」等と罵倒し、「原告甚だしく名誉信用を毀損せしめられたものとしてその場にいたたまれず即刻退去して自宅に引籠り翌日より被告会社に出勤し得なかった」との認定に基づき、判旨は「何人にても通常掛かる場合に当たっては著しく名誉信用を失墜せられ人格を毀損せられてその勤務を継続し得ないこと当然であって……被告会社は原告を解雇したと認定するのを相当とする」と述べている。また、丸一商事事件[89]では、会社代表が原告に対し、「残業をやめてくれ。残業をつけるならその分ボーナスから差し引く」と指示し、原告が難色を示すと「来月から残業代は支払えない。残業をつけないか、それがいなやら辞めてくれ」と告げたのに対し、原告が「それでは辞めさせてもらいます」といったことによる雇用の終了は、「被告の発言は、残業手当の請求権を将来にわたり放棄するか退職するかの二者択一を迫ったもので、かかる状況で原告が退職を選んだとしても、これはもはや自発的意思によるとはいえないというべきであり、右被告の発言が実質的には、解雇の意思表示に該当するというべきである。」とした。なお、東京セクハラ（M商事）事件[90]では、判旨は、事実認定で解雇と捉えているが、辞職と捉えつつ使用者による辞職追込み行為として処理することもできるであろう。

そして、最近では、判例の中には、上司のセクハラ行為を十分調査せず、原告ら女性労働者を降格、減給処分にしたこと、当該セクハラ行為を放置し、原告らが「職場に復帰することができなくなるまでに職場環境が悪化することを放置した」こと等が全体として一個の不法行為を構成するとして、会社に対し、

88　大阪高判昭和27・7・31労民集3巻4号364頁。
89　大阪地判平成10・10・30労判750号29頁。
90　東京地判平成11・3・12労判760号23頁。

第3章　退職強要の規制法理

慰謝料に加え，1年間の賃金相当分の逸失利益の損害賠償金の支払を命じた岡山セクハラ（労働者派遣会社）事件[91]がある。これは，会社の職場環境保持という注意義務違反を理由として，実質的に，みなし解雇法理を承認するものといえると思われる。退職追込みの意図をもって実効性の強い違法な追込み行為を実施することは，使用者が合理的な理由もなく一方的に解雇通告する場合よりもさらに背信性の強い行為といえる。解雇権濫用法理が判例上確立しかつ労働契約法上明定された以上，使用者が意図的に労働者の雇用維持を不可能にするような行為をしてはならないという不法行為上の注意義務を負い，これに違反する使用者は，退職追込み行為がなければ得られたであろう得べかりし賃金を労働者に対し賠償するというのは至極当然と考えるべきである。

(3) 職場環境整備義務

いじめや嫌がらせによる退職追込み行為によって労働者が退職した場合，若干の判例は，そのいじめや嫌がらせを不法行為として会社にその使用者責任を課し，または，会社自身の不法行為として慰謝料に基づく損害賠償を認めてきた。しかし，最近の判例の中には，使用者は，労働契約上，雇用環境整備義務という配慮義務を負うとか，類似の不法行為上の注意義務を負うとして，債務不履行または不法行為に基づき，労働者の使用者に対する逸失利益をも含めた損害賠償請求を肯定するものがある。もっとも，その多くは，セクハラに関わる事件であるが，そうでない事件もある。雇用環境整備義務という配慮義務または類似の内容の不法行為上の注意義務の違反というのであれば，その違反がセクハラの場合に限定される理由はない。

まず，セクハラの事案についてみると，セクハラが雇用環境整備義務に違反するとして使用者の債務不履行に基づき逸失利益を含む損害賠償が認められた判例がある。その典型的な事例は，京都セクハラ（呉服販売会社）事件[92]である。判決は，雇用契約上の付随義務として，使用者は労働者が「その意に反して退職することがないよう職場環境を整える義務」を負うとし，被告会社が

91　岡山地判平成14・5・15労判832号54頁。
92　京都地判平成9・4・17労判716号49頁。

「原告が退職以外に選択の余地のない状態に追い込まれることがないように本件乙山発言に対する謝罪や原告は被告会社で勤務し続けるか否かを考えてくること，今日は今すぐ帰っても良い旨の原告に対して退職を示唆するような発言を撤回させるなどの措置をとる義務があった」のにそうしなかったとして，原告の退職による損害賠償として半年分の賃金相当分の逸失利益の賠償を命じた。また，前述のように，岡山セクハラ（労働者派遣会社）事件で，岡山地裁は，使用者の不法行為上の注意義務違反を認める判断の中でも辞職ないし退職に関して逸失利益を含む損害賠償を認めた。

　次に，セクハラ以外のハラスメントによる労働者の退職に同様に使用者の債務不履行または不法行為責任を認め逸失利益を含む損害賠償を認めたものにエフピコ事件第一審判決がある。同判決は，会社が分社化に伴い乗員に選んだ労働者に契約上配転義務のない他工場へ転勤を命じ，「転勤に応じられないのであれば年内にやめろ，自己都合での退職届を出せ」等と虚偽，強圧的な言動で退職に追い込んだことが「労働者がその意に反して退職することがないように職場環境を整備」し，また，「労働者の人格権を侵害する等の違法・不当な目的・態様での人事権の行使を行わない」配慮義務に違反するとして，退職による損害賠償として半年の賃金相当額の逸失利益の賠償を命じた。

（4）退職追込みの立法的解決

　以上の検討から，わが国の判例は，必ずしも，退職追込み行為に関する確立した法理を形成するに至っているとはいい難いが，すでにアメリカ法のみなし解雇に類する解雇概念の実質的な拡大を図る例やイギリスの制定法のみなし解雇の基礎となっている黙示的相互信頼義務違反にわたる履行拒絶を理由とする辞職の仕組みと共通する「労働者がその意に反して退職することがないように職場環境を整備」する義務の違反を理由として労働者の救済を図ろうとするものが現れている。そして，この見解は，きわめて妥当かつ説得力を有するものである。なぜなら，使用者が労働者に対して解雇回避努力の義務を有することが判例上確立していることから，使用者が，雇用契約上，「雇用を続けることができるように配慮すべき信義則上の義務」[93]を負っていると解すべきだからである。

これを敷衍すれば，以下のようになる。使用者と労働者は雇用契約の人的・継続的な関係に不可欠とされる信頼関係に由来する信義則上の信頼義務ないし誠実義務を負っていると解されている。そして，使用者が職場の人的・物的管理権限を有することからすれば，使用者には，一定の範囲で労働者の雇用契約上の利益に配慮する義務があるということができる。それは必ずしも労働者の健康や安全に限定されるべきではない。労働者は主たる生計維持手段と職業能力維持・向上の契機とを当該使用者の労働契約に限定することにより継続的企業活動に貢献しているが[94]，その契機としての雇用維持が労使間の信頼関係の上に成り立っていることはいうまでもない。したがって，使用者は不当な仕方で信頼関係を破壊して雇用継続を実質的に不可能にしないようにする信義則上の配慮義務を負っていると考えられる。すでにみたように，イギリスでは，雇用契約上の黙示義務として「使用者は，合理的かつ適切な理由なしには，使用者と被用者の間の信頼関係を破壊しまたはひどく損なう見込みのある仕方では行為しない」旨の信頼義務を負っているとの判例法理が確立しており，制定法上，この義務に違反する行為はみなし解雇を構成する。

　わが国における解雇権濫用法理は，まさに使用者の雇用継続に関する配慮義務を解雇との関係で表現したものに過ぎないとみることもできる。労働者に責任のない整理解雇において使用者に雇用維持のための配慮義務があるといえるなら，同様に労働者に責任のない雇用継続の障害を自己の支配下で作出または放置しないようにする配慮義務が存するということができる。そして，このような配慮義務は，労働者が退職せざるを得ないと感じることが客観的にみて合理的であるといえるような状況を作出または放置しないように配慮するという内容のものであるから，必ずしも不当に抽象的なものではない。しかし，退職は本来労働者の自己決定にかかるものであるから，配慮義務違反に該当する事実の主張・立証責任は労働者が負うことになる。

　また，配慮義務は使用者が人事・労務管理権を有することに由来するから，

93　わいわいランド事件・大阪高判平成13・3・6労判818号73頁。
94　野川忍「解雇の自由とその制限」『講座21世紀の労働法第4巻－労働契約』（有斐閣，2000年）173頁。

その履行補助者もその権限を実施する職務に従事するものに限定されることになる。また，この配慮義務は結果債務ではないと考えられるから，例えば，他の従業員の私的な行為によって職場環境が労働者を退職に追い込む恐れのある状態になっていることを認識しまたは認識し得た場合，使用者は迅速に退職を回避するための誠実かつ適切な措置，例えば，調査，事情聴取，調整，処分等をなすことが必要であるが，それをもって義務違反を免れると解される。このように考えると，まさに，「その意に反して退職することがないよう職場環境を整える義務」の不履行によって，雇用継続期待を失った労働者に対し，その合理的雇用継続期待に見合った逸失利益の賠償を含めた損害賠償を認めるのが理に適うというべきである。このように解することができれば，使用者の退職追込み意図の有無を問題とせずに右の損害賠償請求を認めることができる。もっとも，使用者が，労働者が退職せざるを得ないと感じることが客観的にみて合理的であるといえるような状況を作出し，その退職追込み意図が明らかな場合には，準解雇法理を適用するのがより実態に即した処理であるように思われる。解釈では無理であれば，労働契約法に新たに「準解雇」という特別の概念を立法によって導入することも考えるべきではなかろうか[95]。

---

[95] すでにこうした提案は，連合や日本労働弁護団からもなされている。労旬1532号（2002年）に掲載された連合「新しいワークルールの実現をめざして」及び日本労働弁護団「解雇等労働契約終了に関する立法的提言及び解説」参照。

第4章　懲戒解雇の法規制

第1節　懲戒解雇の意義

　解雇には，既に論じてきた普通解雇のほかに，懲戒解雇と呼ばれるものがある。前述のように，解雇権濫用法理上，労働者の非違行為は客観的に合理的な解雇事由（普通解雇事由）の1つである。しかし，労働者の非違行為に対して，使用者は，多くの場合，普通解雇ではなく懲戒解雇を行う傾向がある。そこで，懲戒解雇とは何か，が問題となる。解雇とは，言うまでもなく，使用者による労働契約の一方的な解約であり，普通解雇と懲戒解雇は，それが労働契約を終了させるものであるという点では異ならない。しかし，一般に，多くの就業規則は，懲戒解雇を譴責，減給，降職，出勤停止等とともに懲戒処分の1つ，しかもその極刑として規定している。懲戒処分は，通常，「従業員の企業秩序違反行為に対する制裁罰であることが明確な，労使関係上の不利益処分を指す」といわれる[1]。

　もっとも，企業秩序違反行為といっても，実際の就業規則の定める懲戒処分事由は，服務規律違反の他，経歴詐称，無届欠勤，不誠実勤務，会社の名誉・信用毀損等の広範な非違行為が規定されているのが一般である。したがって，平たく言えば，企業にとって不都合な行為を行った者に「制裁して非行を中止または防止するようにし，また，制裁のみせしめにより他の者の同種行為を予防すること」[2]を目的とする制裁罰ということができる。したがって，懲戒解雇とは，解雇としての性格を有するとともに，非違行為に対する最も厳しい制裁罰としての性格を有する処分であるということができよう。実際，多くの就業規則は，懲戒解雇を退職金の支払と結びつけ，懲戒解雇された従業員には，

1　菅野和夫『労働法（第8版）』（弘文堂，2008年）387頁。
2　諏訪康雄「懲戒権と懲戒解雇の法理論（下）」日本労働協会雑誌281号11頁（1983年）。

懲戒解雇がない場合支払われるべき退職金が全額または一定割合額支払われない旨規定している。このほか，懲戒解雇の場合には，普通解雇の場合と異なり，解雇予告期間も解雇予告手当も与えない旨規定する例が多い（本章第5節参照）。また，懲戒解雇が一般にこうした不利益を伴うほどの労働者の規律違反行為に対してなされるために，懲戒解雇は労働者の社会的評価を普通解雇より以上に傷つけるという事実上不利益を与える。

第2節　懲戒処分の法的根拠

ところで，本来，対等の契約当事者であるべき使用者・労働者間で，使用者が労働者に制裁を課することを許容する法的根拠はどこにあるのであろうか。判例は，これを労働契約に求め，労働者は労働契約締結により当然に「企業秩序遵守義務を負い，使用者はその義務違反に関し労働者に制裁として懲戒を課すこと」ができるとしている[3]。しかし，懲戒処分は，使用者が労働契約上当然に行い得る措置（普通解雇，配転，損害賠償請求，一時金・昇給・昇格の低査定）とは異なる特別の制裁であるため，学説は，一般に，懲戒処分の事由と手段を就業規則に明定するなど[4]，使用者がそうした制裁権を有するための特別の根拠が必要であるとしている[5]。最高裁判所も，「労務提供義務に付随して，企業秩序遵守義務を……を負うが，企業の一般的な支配に服するものということはできない」[6]とし，懲戒権の行使については，使用者はあらかじめ就業規則において懲戒の種別及び事由を定め，労働者に周知しておく限りにおいて[7]，就業規則に定めるところに従って行うことができるとしてきた[8]。

しかし，これを超えて，使用者の懲戒権を法的に承認する実質的な契機を問

---

[3] 関西電力事件・最一小判昭和58・9・8労判425号29頁，十和田観光電鉄事件・最二小判昭和38・6・21民集17巻5号754頁。

[4] 労基法89条1項は，「制裁の定め」を相対的必要記載事項として，懲戒処分には特別の定めが必要であるとしている。

[5] 菅野・前掲注（1）の著書351頁。

[6] 富士重工業事件・最三小判昭和52・12・13民集31巻7号1037頁。

[7] フジ興産事件・最二小判平成15・10・10労判861号5頁。

[8] 国鉄札幌運転区事件・最三小判昭和54・10・30民集33巻6号647頁。

う学説がある。そのうち，西谷教授は，共同作業を円滑に進めるための秩序・規律の必要性に対する労働者の規範意識における是認，及び契約法上予定されている手段（解雇と損害賠償）の不十分性にあるとする[9]。また，毛塚教授は，経営秩序や職場規律の侵害行為につき，使用者に解約の自由で対抗させることは，労働者に重大な不利益をもたらすので，解雇に至らない不利益措置（懲戒処分）を承認して解約の自由がもつ結果的不利益の回避を期待するところに懲戒権承認の規範的契機があると主張している[10]。果たして，西谷教授の主張するように労働者の規範意識における是認があるといえるのかについては疑問があるものの，解雇や損害賠償だけでは，企業の共同作業規律の維持が困難なことは否定できないであろう。企業では使用者の指揮命令に基づいて，効率的に企業の利益を達成するために作業が行われる必要があることは明らかであり，そのためには一定の秩序が維持されなければならない。そして，その規律は，継続的な作業規律であるために損害賠償などの事後的な救済を待っていては規律の修復が困難になり，また，侵害による損害額の算定も困難である[11]。他方，解雇を認めても，使用者が容易に代替労働者を確保できないという困難がある。ただ，こうした点の配慮は，もっぱら使用者の利益に帰着するとの見方もできないわけではない。

　これに対して，毛塚教授の指摘は，懲戒処分の労働者保護的側面を懲戒権法認の契機として全面に出すものとして注目される。とはいえ，懲戒処分にもいろいろあり，戒告，譴責等といった程度の不利益処分が解雇回避の期待という契機で正当化できるのかという疑問がないわけではない。ところで，毛塚教授の見解は，従来から認められてきた懲戒処分の教育的機能論に繋がるものである。しかし，教育的機能論は，懲戒権法認の規範的契機を説明しようとしたものではなく，むしろ，使用者の各種の懲戒権の存在を前提として，懲戒権の

---

[9]　片岡昇ほか著『新労働基準法論』（法律文化社，1982年）515頁（西谷敏執筆部分）。甲斐祥郎「労使関係における懲戒権に関する一省察」社会文化研究15号1頁（1989年）は，企業秩序に違反した場合，使用者が市民法上なしうる措置は，債務不履行責任，担保責任および不法行為責任の追及」に限られるとする。

[10]　毛塚勝利「懲戒の機能と懲戒権承認の規範的契機」日本労働協会雑誌273号15頁以下（1982年）。

[11]　甲斐・前掲注（9）の論文9頁。

行使を段階的に行って労働者の反省・自己変革を促す努力をすることを懲戒権行使の濫用性の判断要素の1つとすることにあった。とはいえ，懲戒処分が労働者の組織的な労務遂行能力を高める教育機能を有していることを否定できず，この観点から労働者の利益にもなることを完全に否定することはできないであろう。また，企業の生産性の維持・向上は労働者の利益にも繋がるはずであるから，生産性の維持・向上に企業規律の維持が不可欠とされるなら，懲戒処分がもっぱら使用者の利益に帰着するとはいえないと思われる。

　要するに，共同作業を円滑に進めるための秩序・規律の必要性を前提とした上で，教育的機能論を再評価すべきであると考える。軽い懲戒処分から重い懲戒処分までが用意されていることは，単に非違行為の軽重に対応しているだけでなく，各処分には被処分者を含めた従業員に対する規律遵守と行為改善に向けたシグナル効果と規律形成的教育効果が予定されているといわなければなるまい。企業の労働には共同作業のための秩序が求められることは明らかであり，それは各企業の性質によって特異なものもあるが，通常は，いずれの企業にも共通するものといえる。そうした企業の共同作業を維持するための懲戒処分は，生産性を維持・向上させて，使用者及び労働者の利益に資するだけでなく，教育的効果を通じて労働者の企業組織における業務遂行能力の向上に資する側面をも有するといえる。したがって，懲戒処分が合理的な範囲にとどまる限り，労使の合意によって，合理的な範囲の懲戒処分の権限を使用者に付与することを認めることに問題はないというべきだろう。

第3節　懲戒解雇の適法性と退職金不支給・減額

1　懲戒解雇の適法性

　以上のような諸説によって，使用者の懲戒権が一般的に認められるとしても，果たして，退職金の減額・不支給を伴う懲戒解雇権が認められるか，ということは改めて問題となる。というのは，懲戒権法認の実質的契機を毛塚教授のように捉えると，懲戒解雇の場合は，それを法認する実質的契機を失うことになるからである。教育的機能論によっても，同様な結論になると思われる。また，契約法上予定されている手段（解雇と損害賠償）の不十分さをその実質的契機

としても，果たして，戒告，譴責，出勤停止，減給，降格等の懲戒処分の他に，普通解雇とは異なる制裁処分としての懲戒解雇を認める必要があるといえるのかという疑問が生じる。さらに，共同作業を円滑にする労使の規範意識の存在を根拠にする場合にも，同様な疑問が生じる。実際，例えば，イギリスにおいては，規律違反行為に対する普通の解雇（disciplinary dismissal）と区別された懲戒解雇という概念は存在しない。解雇は，規律処分（disciplinary action）の終局的でもっとも重い処分とされているのである。しかも，わが国における懲戒解雇は，悪質な規律違反に対する制裁的解雇であることを意味する「懲戒」の烙印が押されることにより事実上再就職の障害となるだけでなく，退職金の減額・不支給の効果と結びつける就業規則規定によってその不利益が著しく強化されていることに特徴があり，そのような懲戒解雇が就業規則にその解雇事由と手段が明定され，労働者に周知されているというだけで法的に許容されるといえるのかは大いに疑問のあるところである[12]。これは，退職金の不支給・減額の規定自体の問題であるともいえるが，懲戒解雇がその実質的意味を有するのは，そうした規定が前提とされているからである。

2　退職金不支給・減額

多くの退職金規定例では，退職金の額は，通常，一律に定められておらず，会社都合，定年，死亡，業務上疾病を第1グループ，自己都合，私傷病，休職期間満了，普通解雇を第2グループ，というように退職事由の区分により支給基準を区別し，労働者の退職時の基本給額を算定基礎額として，その区分毎にその勤続年数に応じて支給率が逓増するように定められている。そして，多くの場合，懲戒解雇は，退職金を不支給ないし自己都合退職の場合の半額などと規定している。しかし，就業規則の規定が労働契約の内容となるためにはその規定の内容が合理的なものでなければならないのであるから[13]，こうした退職

---

[12] 毛塚・前掲注（10）の論文25頁は「懲戒解雇なる名称を付し労働者の人格的利益を侵害する形式で解雇の意思表示をすることは解雇権の濫用として無効と解する」としている。

[13] 労働契約法7条。判例として，電電公社帯広局事件・最一小判昭和61・3・13労判470号6頁，日立製作所武蔵工場事件・最一小判平成3・11・23民集45巻8号1270頁。

金額の格差についても一定の合理性が肯定される必要がある。この場合，会社都合と自己都合またはそれらに準じるもののように労使が継続雇用の促進・保障の見地からみて互いに不都合な場合に一定の額の差を設けることは相互性を有し不合理とはいえない[14]。

　これに対し，懲戒解雇の減額・不支給というのは，労働者の非違行為を理由に額に差を付けることであり，そこにはその相互性の契機が欠如している。退職金の規程が賃金の規定である限り，非違行為があったら退職金が全く発生せずあるいは半分しか発生しないという規定に合理性があるとは思われない。また，こうした割合的な減額は，労働者の非行の程度に均衡しないし，また労働者の会社に対する貢献度に相応するものともいえない。例えば，10年働いた者が懲戒解雇される場合と30年働いた者が懲戒解雇される場合を比較すると，同じ非行であってもその失う退職金の額は基本給×逓増係数で計算されると10倍以上の差となってしまうことがある。こうした諸点に鑑みて，退職金の不支給・減額規定は，その合理性には疑問がないとはいえない。

　しかるに，減給処分が労基法91条による減給割合の制限に服するのに対し，懲戒解雇による退職金の不支給・減額支給に関する法律上の制限も存しない。最高裁の三晃社事件判決は，これを退職金の功労報償的性格と結び付けて解釈し，労基法16条（損害賠償の予約の禁止）や24条（賃金の全額払いの原則）にも違反しないとしている[15]。このことがしばしば労働者にとって極めて過酷な結果をもたらすことは明らかである。不支給・減額支給を背信性の強いものに限定する判例が一般的となっている[16]。例えば，トヨタ車体事件[17]は，その法的理由を次のように論ずる。

　「就業規則に退職金に関する具体的規定が置かれており，その請求が被用者

---

[14] ただし，その適用については，労働者の退職が就業規則の退職金規定に定められた「会社都合」によるものか，「自己都合」によるものなのかは，当該退職の性格によるものとされ，使用者の強い退職強要行為又は退職追込み行為があった場合は，「会社都合」と判断されることが多い。例えば，退職金請求事件として，名村造船所事件・大阪高判昭和27・7・31労民集3巻4号364頁，十倉紙製品株式会社事件・大阪地判昭和34・7・22労民集10巻6号999頁，宝塚エンタープライズ事件・大阪地判昭和58・8・10労経速1159号3頁等がある。

[15] 三晃社事件・最二小判昭和52・8・9労経速958号25頁。

の権利に属するといえる場合には，退職金は，過去の就労に対する賃金の後払いとしての性質を有すると解されるから，懲戒解雇が肯定されて……も，それだけでは退職金不支給規定自体に当然かつ全面的に法的規範性を認めるだけの合理性があると解するのは妥当でないのであって，当該退職金不支給規定は……実質的懲戒解雇事由が存在するだけでなく……被用者の退職金全額支払請求が信義則に違反する場合に……信義則違反のないよう程度に応じた範囲内で退職金を不支給又は減額する趣旨に出たものと制限的に解される限りにおいて，法的規範性を肯定するに足りる合理性が具備されるものと解するのが相当である。そして……信義則違反の成否等の判断に当たっては，(a)当該懲戒解雇事由の内容・程度及び，これによって使用者の被る損害の性質・程度が相当重要であり……あるいは損害立証の困難性が認められるために，(b)更に，直接懲戒解雇事由とされなかった他の非違行為の存在その他の一般的な事情も考慮すれば，(c)被用者の勤続年数の長さや職務内容の重要性，これに対する給与額の相対的な低さなどのほか，過去の特別な功績の存在・内容等の被用者に有利な諸事情を勘案しても，これに対する退職金全額の支払請求が信義に反するといえるものであるか否かを総合的に検討するのが妥当である。」

　こうした考え方は，退職金の賃金性を肯定しながら功労報償的性格を強調する最高裁の見解に矛盾するものではない。そして，その両者の調整を更に実質化する例として，最近では，減額支給規定又は一部支給規定の場合，労働者の懲戒解雇以前の会社に対する貢献度を考慮して，その減額割合を縮減する判例がある[18]。さらには，不支給規定にも拘らず一定割合の支給を命じる判例[19]がある。しかし，これらの判決のように，裁判所が減額の割合や額まで決定できるのかという疑問が生じる。この処理を前記トヨタ自動車事件判決に依拠し

16　日本高圧瓦斯工業事件・大阪地判昭和59・7・25労判451号64頁，同控訴事件・大阪高判昭和59・11・29労民集36巻6号641頁，中部日本広告社事件・名古屋高判平成2・8・31労判569号37頁，吉野事件・東京地判平成7・6・12労判676号15頁，旭商会事件・東京地判平成8・12・12労判688号33頁，キング商事事件・大阪地判平成11・5・26労判761号17頁，日音事件・東京地判平成18・1・15労判912号6頁，その他多数。

17　名古屋地判平成19・9・30労判871号168頁。

18　例えば，ヤマト運輸事件・東京地判平成19・8・27労判945号92頁。

て肯定するとすれば，その額以上の労働者の退職金請求権の行使は信義則上認められないと構成するのだろうか[20]。このように懲戒解雇を理由とする退職金不支給・減額は極めて困難な問題を生ぜしめているのである。

たとえ普通解雇に制裁処分として加重的な不利益を課すものとして懲戒解雇が認められるとしても，賃金としての性格を有する退職金の不支給・減額がそれを理由に無制約に認められるとするのは妥当でない。また，退職金の功労報償的性格を理由にして退職金額の支給調整するのは極めて困難である。退職金の賃金性を前提とすれば，退職金の不支給・減額を労使の完全な自由契約に委ねるべきではなく，労基法91条の減額規定のように具体的な制限を定めることが考えられる[21]。すなわち，減額の上限を自己都合退職の場合の退職金額の10%とするわけである。それでは，バランスが取れないというのであれば，労基法の基礎にある賃金保障の趣旨において，60%は保障するという明文の規定を設ける必要があると思われる[22]。

第4節　懲戒解雇事由と普通解雇事由

1　懲戒解雇事由と普通解雇事由の限定

すでに論じたように，使用者が懲戒解雇権を有するといえるためには，少なくとも懲戒解雇の事由及び手段を就業規則に定める必要がある。したがって，使用者は就業規則に定められた規律違反行為に対してのみ懲戒解雇ができることになる。そして，懲戒解雇も懲戒処分の1つであるから，その権利の行使は

---

[19]　例えば，東芝事件・東京地判平成14・11・5労判844号58頁，東京貨物（解雇・退職金）事件・東京地判平成15・5・6労判857号64頁，小田急電鉄事件・東京高判平成15・12・11労判867号5頁。

[20]　実際，前記東京貨物（解雇・退職金）事件で東京地裁はそのことを示唆して，次のように論じている。「退職金が長年の功労に対する報酬としての性格をも有するから，不支給事由該当事実が長年の功労を減殺するに十分な重大性を有していれば，裁判所が退職金を組定額よりも定額であると認定判断することも違法ではない。」

[21]　有泉亨『労働基準法』（有斐閣，1963年）235頁。

[22]　労働契約法制研究委員会『労働契約法試案』（連合総研，2005年）102頁（唐津博執筆部分）も同様の提案をしている。

労働契約法15条に該当する。したがって，当該懲戒解雇が，当該懲戒解雇に係る労働者の行為の性質及び態様その他の事情に照らして，客観的に合理的な理由を欠き，社会通念上相当であると認められない場合は，その権利を濫用したものとして，当該懲戒解雇は無効となる[23]。

　普通解雇の場合はどうか。普通解雇権に関しては，解雇権は雇用契約上当然に認められる使用者の権利であり，権利濫用法理もそれを前提とするものであるから，一般に使用者が普通解雇事由を限定しているとみるのは妥当ではないとの見解もあるが[24]，多くの判例は限定列挙と解している[25]。すなわち，使用者は自ら解雇権の行使を就業規則所定の事由のある場合に限定したものと解している。労基法上，就業規則が労働条件を明示する機能を負わされていることからしても（労基法89条3号，106条1項），単なる例示ではなく，解雇事由を限定する趣旨と解するのが妥当であると思われる。このように解するのが，わが国の雇用関係の実情からみても妥当であることは第1章第3節3で述べたところである。したがって，懲戒解雇と同様，普通解雇も，就業規則所定の事由を欠く場合には，無効となるというべきである。

2　懲戒解雇事由の存在を理由とする普通解雇

　そこで，普通解雇と懲戒解雇の関係が問題となるが，まず，就業規則所定の懲戒解雇事由に該当するとき，使用者が何らかの理由で懲戒解雇ではなく，普通解雇にとどめた場合である。この場合でも，労働者の当該規律違反行為が就業規則所定の普通解雇事由に該当する場合とそうではない場合があり得る。通常，就業規則の普通解雇事由規定には，「その他，前二号に準ずるやむを得ない事由があるとき」といった条項が定められているから[26]，普通解雇事由規定に該当しない場合はあまり考えられないと思われる。ただ，全く考えられないわけではないのであるが，懲戒解雇は普通解雇に不利益を加重するものに過ぎないから，懲戒解雇しないで普通解雇することは，その不利益を緩和すること

---

[23]　本条制定以前の判例として，ダイハツ工業事件・最二小判昭和56・9・16労判415号16頁。

[24]　菅野和夫『労働法（第8版）』（弘文堂，2008年）401頁。

[25]　東芝柳町工場事件・最一小判昭和49・7・22判時752号27頁。

になるだけでなんら問題はないというべきである[27]。確かに，就業規則の普通解雇事由規定はその事由を限定するものであるが，懲戒解雇事由がある限り，懲戒解雇の不利益を軽減することまで禁止されるわけではないと思われる。

　これに関連して，懲戒解雇の場合に懲罰委員会の議を経るなど厳格な手続が定められているような場合，判例の中には，使用者の真意が専ら懲戒解雇手続を経由することを回避することを目的として，普通解雇に藉口して所期の目的を達成するようなことは，解雇手続の選択自体に信義則違反があるものとして手続上無効とする判例がみられる[28]。しかし，懲戒解雇の手続規定はその加重的不利益のゆえに定められていると考えられるので，当該懲戒対象事由が就業規則の普通解雇事由にも該当する場合には，一般的に，普通解雇できるというべきであろう。普通解雇に該当する限り，手続回避を問題とする余地はないと思われる。これとは異なり，当該懲戒対象事由が就業規則の普通解雇事由に該当しない場合には，上記の手続を踏まず懲戒解雇できないことを前提とすると，懲戒解雇に代えて普通解雇したとはいえないから，普通解雇できないというべきである。

　ところで，普通解雇事由のなかに「懲戒解雇事由があるとき」などと規定する場合も多いが，この場合には，懲戒解雇の相当性が必要であろうか。あくまで普通解雇として行う以上，相当性の基準は普通解雇の基準で足りるというべきであろう。では，「懲戒解雇の決定があったとき」を普通解雇事由に定める例がある場合にはどうであろう。まず，文字通り解して，懲戒解雇相当との決

26　例えば，T&Dリース事件・大阪地判平成21・2・26労経速2034号14頁，コスモ石油事件・大阪地判平成3・3・26労判590号59頁，日本ペイント事件・東京地判昭和45・3・30労経速709号6頁，ヤマト交通事件・大阪地判昭和35・3・24労民集11巻2号184頁など。なお，千葉リクリエーション都市開発事件・千葉地判平成3・1・23労判582号67頁は，就業規則が懲戒解雇事由をもって普通解雇をなし得ない旨の明定がされていない場合には，普通解雇できる旨定めているものと解釈すべきとする。しかし，これは，就業規則の普通解雇事由を限定列挙と解する限り，その趣旨に反するもので妥当ではない。

27　愛電交通解雇事件・名古屋地判昭和42・10・23労民集18巻5号1031頁，広島化成解雇事件・広島地判昭和43・2・14労民集19巻1号101頁など。

28　近畿大学事件・大阪高判昭和43・9・30労民集19巻5号1253頁。

定がなされ，その要件を満足して初めて普通解雇にできると解することも可能であると思われるが，例えば，群英学園（解雇）事件[29]では，「せいぜい……組織において，懲戒解雇が相当と判断されているような場合で足りる」と解された。また，本件では，必ずしも明らかではないが普通解雇の相当性基準が用いられていると思われる[30]。

3 懲戒解雇の普通解雇への転換

もう1つの問題は，使用者が懲戒解雇したが，懲戒解雇事由に該当しないか又は懲戒解雇としての相当性が認められない場合，その懲戒解雇の意思表示を普通解雇の意思表示として認めることは可能かという問題である。これは，いわゆる意思表示の転換を認めるか否かということである。判例の中には，これを肯定するものがある。例えば，日本経済新聞社事件[31]では，「懲戒解雇は不名誉等事実上の問題を別にすれば，通常解雇の法的効果に加えて退職金債権の発生を阻害する効果を生ぜしめるにすぎないので……懲戒解雇事由にあたると考えた事実が懲戒解雇事由に該当しないとすれば雇用関係消滅の効果を意欲しなかったような特別事情の認められない限り」通常解雇（普通解雇）への転換を認めることができるとした。これに従う判例もないわけでないが[32]，大多数は転換を認めていない。その理由としては，例えば，転換を認めることが「被用者の地位を著しく不安定にするもので信義則上許されない」する例もあるが[33]，多くの判例は，懲戒解雇は企業秩序違反に対する制裁罰であり普通解雇とは制度上区別されたものであることをあげている[34]。しかし，懲戒解雇が普通解雇に制裁処分として加重的な不利益を課すものであるからといって，普通解雇が制裁処分としての機能を果たさないわけではない。普通解雇が企業規律

---

29 東京高判平成14・4・17労判831号65頁など。
30 西武バス事件・東京高判平成6・6・17労判654号25頁も普通解雇の相当性基準を適用。
31 東京地判昭和45・6・23労民集21巻3号980頁。
32 十和田運輸事件・東京地判平成13・6・5労経速1779号3頁。
33 太平洋運輸事件・名古屋地判昭和60・9・11労判501号73頁。
34 三菱重工事件・東京地判平成2・7・27労判568号6頁，日本メタゲゼルシャフト事件・東京地決平成5・10・13労判648号65頁等。

違反などに対して行われる場合には，使用者の主観に関わりなく制裁的機能を有することは，普通解雇とそれを下回る懲戒処分の関係を直視すれば明らかである[35]。したがって，解雇の意思表示が雇用契約を一方的に終了させる解約告知である点で共通であり，非難の対象となった行為・事実が同一である限り，目的や制度趣旨が違うというだけでは[36]転換を否定することはできないのではないかと思われる[37]。他方，使用者が懲戒解雇の意思表示に加えて，予備的に普通解雇の意思表示をすることを認める判例もある[38]。そうであれば，転換を認める場合と実際には大差はないということができる。

第5節　即時解雇との関係

ところで，就業規則の懲戒解雇規定は，懲戒解雇するときには予告を与えず解雇する旨を規定するのが一般である。しかし，労基法20条に規定される使用者の解雇予告義務は，その但書に該当する例外的場合でなければ，免脱されることはない。また，同条の「労働者の責めに帰すべき事由」とは，使用者側の「天災事変その他やむを得ない事由のため事業の継続が不可能となった場合」に対比され，予告もなされず，予告手当も支給しないで即時解雇する程度に重大な非違行為が労働者側にある場合を指すと解釈されている[39]。したがって，懲戒解雇でも労基法上の予告を与える必要がある場合が考えられるのである。そうすると，懲戒解雇には予告を与えない旨の規定は，労基法上の予告義務が免脱されない事由の場合には適用できなくなることになる。すなわち，この場合も，労働者は労基法20条の予告義務違反を争うことができることになる。しかし，使用者が就業規則で予告を与えず懲戒解雇する旨定めている場合には，労基法20条但書の規定を前提としていると解するのが規定の意思解釈

---

[35] 毛塚勝利「懲戒の機能と懲戒権承認の規範的契機」日本労働法学会誌273号15頁以下，19頁（1982年）。

[36] 菅野和夫『労働法（第8版）』（弘文堂，2008年）456頁。

[37] 下井隆史『労働基準法（第4版）』（有斐閣，2007年）172頁。

[38] 前掲注（34）の三菱重工事件判決，岡田運送事件・東京地判平成14・4・24労経速1817号3頁。

[39] 麹町学園事件・東京地判昭和30・6・21労民集6巻3号326頁。

及び現行法秩序に整合する合理的な解釈であると思われる。したがって，予告なしで懲戒解雇できる旨の規定は，労基法上の予告を与えなくても解雇できる事由の範囲でのみ使用者は懲戒解雇権を有する旨規定したものと解すべきであろう。

なお，20条但書に関する行政官庁の認定を受けずになされた即時解雇も，但書の要件を満足する限り，無効とはならない[40]。

第6節　懲戒解雇手続

1　労働協約の人事（解雇）協議・同意条項違反

学説・判例は解雇協議・同意条項などの労働協約の手続条項に違反する普通解雇・懲戒解雇の効力については，同条項が「労働者の待遇に関する基準」を定めたものではないので無効にならないとする少数判例もあるが[41]，①同条項が労働組合法16条の労働協約の「労働者の待遇に関する基準」（規範的効力を有する部分）に該当すること[42]，②組合の人事権に関する経営参加に関する条項（制度的部分）があって労働者の待遇に関する重要事項であること[43]，あるいは③規範的効力は認めないが重要な手続の不遵守が権利濫用になること[44]などを理由として無効になるとするのが一般である。しかし，解雇協議・同意条項の実質的な違反があったかといえるか否かが微妙な事案も多い。学説・判例は，一般に，客観的に十分な解雇事由が存在し，使用者が真摯に協議に応じているのに，組合が頑なに同意や協議を拒否している場合には，協議・同意条項違反はなかったものとしている[45]。なお，判例の中には，事前協議条項違反

---

[40] 豊中市不動産事業協同組合事件・大阪地判平成19・8・20労判957号65頁，上野労基所長事件・東京地判平成14・1・31労判825号88頁など。

[41] 日本セメント事件・東京地八王子支判昭和24・11・11労裁資7号141頁，日本製鉄事件・福岡地小倉支判昭和25・5・16労民集1巻3号301頁，布施自動車教習所事件・大阪高判昭和59・3・30労判438号53頁など。

[42] 日電工業事件・横浜地決昭和51・3・26労判254号52頁。

[43] 日本紙業事件・東京地判昭和26・2・1労民集2巻1号1頁。懲戒解雇の例として，東北電算電子事件・福島地会津若松支判昭和52・9・14労判298号63頁。

[44] 西宮タクシー事件・神戸地判昭和31・7・6労民集7巻4号629頁。

が争われた懲戒解雇事件に関して，当該条項は懲戒解雇をも対象とするものとは解釈できないとしたものや[46]，組合構成員と被懲戒解雇者がほぼ同一であることから，両者の利害が密接不可分であったことから，協議自体が到底期待できないとして懲戒解雇の効力を認めたものがある[47]。

2　労働協約の懲戒委員会の議を経ない懲戒解雇

次に，上記のような一般的な解雇協議・同意条項ではなく，特に懲戒解雇に関する手続として懲戒（賞罰）委員会の議を経ることを定める協約条項が存する場合がある。この場合にも，組合側委員の対応に問題があるとき，判例は，一般に，懲戒委員会等の審議を経ず，もしくは審議を尽くさないでなされた懲戒解雇は，重大な手続上の瑕疵があるものとして無効となるが[48]，特段の事情がある場合には無効とならないとする[49]。例えば，組合側の委員が，事案解明が不十分とか，団交によるべきとか主張して処分賛否の意見を表明しなかったりして，処分案の実質的審議に入れず具体的事案審議期間が短くなった責任の一端は，組合側委員の態度にあるのであるから，委員会が両側委員の意見を付して意見不一致として答申し，会社が解雇したのは解雇権濫用に当たらないとしたもの[50]，協議に対する組合側の誠意を疑わせる事情があり，会社側が組合側のそうした態度から協議を進める意思がないとして，会社が懲罰委員会における審議未了のまま解雇手続をとったのはやむを得ないものとして，懲戒手続規定の違反はなかったとしたものなどがある[51]。

---

[45]　代表的判例として，池貝鉄工事件・最一小判昭和29・1・21民集8巻1号123頁。懲戒解雇の例として，東京急行電鉄事件・東京地決昭和25・1・21労民集1巻3号438頁，大阪畜産加工事件・大阪地決昭和59・10・5労経速1203号3頁。なお，組合の同意拒絶権の濫用はなかったとする判例として，京阪電鉄解雇事件・大阪地決昭和23・3・13労民集4巻1号20頁など。学説として，西谷敏『労働組合法（第2版）』（有斐閣，2006年）356頁以下，菅野和夫『労働法（第8版）』（弘文堂，2008年）559頁。

[46]　東京流機製造事件・東京高判昭和54・12・24労判339号66頁。

[47]　洋書センター事件・東京高判昭和61・5・29労判489号89頁。

[48]　銀座タクシー事件・松山地判昭和37・12・14労民集13巻6号1199頁，新日本ハイパック事件・長野地松本支決平成元・2・3労経速1365号9頁など。

[49]　東海カーボン事件・名古屋地判昭和58・8・31労判422号25頁。

[50]　王子製紙苫小牧工場事件・札幌地判昭和36・9・26労民集12巻5号845頁。

第4章　懲戒解雇の法規制

　なお，労働協約に懲戒諮問委員会において弁明の機会を与える旨定めている場合には，公正を確保するため不可欠なものとして，その不履行は諮問委員会制度の目的に反する重大な手続違反として，懲戒解雇を無効とした判例があるが[52]，協約規定の解釈から，弁明の機会は組合側委員を通じて反映させることが予定されているから本人の出席は必ずしも必要でないとした例もある[53]。

3　就業規則の懲戒解雇手続違反

　上記とは異なり，就業規則に懲戒処分に関する組合同意条項，懲戒委員会，あるいは被処分労働者への弁明機会の付与などの手続規定をおいている場合がある。もっとも，組合同意条項はさすがに最近ではみられないが，その条項違反は一般に前述の労働協約の解雇協議・同意条項と同様の処理がされていたといえる[54]。これに対し，就業規則が定める懲戒委員会の不開催を理由に，当該懲戒解雇の効力を否定した例もあるが[55]，組合委員が処分対象者であるなど懲戒委員会委員の構成上公正な諮問を期待できないとか[56]，それが諮問手続に過ぎないから[57]などの理由で[58]，そのことのみでは解雇は無効にならないなどとした例が多い。同様に，それが諮問手続に過ぎないとして，構成員の一部の欠席や変更があった場合でも，そのことのみでは懲戒解雇が無効にならないとする例もあった[59]。最近でも，就業規則の懲戒委員会が開催されず，その代替

51　前掲注（48）の銀座タクシー事件判決。
52　東海カーボン事件・名古屋地判昭和58・8・31労判422号25頁。
53　川中島バス事件・長野地判平成7・3・23労判678号57頁。
54　就業規則の人事協議・同意条項に違反する懲戒処分の効力が争われた事例として，理研発条興業事件・東京地決昭和25・8・17労民集1巻5号795頁，東洋酸素事件・東京地判昭和42・9・13判タ213号142頁，淀川製鋼所（仮処分取消）事件・大阪地判昭和34・7・20労民集10巻4号662頁。
55　神戸タクシー事件・大阪高判昭和28・3・10労民集4巻2号169頁，日鉄鉱業事件・福岡地判昭和28・8・5労民集5巻6号671頁，淀川製鋼所事件・大阪地判昭和32・1・25労民集8巻1号16頁，中日本観光自動車事件・名古屋地判昭和48・3・26労判180号44頁，昌栄産業仮処分異議事件・横浜地横須賀支判昭和51・10・13労経速938号12頁，医療法人南労会（第一）事件・大阪地決平成5・9・27労判643号37頁。
56　日本通運事件・東京高判昭和26・10・10労民集2巻6号682頁，神戸タクシー事件・神戸地判昭和27・8・8労民集3巻4号313頁。

措置もとられずなされた懲戒解雇が無効とされた例もあるが[60]，懲戒委員会の構成員が労使の代表などによって構成されていないことから懲戒権等の行使を公正ならしめる内部機関に過ぎず，議事が懲戒委員会の規定に違反しても懲戒解雇は無効とならないとする高裁判決がある[61]。また，弁明の機会付与については，個人処罰の審議に当たっては，処罰対象者を弁護する者を選出し，その意見を十分聴取する旨の規定に違反し，本人に意見陳述をさせず，弁護者の選任を怠ったことを理由に懲戒解雇を無効とした例もあるが[62]，懲戒処分の審査委員会での弁明の機会付与の規定があるが，審査委員会自体が諮問機関に過ぎないので，その機会を付与しなかったことが懲戒解雇の無効原因にはならないとする例もある[63]。のみならず，就業規則の規定の場合，「必要に応じて懲戒委員会を設ける」，「弁明の機会を与えることができる」などとするものが多いので，委員会開催や弁明の機会付与が要件とされないとされることが多い[64]。

4 懲戒解雇手続規定のない場合

まして，手続規定がない場合には，基本的な手続の欠如，例えば弁明の機会

57　作佐部工業事件・東京地判昭和36・11・14労民集12巻6号979頁，杵島炭礦事件・佐賀地判昭和40・12・7労民集16巻6号1009頁，国際自動車事件・東京高判昭和44・2・26労民集20巻1号191頁，宝タクシー事件・東京地判昭和53・5・2労経速984号21頁。なお，大沢製作所事件・横浜地川崎支判昭和51・9・16労判262号38頁は，同事件の賞罰委員会は単なる諮問機関でなく，意思決定機関であり，その決議を経ない懲戒解雇は無効とした。

58　組合側委員の審理権放棄があったからとする判例として，小糸製作所事件・東京地判昭和41・2・26労民集17巻1号81頁。

59　杵島炭礦事件・佐賀地判昭和33・4・22労民集9巻2号169頁，本田技研工業・東京地判昭和33・11・24労民集9巻6号1013頁，日本都市交通事件・東京地判昭和35・4・11労民集11巻2号339頁。

60　中央林間病院事件・東京地判平成8・7・26労判699号22頁。

61　日本工業新聞社事件・東京高判平成15・2・25労判849号99頁。

62　守谷商会事件・大阪地決平成元・3・6労判536号31頁。

63　作佐部工業事件・東京地判昭和36・11・14労民集12巻6号979頁。

64　エス・バイ・エル事件・東京地判平成4・9・18労判617号44頁，佐世保重工業事件・東京地判平成8・7・2労判698号11頁，日本臓器製薬事件・大阪地判平成13・12・19労判824号53頁。

の付与等は実体的な側面に加えて，相当性判断の一要素として考慮されるが[65]，通常は，それだけで懲戒解雇権の濫用が肯定されることはほとんどない[66]。

5　若干の考察

　以上のように，判例は，懲戒委員会や労働者の弁明の機会の付与などの手続が就業規則に定められている場合も，その違反に対してかなり柔軟な対応をしているといえる。まして，弁明の機会付与などの就業規則規定がない場合には，その手続の欠如だけでは懲戒解雇を無効にしない。これをどのように考えるべきであろうか。対等な当事者間の労働契約において，懲戒の権限がアプリオリに使用者に与えられているとは考えられないことからすれば，就業規則にその根拠がある場合でも，とりわけ，労働者の生存や人格の尊厳の基盤たる継続的な契約関係を一方的に切断し，特に過酷な不利益を加重する懲戒解雇に際して，使用者は慎重な決定をなすべき配慮義務ないし注意義務を負っているというべきである。したがって，使用者は，公正かつ適正な決定をなすため，少なくとも，実質的に弁明の機会付与を行う義務を負うというべきであろう。もっとも，この義務は，実質的なものであるから，労働者のどのような規律違反行為が問題にされているのかを説明した上で，実質的に事情聴取し弁明し得る機会を与えたといえる場合には，それで足りるというべきである。また，就業規則の懲戒委員会が諮問的性格のものであると解しても，公正な手続という観点からは，諮問機関であっても所定の手続を踏まない解雇は基本的に違法というべきである。ただ，その違背の程度によって効力を否定すべきか，損害賠償の問題とすべきかを決定すべきである。しかし，その違背がなくても結果が異なる可能性がないといえる場合でも，損害賠償の可能性は否定すべきではない。契約内容となった手続が履行されなかったことに対する損害賠償（慰謝料または手続期

---

[65] 廣崎会事件・大阪地判昭和61・11・28労判487号47頁，トヨタ工業事件・東京地判平成6・6・28労判655号17頁，源吉兆庵事件・大阪地決平成6・7・11労判659号58頁，長野油機事件・大阪地決平成6・11・30労判670号36頁。

[66] 新三菱タクシー事件・大阪地判平成2・2・26労判580号72頁，湯川胃腸病院事件・大阪地決平成6・11・8労経速1550号19頁，日本電信電話（仮処分）事件・大阪地決平成7・5・12労経速1567号27頁，同盟交通事件・東京地判平成7・6・29労経速1569号3頁，日本電信電話（本訴）事件・大阪地判平成8・7・31労判708号81頁。

間の逸失利益）の問題は常に考慮されるべきである。

　かつて，労働契約法のあり方を検討した厚生労働省の「今後の労働契約のあり方に関する研究会」の最終報告[67]は，懲戒処分に関して，①懲戒処分は，個別合意，就業規則または労働協約に基づいて行わなければならないとすること，②法律で雇用における権利濫用法理を定め，さらに懲戒に関し，非違行為と懲戒の内容の均衡の原則を定めること，③懲戒解雇等，不利益の明確かつ大きい処分については，対象労働者，懲戒処分の内容，非違行為，根拠規定の当該労働者への書面の通知を義務付け，これを履行しない懲戒処分を無効とすることを提案した。このうち，③の書面通知の義務付けは，とりわけ懲戒解雇に直結するものである。これは最終的な懲戒解雇事由の通知ではなく，あくまで弁明の機会を労働者に与える告発通知と考えられる。こうした立法化を図るなら，さらに，労働者に公式の弁明の機会を与えるのみならず，所属労働組合または同僚の同伴権をも保障する規定を法定すべきであろう[68]。しかし，立法により課する手続違反の効果については慎重であるべきであり，手続不履行が結果に影響を及ぼす可能性がない場合にまで懲戒解雇の効力を否定することは妥当ではない。

　付言するに，規律違反を理由として，使用者が懲戒解雇ではなく，普通解雇を選択する場合についても，それが労働者の生存や人格的尊厳の基盤たる継続的な契約関係を一方的に切断するという効果を有し，実質的には規律違反に対する制裁的な意味をも有する点を考慮すると，使用者は，労働契約上の労働者の利益に配慮する義務の内容として，規律違反を説明し，これに対する実質的弁明の機会を労働者に付与すべきであるというべきである[69]。

67　厚労省労働基準局，2005年9月15日。
68　因みに，イギリスでは，労働者が懲戒手続において組合幹部や同僚に付き添われる権利を認め，同伴者が組合幹部の場合，その同伴時間は有給のタイム・オフとされる（1999年雇用関係法10条及び1992年労働関係労働組合関係（統合）法168条1項）。小宮文人『現代イギリス雇用法』（信山社，2006年）216頁参照。
69　昭和女子大学事件・東京地決平成2・8・10労判568号38頁。

第7節　内部告発の問題

1　はじめに

　1990年代に入って，欧米諸国やわが国において従業員による内部告発によって企業の不祥事が明らかにされることが多くなった。こうしたなか，特に，コモン・ロー諸国を中心に，社会的に有用な一定の内部告発を行った労働者を解雇や不利益取扱いから保護する立法が相次いで制定された。こうした中で，わが国でも，1998年ごろから，消費者の利益を擁護するため，公益目的の内部告発者を保護する制度を創って，企業に法令遵守を求めようとする動きが起こり，2004年6月，後述する立法目的に基づく公益通報者保護法が制定された。この法律は，内部告発を理由とする解雇，殊に懲戒解雇から公益目的でそれを行った労働者を保護しようとするものであるが，それは，雇用契約上の誠実義務違反と公益保護の調整をどのように懲戒解雇の効力に反映すべきか，という興味深い問題を提起しているということができる。懲戒解雇権の限界を論じるテーマとして極めて重要と考える。本節は，こうした観点から内部告発に関する従来の判例と公益通報者保護法に検討を加えた労働法学会発表論文をほぼそのまま再掲載するものであることを予めお断りしておきたい。

　さて，内部告発が増加した主な理由を考えると，告発を受ける側と告発をする側の事情がある。前者については，資本主義経済の発展に伴い企業の活動は国民生活の隅々まで影響を与えるようになったこと，経済的繁栄と国民生活が向上する中で国民の健康や安全，生活・自然環境への関心が高まったこと，株式市場を含め金融市場の動きが国民生活に重大な影響を与えるようになったことなどにより，企業の製品や活動への関心が高まったことがあげられる。これは，今日，企業の社会的責任論が高まりつつある主な原因といえよう。

　他方で，告発をする側の事情としては，IT革命などにより，労働者の仕事の仕方が個別化または専門化し，企業帰属意識が薄れ，また，生活の豊かさが向上してきたことにより，労働者の市民としてあるいは職業人としての自覚が高まったことがあげられる。その意味で，従来，組合が主にその団体交渉の補強材料として利用してきたに過ぎない内部告発が，組合の弱体化と相俟って

第7節　内部告発の問題

個々の労働者によって行われるようになったものと思われる[70]。こうした2つの方向からの要因が内部告発という現象を推進しているということができるであろう。

しかし，忘れてはならないのは，告発される側の内部告発を避けたい事情が高まってきたということである。すなわち，IT革命により情報の伝達・拡散が容易かつ高速化する一方で，企業は厳しい企業間競争におかれているため，負の情報の企業外への漏洩がその企業の信用や大衆的イメージを失墜させ，その存立を脅かす状態が生まれた。企業の容易に知り得ない一部の従業員による不正行為も企業組織の複雑化，人材の流動化，仕事の個別化，従業員のプライバシー侵害回避の必要等によりその可能性も増大している。また内部告発の対象事実を裏付けるための証拠として各種の企業秘密の外部への開示を伴うことが多いため，企業としては，できるだけ問題を内部において解決する，いわゆる自己浄化を図ることにより企業の損傷をできるだけ避ける必要が大きくなっているのである。

こうした状況のもとでは，個々の労働者による主体的な内部告発を保護して国民や消費者を含む社会一般の福祉の向上を図ることは望ましいことではあるが，それは企業のおかれている今日的状況を十分に配慮して行わなければならないと思われる。

ところで，内部告発とは，一般に，その組織の内部にいる者がその組織の不利になる事実を許可なく外部に開示することをいう。これを企業と雇用関係にある労働者が行う場合，雇用関係は人的継続的契約関係であり当事者の信頼関係がその維持に不可欠な要素であり，労働者は直接労務と関わらない領域においても使用者の利益を不当に侵害してはならないという内容の誠実義務を負っているから，その内部告発は，通常，誠実義務に違反し，就業規則に定める懲戒処分事由または解雇事由に該当することにもなり得る。しかし，それでは，企業の外部にいる国民や消費者を含む社会一般にとってそれなしでは得ることができない貴重な情報源が失われることになってしまう。

---

[70] ある意味では，経済的利益を追求する組合より倫理観に支えられた労働者の方が国民にとってより重要な内部告発をなす可能性が高いといえよう。

そこで，わが国の判例実務は，公益目的の内部告発を理由とする懲戒処分および解雇に対してかなり厳しい規制を加えてきた。ただ，従来判例が取り扱った事例の多くが組合活動として行われた内部告発に関するものであったため，集団的労働関係の視点がその規制の法的根拠の主要な部分をなし，労働者が個人として行う内部告発の保護の規範的根拠が必ずしも明確とはなってない。その意味で，内部告発者保護の一般法理と呼ぶべき法理は未だ明確な形で確立されていない状態にある。しかも，公益通報者保護法の規制内容は，後述のように，極めて限定されたものにとどまっているため，今日，内部告発を理由とする懲戒処分や解雇の効力をめぐる一般法理確立の必要性が高まってきた。

本節では，前述した内部告発の社会的意義およびそれに関わる当事者の利害関係を前提として，判例実務に則した内部告発の一般法理の規範的根拠と判断基準について私見を提示し，それとの関係において，公益通報者保護法の内容につき若干の考察を加える。

2　規範的根拠と一般法理

さて，内部告発を理由とする懲戒処分や解雇から労働者を保護するための規範的根拠として，学説上，およそ3つのものが主張されてきた。1つは，規範的根拠の1つを国民の憲法規範を擁護する義務（憲法99条）に求める。この見解は，組織内の人間がその組織の法違反を是正しようとするとき，擁護対象の法の利益はその憲法上の価値と結びついており，内部告発は憲法上の国民の基本的な義務の履行であるから，それに対し組織が課する不利益な処分を国の法体系上有効なものとすることはできず，少なくとも司法上の救済が積極的になされるべきであるとする[71]。しかし，憲法99条は国民等への倫理観や道義観による遵守を訴える規定に留まり[72]，この抽象的な憲法上の規定から国民が憲法秩序違反を監視する具体的義務は生じない。まして，労働者が雇用契約上負っている誠実義務に違反することまで義務付ける性格のものでもない。したがって，内部告発を行ったことを理由にする懲戒処分等の無効を導き出す法的根拠の1つとすることは困難である。

71　豊川義明「内部告発権の法的検討と法制化に向けての課題」労旬1545号13頁。
72　伊藤正己『憲法（新版）』（弘文堂，1990年）605頁。

第7節　内部告発の問題

　もう1つは，使用者が雇用契約上負っている労働者の人格権を配慮する義務に求める。労働者にとって労働社会は自己の人格の陶冶の場でもあるから労働者は職場においてその職業上の誇りを維持する権利（人格権）を有するが，コンプライアンスの欠如した使用者の企業経営はこの労働者の職業上の誇りを侵害することになる。これは，労働者の人格権に関し雇用契約上配慮すべき使用者の義務に違反することになるので，労働者はその侵害された人格権の回復のため自力救済的な行為として内部告発を行うことができるとする[73]。この見解は，内部告発が労働者の人格的な利益の維持とも密接に関連しており，その保護をも考慮しなければならないという新たな視点を提示したことにおいてきわめて有用である。しかし，内部告発の目的がその労働者の職業倫理の範囲外のものである場合はどうなるのか必ずしも明らかでない。また，「違法行為への加担は，労働契約が前提としている適法・適正・快適な職場環境下で働く権利」の侵害[74]になると言い換えても，同じ企業に雇われているだけで違法行為への加担があるとはいえないから，使用者の不正な行為が労働者の実際に働いている部署とは別のところでなされている場合はその権利の侵害という意味での人格的権利が侵害されているとはいえないと思われる。また，企業の不正行為が構成員である従業員の労働者としての社会的評価を低下させる可能性はないとはいえないとしても，そのことから当然に人格的権利の侵害を導き出すのは困難である。したがって，人格権防衛の自救行為という観点から内部告発者の保護の法的根拠を統一的に説明することには若干無理があると思われる。

　3つめは，内部告発の正当化の規範的根拠を端的に公共の福祉に求める。すなわち，企業の法益である営業の自由（憲法22条）・財産権（憲法29条1項）も公共の福祉による制約に服する（憲法29条2項）のであるから，内部告発は公益を優先させる観点から一定の範囲内で正当化され，誠実義務・守秘義務違反としての懲戒処分・解雇事由該当性が否定されるとする[75]。この見解は，後

73　島田陽一「労働者の内部告発とその法的論点」労判840号5頁。
74　岩出誠「情報管理」日本労働法学会編『講座21世紀の労働法第4巻・労働契約』（有斐閣，2000年）114頁以下，121頁。
75　土田道夫「顧客信用情報の不正取得および第三者に対する開示を理由とする懲戒解雇」判評538号37頁，豊川・前掲注（71）の論文。

にみるように判例実務の取扱いとほぼ一致しているのみならず，最近有力に主張されている企業の社会責任論によっても支持されるところである。それによれば，企業は国民社会および地域社会という「全体社会体系」の一部であり企業と社会とは相互依存の関係にあるから，企業にも全体社会体系の規範的基準に照らしてサンクションが加えられるべきである[76]。そのことから，企業は，株主の利益のみではなく，取引相手，債権者・債務者，投資者，従業員などの利益をも考慮すべきであり，その背後にある社会全体の要求を最大限に満足することが最高の目標であり[77]，企業はその社会性のゆえにその活動には社会からの制約を課せられるとするのである[78]。

　私見も，規範的根拠の基礎は，この公共の福祉による企業活動の制約に置くしかないと考える。ただ，内部告発者の保護の問題は，公益に反する企業活動をどう規制するかの問題ではなく，そうした企業活動を摘発した労働者への企業の制裁をどう規制するかという問題であるから，具体的な規範構造はもう少し複雑であり，補充しなければならない。そこで，考えるに，労働者が行う内部告発は，一方で企業の当該情報に関する利益を侵害すると同時に，他方で公益に資するものである。すなわち，使用者の社会的評価・信用を傷つけ，またその情報の開示に伴い財産的損害を惹起するが，他方，それなしでは得られない情報を社会が知る利益を満足する。したがって，この内部告発にかかわる利益関係は，部分的には，独立した個人による企業に対する公益目的の名誉毀損の場合と共通する[79]。しかし，労働者は，雇用契約上，使用者に対しその利益を不当に侵害しないという内容の誠実義務を負っている。また，その1つの内容として守秘義務等を有する。そして，内部告発を理由とする懲戒処分・解雇の効力に関しては，まさにそれらの義務違反が争われる。したがって，雇用関

---

[76] 富永健一「『経営と社会』の基礎理論」富永健一編『経営と社会』（ダイヤモンド社，1971年）3頁以下。

[77] 田中誠二「会社法学の新傾向とその評価」田中誠二ほか『会社法の新傾向と評価』（千倉書房，1979年）20頁。

[78] 中村一彦『企業の社会的責任と会社法』（信山社，1997年）23－24頁。

[79] したがって，使用者が労働者に対し名誉毀損のみを理由に損害賠償を要求する場合は，不法行為の公益目的による違法性阻却の有無が争われる。例えば，群英学園（名誉毀損）事件・東京高判平成12・8・7労判799号40頁。

係にない独立した個人による名誉毀損の損害賠償の場合とは異なり，その正当性は，①公共の利害に関する事実に関わり，②その目的が専ら公益を図ることにあり，かつ③その事実の真実性または真実と信じる相当な理由の存在という名誉毀損の違法性阻却の3要件だけでは判断できない[80]。それらの要件を満足しても内部告発の方法と態様が社会的にみて不当であれば，なお，誠実義務違反を免れない。しかし，その場合でも，労働者がその不当な方法・手段をとったことが，その必要性と法益衡量の観点から「やむを得ず行ったもの」といえる場合には，誠実義務違反としての違法性が阻却されると考えるべきである。名誉毀損としての実体的違法性が阻却される以上，方法・手段が不当といえても，公益保護（公共の福祉）の観点から企業は右の限度で労働者の内部告発による不利益を受忍すべきことが肯認されなければならないからである。また，内部告発の事実を裏付ける資料としての情報が保護に値する企業秘密である場合，労働者の権限のない情報へアクセス・取得及びその開示は内部告発の不当な方法・手段に該当し誠実義務ないし守秘義務に違反となる。しかし，この場合も，それが「やむを得ず行ったもの」といえる場合には，同様の理由で，その義務違反の違法性阻却が認められるというべきである。これらの場合，懲戒処分・解雇事由該当性は否定できないが当該懲戒処分・解雇が相当性を欠き懲戒権・解雇権の濫用として無効となると考えられる。なお，違法性が阻却できない場合でも，さらに諸般の事情から相当性が否定されることがあるのは他の懲戒処分・解雇の場合と同様である。

3　内部告発の具体的判断基準

以上の考察にしたがえば，内部告発が誠実義務・守秘義務違反を免れるためには，まず，①労働者が公益目的をもって真実または真実と信じるものを内部告発したという要件を満足し，かつ，②その内部告発の方法・手段が不当でないか，あるいは，不当ではあってもやむを得ないものであったと判断される必要があるといわなければならない。そこで，便宜上，これらにつき，①と②と

---

[80]　もっとも，それらの3要件を満足できなければ，懲戒処分・解雇は有効となることはいうまでもない。例えば，大成会福岡記念病院事件・福岡地決昭和58・6・7労判413号36頁，大日本印刷事件・東京地判昭和59・12・21労判444号19頁。

を区別しないで，従来の判例を参照しながら考察する。

(1) 告発対象事実と公益

　まず，告発対象事実が公益に関するものであることが必要である。しかし，この公益が何を意味するかが問題となる。従来の判例では，役員の横領・背任を含む不正行為・法律違反[81]のみならず，病院の保険不正請求[82]，抗生物質の過剰投与等の生命に係わる医療方法[83]，電気工事士養成施設指定基準通達違反の指定申請書虚偽記載[84]，ごみ収集委託業者の市からの委託料不正利得[85]等の事実を内部告発したことを理由とする労働者の懲戒処分・解雇の効力が否定されている。したがって，判例上保護される内部告発の告発対象事実は，刑罰によって担保されている法令の違反行為だけに限られていないことになる。内部告発を理由とする処分を公共の福祉（公益）保護の観点から制約するとの視点からは，広く一般多数の利害に関係する内部告発を保護の対象とするのが妥当であると思われる。したがって，公益をあまり具体的な形で限定すべきではない。このように解しても，内部告発の正当性は，最終的には，その必要性および公益と企業利益の衡量によって決定されるものであるから特段の不都合はないというべきである。その意味で，公益性を有する事実とは，首都圏高速道路公団事件[86]において，東京地裁が述べたように，「違法行為等社会的に不相当な行為」に関する事実という程度に定義せざるを得ない。そして，少なくとも，違法な行為，国民の生命，身体，安全に重大な影響のある行為，公費の不正支出・不正受給等に関する事実は公益性を有するものということができる。

---

[81] 群英学園（解雇）事件・前橋地判平成 12・4・17 労判 790 号 55 頁，大阪いずみ市民生協（内部告発）事件・大阪地堺支判平成 15・6・18 労判 855 号 22 頁，トナミ運輸事件・富山地判平成 17・2・23 労判 891 号 12 頁。
[82] 医療法人穀峰会事件・大阪地決平成 9・7・14 労判 735 号 89 頁。
[83] 医療法人思誠会（富里病院）事件・東京地判平成 7・11・27 労判 683 号 17 頁。
[84] 吉沢学園事件・広島地判平成 13・3・28 労判 849 号 144 頁，同控訴事件・広島高判平成 14・4・28 労判 849 号 140 頁。
[85] 生駒市衛生社事件・奈良地判平成 16・1・31 労旬 1572 号 40 頁。
[86] 東京地判平成 9・5・22 労判 718 号 17 頁。

(2) 公益目的

　次に，保護される内部告発は，それが公益目的でなされたものでなければならない。これは，内部告発を保護する理由が公益を使用者の私益に優先させるものである以上当然のことである。そして，労働者は，雇用契約上，誠実義務を負っていることからみて，内部告発が他の「不当な目的」でなされたものであってはならないと解される。しかし，「もっぱら公益を図る目的」の存在まで証明する必要はないと解される。ちなみに，名誉毀損の違法性阻却事由としての「もっぱら公益を図る目的」の解釈においても，学説・判例は一般に人が唯一の動機で行動することを期待するのは著しく困難であるため，公益を図ることが主たる動機であればよいとしている[87]。内部告発に関する従来の判例も一般に「不当の目的」でなされたものでないか否かを問題とするだけである[88]。判例が「不当な目的」とした例としては，会社の求人業務妨害の目的[89]や「特定理事に対する個人的かつ感情的な動機」[90]がある。内部告発が公益目的によるものか他の不当な目的によるものかの決定は，いずれが客観的にみて支配的といえるかによって決定すべきであると思われる。そして，人間の内心の感情は周囲の状況に応じて複雑に揺れ動くものであるから，何が支配的目的かは労働者の偶然的な主観にとらわれず行為の全体を客観的にみて決定するのが相当と考える[91]。したがって，内部告発に労働者の私怨が伴う場合も多いと思われるが，その労働者の行動全体を客観的にみてその私怨が内部告発を方向付けるきっかけまたは補強要素になったに過ぎない場合には，そのことだけでは怨みをはらすことが当該内部告発の支配的な目的であったとまでいえないと考えるべきである。なお，判例は，内部告発の目的が自己の労働条件や労働環境の改善を目的として含んでも不当ではないとしている[92]。確かに，労働者の自己の職場における労働条件や労働環境の問題は，本人だけの問題ではなく当該職場

87　大塚仁ほか『大コンメンタール刑法（第2版）第12巻』（青林書院，2003年）46頁（中森喜彦執筆）。
88　例えば，医療法人思誠会（富里病院）事件・東京地判平成7・11・27労判683号17頁。
89　ソニー本訴事件・仙台地判昭和50・5・28判時795号98頁。
90　群英学園（解雇）事件・東京高判平成14・4・17労判831号65頁。
91　産経倶楽部事件・東京地判昭和47・5・15判タ279号292頁。

の労働者の問題でもあるから，労働者の私益と公益とが重ならざるを得ないことになる。しかし，労働条件や労働環境の改善自体は労使の交渉により決定すべき事柄であるから，企業外への内部告発は，それが実際に労働法令に違反する場合や形式的には違反しないとしても職場の労働者の安全や健康に重大な影響があるような場合でなければ，公益性を有する対象事実としての「違法行為など社会的に不相当な行為」とはいえず，保護の対象とならないというべきである。

(3) 真実性または真実と信じることの相当性

内部告発は企業に損害を与える可能性が高いものであるから，その内部告発が真実であることまたはそう信じることに相当な理由がなければならないのは当然といえよう。このため，従来の判例もそのいずれかの存在を要求している。従来の判例の多くが組合の情宣活動に絡んで行われたものであるが，組合活動だからといって事実の真偽の許容限度が広がるというものではないと思われる。こうした前提で，組合活動が絡んだ事件も含めて検討すると，判例は，一般に，大筋において真実であることを要求するにとどまり，細部にわたってまで完全な真実性を要求していない[93]。これに対し，内部告発の内容の主要部分が真実に反したり[94]，重大な誤解を与えるものであったりした場合[95]は，内部告発を理由とする労働者の懲戒処分・解雇を有効としている。なお，内部告発を許

---

[92] 三和銀行事件・大阪地判平成12・4・17労判790号44頁，カテリーナビルディング（日本ハウズイング）事件・東京地判平成15・7・7労判862号78頁，前掲注(90)の群英学園（解雇）事件東京高裁判決。

[93] 例えば，大阪いずみ市民生協（内部告発）事件・大阪地堺支判平成15・6・18労判855号22頁，山陽新聞社（仮処分）事件・岡山地判昭和38・12・10労民集14巻6号1466頁，同控訴事件・広島高岡山支判昭和43・5・31労民集19巻3号755頁，山陽新聞社本訴事件・岡山地判昭和45・6・10労民集21巻3号805頁，聖路加国際病院事件・東京地判昭和51・2・4労判245号57頁。但し，聖路加病院控訴事件・東京高判昭和54・1・30労判313号34頁参照。

[94] 仁丹テルモ事件・東京地判昭和39・7・30労民集15巻4号877頁，中国電力事件・広島高判平成元・10・23労判583号49頁，首都圏高速道路公団事件・東京地判平成9・5・22労判718号17頁，同控訴事件・東京高判平成11・10・28判時1721号155頁。

[95] 九十九里ホーム病院事件・千葉地判昭和54・4・25労判333号72頁。

容する趣旨からみて，その表現についてあまり不相当な誇張や修辞を認めるべきでないのは当然といえる。また，その表現の仕方によっては，労働者が公益目的以外の他の不当な目的を有していたとの推定を受けることになると思われる[96]。

また，内部告発の事実が真実と信じたことの相当性に関しても，判例は，一般に，必ずしも厳しい基準を適用していないようである。すなわち，真実と信じたことに全く裏づけを欠いている場合や調査すれば容易にできたのに，全く事実確認しなかったような場合には，真実と信じる相当の理由はないとしている[97]。そして，後述の通り，労働者が正確な証拠資料を適法な形で得ることが困難であることに鑑みれば，真実と信じたことの相当性を過度に厳格に解すべきではないと思われる。

(4) 内部通報の必要性

内部告発が許容されるためには，労働者は事前に企業内部に通報することを要するか。この点に関して，判例は，比較的最近までは，内部通報の必要性を議論してこなかったが，個々の労働者の内部告発に関する事件が増加するにつれて，内部通報の必要性を明言する判例や明言こそしないが内部通告の有無を懲戒処分・解雇の有効性判断に結び付ける判例[98]等が増加してきている[99]。前者の例として，群英学園（解雇）事件東京高判は「内部検討機関に調査を求める等の手順を踏むべきであり，こうした手順を捨象していきなりマスコミ等を通じて外部へ公表する行為は信頼関係に基づく誠実義務に違反する」とし，前掲首都圏高速道路公団事件東京地判は「従業員が内部で努力するもその状態が改善されない場合」は監督官庁やマスコミ等に通報しても責任を問われない

---

[96] 日本経済新聞社（記者HP）事件・東京地判平成14・3・25労判827号91頁，東京高判平成14・9・24労判844号87頁。
[97] 群英学園（解雇）事件・東京高判平成14・4・17労判831号65頁，前掲注（94）の中国電力事件判決，甲南学園事件・大阪高判平成10・11・26労判757号59頁，栴檀学園（東北福祉大学）事件・仙台地判平成9・7・15労判724号34頁。
[98] 医療法人思誠会（富里病院）事件・東京地判平成7・11・27労判683号17頁。
[99] 大阪いずみ市民生協（内部告発）事件・大阪地堺支判平成15・6・18労判855号22頁。

第4章　懲戒解雇の法規制

としている。

　内部通報の必要性の法的根拠は，東京高裁が示した労働者が雇用契約上負っている誠実義務にあるということができる。すなわち，一定の管理職を除き労働者が一般に雇用契約上の誠実義務として他の従業員の不当な行為を使用者に通報する義務を有しているとはいえないとしても[100]，使用者の不利益となり得る内部告発をするには，その前提としてある程度内部通報に努力する必要があるといえる。したがって，合理的な内部通告の努力を欠く内部告発は，原則として，その態様において不当ということになる[101]。その典型的な例外は，法律が特に労働者に法令違反の事実を特定の行政機関に対して申告する権利を与えている場合である[102]。また，法律が国民に特定の行政機関への申告等を義務付け[103]または奨励している[104]場合も，やはり不当とはいえないと思われる[105]。さらに，そのような場合でなくとも，当該労働者の業務がその企業の不正行為と直接結びついているような場合には，使用者は労働者をその不正行為に加担させていることになり，また，たとえそうとはいえないまでも労働者を適正な労働環境の下で働かす義務に違反していることになる。したがって，このような場合，少なくとも，労働者の監督官庁への内部告発は，内部通告を欠いたとしても，使用者は誠実義務違反を問うことはできないというべきである[106]。

　のみならず，労働者がその内部告発の対象事実の性格や労働者地位やその置かれている状況を無視して，常に，内部通報を要求することは妥当ではない[107]。労働者が内部通告なしに内部告発せざるを得ないと判断することに相

100　富士重工事件・最三小判昭和52・12・13民集31巻7号1037頁。

101　トナミ運輸事件・富山地判平成17・2・23労判891号12頁。

102　労働法の分野で労基法104条，労安法97条，賃確法14条，家内労働法32条，派遣法49条の3等。その他の分野でも，例えば，原子炉等規制法66条の4等がある。

103　児童虐待法防止法5条。公務員に関する刑事訴訟法239条2項の規定も参照。

104　刑事訴訟法239条1項，独禁法45条，JAS法21条，工業標準化法21条等。

105　大内伸哉ほか『コンプライアンスと内部告発』（日本労務研究所会，2004年）55－70頁（竹地潔執筆）が詳しい。

106　岩出誠「情報管理」日本労働法学会編『講座21世紀の労働法第4巻－労働契約』（有斐閣，2000年）114頁以下，121頁。

256

当の理由を有する場合は,「やむことを得ずなされたもの」としてその違法性が阻却されるというべきである。まず，人の生命または身体に危害を及ぼす急迫の危険があるような例外的な場合がやむことを得ざる場合に該当することはいうまでもない。また，内部通報の必要性は，あくまでも，企業内で内部通報が有効に機能するとの労働者の信頼の存在を前提にしなければならない。したがって，例えば，企業の中枢が公益に反する行為に関与しまたはそれを認識している場合には，通常，労働者が内部通報は困難と判断するのは相当な理由があるというべきである[108]。そうでなく，一部の労働者が秘密裏にそうした行為をしている場合には，一応，内部通報による解決の可能性があるといえる。しかし，それも諸状況に照らして，内部通報をしないことがやむを得なかったか否かが判断されるべきである。したがって，ヘルプラインが社外の弁護士等独立性の保障されている者が受け付けるような場合はともかくとしても，ヘルプラインなどがあるから当然にそれを通さなければならないということにはならず，労働者が内部手続を信頼できないと信じることに相当の理由があれば，内部手続を踏まなくとも違法とはいえないことになる。同様の観点から，労働者が内部手続を踏んだのに会社が十分に対応しない場合に内部告発を行っても問責されるべきではない。

(5) 告発先

　企業の公益に反する事実につき労働者の内部告発を許容するならば，その労働者が当該事項に監督権限を有する行政機関に対し告発を行うことは許容されなければならない。法律がその行政上の監督権限を与えているのであるから，その行政機関が問題を公正かつ適切に処理し公益目的をよりよく達成できるはずであるし，そうした告発が使用者に不当な損害を与える可能性も少ないと考えられるからである[109]。また通常の労働者にとっては，どこが監督行政機関かを正確に判断するのはしばしば困難であろう。そして，告発を受けた行政機

107　前掲注（101）のトナミ運輸事件・富山地判。
108　吉沢学園事件・広島地判平成13・3・28労判849号144頁，大阪いずみ市民生協（内部告発）事件・大阪地堺支判平成15・6・18労判855号22頁。
109　医療法人思誠会（富里病院）事件・東京地判平成7・11・27労判683号17頁。

関が当該告発を不当に取り扱うとは考え難く，通常，適切な監督行政機関を当該労働者に告知し，または，そこに当該告発事項を連絡することもできるから，監督権限を有する行政機関か否かを厳密に考えるべきではない。したがって，労働者が監督官庁であると信じる相当な理由がある場合は，内部告発の手段の不当性を肯定できないというべきである。では，行政機関以外の第三者に告発する場合はどうか。場合によっては，行政機関への内部告発とともにまたは単独に，他の第三者に内部告発することが不当と言えない場合がある。例えば，株式会社・協同組合内の不正会計等については，その一次的なステークホルダーである株主や組合総代に内部告発することは，企業の自己浄化にもつながり不当とすることはできないであろう[110]。しかし，その他の第三者，すなわち，顧客一般，地域住民，消費者団体，新聞あるいは週刊誌等に内部告発することは，その強弱には差があるものの，通常，企業に不測の損害を与える恐れがあるので不当な内部告発の仕方であると考えられる。しかし，その対象事実の公益上の重大性と緊急性の程度，企業の不利益の程度，当該告発先による問題是正可能性，告発経緯を中心とする諸事情を考慮して，必要性と法益衡量に基づき当該内部告発が「やむを得ず行われたもの」といえる場合は，なお，その違法性を阻却されるものと考えるべきである。裁判所の取扱いもこれに近いものと思われる。例えば，地方大衆紙が地方政治家と結託して地域住民に対して虚偽の報道をしている場合には，直接または他のメディアを通じて地域住民に内部告発するしかないであろう[111]。また，重大な商品の危険性や環境汚染の問題は，主務官庁のみならず，広く消費者や地域住民を対象とすることが認められるべきである[112]。しかし，すでに所轄官庁に内部告発をした後に自己の訴訟に関する和解交渉継続中地域住民へ同じ不正行為の内部告発をすることは目的の疑義の点から誠実義務違反とされる可能性がある[113]。

110　前掲注（108）の大阪いずみ市民生協（内部告発）事件判決。
111　山陽新聞社（仮処分）事件・岡山地判昭和38・12・10労民集14巻6号1466頁，同控訴事件・広島高岡山支判昭和43・5・31労民集19巻3号755頁。
112　日本計算機事件・京都地峰山支判昭和46・3・10労民集22巻2号187頁，中国電力事件・広島高判平成元・10・23労判583号49頁。
113　毅峰会（吉田病院・賃金請求）事件・大阪地判平成11・10・29労判777号54頁。

第7節　内部告発の問題

(6) 匿名の告発

　内部告発が匿名で行われた場合，その告発の正当性に何らかの影響が出てくるだろうか。内部告発を匿名で行えば，一般に，当該告発の真偽や公益目的が疑われることになる。したがって，匿名で行う内部告発の多くは，内部通報ができない事情がある場合であると思われる。例えば，前掲大阪いずみ生協（内部告発）事件で，大阪地裁堺支部は，告発者が氏名を明かせば弾圧や処分を受けることは容易に想像され，また被告発者が告発前に批判を許さない態度を示していたような場合には匿名による告発もやむを得ないと述べた。内部通報ができないような企業内の事情が認められる場合には，匿名での内部告発は違法性阻却に影響を与えないというべきである。

(7) 機密資料の取得・開示

　内部告発によって，企業の脱税や有害物質の垂れ流しなどの反社会的行為についての情報を外部に漏洩しても，それらは「その保持が社会的に是認される」情報とはいえないから[114]，不正競争防止法の対象たる「事業活動に有用なる技術上又は営業上の情報」（2条6項）の要件に該当せず同法に基づく損害賠償責任を負わない。なお，「不正の目的」がなければ同法の刑事責任も負わない。また，同法の営業秘密に該当しないが就業規則などに規定される企業秘密も，それが反社会的行為に関するものであれば同様に法的保護に値する企業秘密ではないので，いずれにせよそれらの情報の開示については，守秘義務違反を問責されない。
　とはいえ，内部告発は，告発対象事実の裏づけとなる証拠としての営業秘密を含む資料の取得・開示を伴うことが多い。しかし，顧客情報，財務情報，技術情報などの営業秘密その他の企業秘密に関する資料の取得・開示が労働者の労働契約上の守秘義務に当然に違反するとすれば，多くの内部告発は実質的に不可能となってしまう。医療機関のカルテやレセプトについても同様の問題がある。もっとも，この場合は，医師の秘密漏示罪が問われることもあり得る。また，企業秘密に該当する書類・記憶媒体の持ち出しは刑法上窃盗罪，自己が

114　小野昌延『不正競争防止法概説』（有斐閣，1994年）201頁。

管理する秘密に該当する書類・記憶媒体のコピーのための無断持ち出しは横領罪を構成する可能性がある。刑事上の構成要件に該当すれば，あとは一般の違法性阻却原理の問題に帰着するといわざるを得ない[115]。

　しかし，内部告発の証拠資料としての企業秘密の取得・開示は，通常，就業規則に基づく懲戒処分・解雇の問題として顕在化する。実際，最近の判例でも，内部告発のため病院の医師がカルテをメモし検査報告書をコピーして持ち出し保健所に提出したこと（前掲医療法人思誠会（富里病院）事件），病院の事務職員がカルテやレセプトのコピーを持ち出し大阪府保健管理課に提出したこと（前掲医療法人毅峰会事件），他の従業員の私物の鞄の中まで漁るなどまでして不正支出に関する各種文書を複写して持ち出した資料を元に作成した告発状を生協の総代等の関係者に匿名送付したこと（前掲大阪いずみ生協（内部告発）事件），及びホスト・コンピュータへアクセスして最高機密に当たる顧客融資情報を持ち出し国会議員秘書及び県警に提出したこと（宮崎信用金庫事件）[116]を理由とする懲戒解雇または普通解雇の効力が争われた。

　これらの事件のうち，宮崎信用金庫事件では，一審がその秘密文書取得行為は懲戒解雇事由たる「窃盗」にあたり不正摘発目的でも顧客の信用情報にアクセス・探索することは正当行為と評価できないとして懲戒解雇の効力を肯定したのに対し，二審は，当該文書の財産的価値はさしたるものではなく，記載内容を外部に漏らさない限り実害はないから窃盗罪として処罰される程度に悪質ではなく懲戒解雇事由の「窃盗」に当たらないとした。また，大阪いずみ生協（内部告発）事件では，前記の文書が当該内部告発に不可欠であること，文書の財産的価値がさほど高くなく，しかも，原本取得ではないから直ちに生協に被害を及ぼさないので，危害目的に用いたり不用意にその内容を漏洩したりしない限りその取得行為によって当該内部告発自体が不相当になるとはいえないとした。これらの判例は，アクセス・取得の方法，文書の不可欠性，文書の財産的価値および実害を判断材料としている。

115　西山記者事件・最一小判昭和53・5・31刑集32巻3号457頁など。

116　宮崎地判平成12・9・25労判833号55頁，同控訴事件・福岡高宮崎支判平成14・7・2労判833号48頁。

第7節　内部告発の問題

　内部告発目的の取得資料の開示については，医療法人毅峰会事件では，病院職員が違法な保険請求の疑いがある場合において，医療保険に関わる行政機関との約束に基づいてカルテ及びレセプトのコピーを根拠資料として提出したこと，及び根拠資料の提出を禁じると具体性のある内部告発は不可能になることを重視し，また，医療法人会思誠会（富里病院）事件では，乱療の疑いが強く，患者の生命や身体に直接かかわる問題で，病院に当該医師の指導改善を上申したのにその指導改善がされず，保健所による指導改善を期待して当該医師の検査報告書のコピー及びカルテのメモを保健所に提出したという背景を重視して，労働者の守秘義務違反が否定されている。これらの判例からは，当該証拠資料の開示先，開示の不可欠性の如何が問題とされているといえる。

　労働者が権限なくまたは不当な手段により企業秘密等の証拠資料を取得し第三者に開示することは，不当な取得・開示であるから誠実義務違反または守秘義務違反を構成する。しかし，内部告発のために「やむを得ず行われたもの」といえる場合は，違法性が阻却されると考えられる。そのためには，他に取り得るより適切な手段・方法がなかったことや証拠隠滅の恐れがあったことなどが必要とされると思われる。それに加え，保護されるべき公益と当該資料の企業にとっての価値の衡量がなされなければならない。したがって，例えば，持ち出された資料が内部告発に不可欠でありかつ秘密の価値が低い場合は[117]，その持出し行為は「やむを得ず行われたもの」といいやすい。反対に，信金の職員がその役員の不正融資を内部告発するために最高機密たる顧客融資情報を不当に取得したような場合，当該情報は不可欠とはいえても，その告発対象事実の重大性と企業の信用喪失の重大性の均衡からみて違法性を阻却することには問題があると思われる[118]。結局，守秘義務違反を理由とする懲戒処分・解雇の相当性は，その告発対象事実の重大性・緊急性，当該企業の実質的および

117　大阪いずみ生協（内部告発）事件における理事による生協私物化の実態を示す総勘定元帳や役員報酬のデータの写しは，そうした例である。

118　この点において，前掲注（116）の宮崎信用金庫控訴事件福岡高裁判決が職員の当該「行為が懲戒解雇事由に該当しなくなるとまでいえるかどうかはともかく，各行為の違法性が大きく減殺されることは明らか」として懲戒解雇を無効としたことの妥当性は疑わしい。

蓋然的な不利益の程度，取得方法，開示先，取得・開示の経緯等を考慮して，当該資料の取得・開示の必要性と法益の衡量により決すべきこととなる。

(8) 立証責任

以上の判断要素に関する立証責任について略述すると次のようになる。

懲戒解雇事由に該当することの立証責任は使用者が負うので，使用者は名誉・信用の毀損または企業秘密の不当取得・漏洩，その他の就業規則に定める懲戒処分・解雇事由に該当することを証明しなければならない。名誉・信用の毀損については，当該内部告発が企業の社会的評価を害するに足る具体的事実を公然と表示したこと，および事実の性質の認識と公然摘示の認識があったことを証明する必要がある。これに対し，労働者は，その違法性阻却事由として，告発事項が公益に関わるものであること，当該事実の真実の証明ないし真実と信じたことに相当な理由のあったこと，および不当な目的はなかったことを証明しなければならない。その証明がなされた場合でも，使用者がさらに内部通報しないで外部へ内部告発したこと，企業の損害が大きくなる蓋然性が高い相手に内部告発したことなど告発の手段・態様が不当であったことを証明する場合は企業秩序紊乱等の懲戒処分・解雇事由に該当することになる。しかし，労働者はそのような手段・態様をとったのはその必要性と法益衡量に照らしてやむを得ないものであったことを証明すれば，違法性が阻却されて当該処分・解雇は相当性を失い権利の濫用として無効になる。また企業秘密の取得・開示に関しては，使用者が保護に値する企業秘密が労働者により権限なく取得・開示されたこと，その他取得・開示の不当性を証明すれば処分・解雇事由該当性が肯定される。しかし，労働者が当該内部告発に際して当該企業秘密をそうした仕方で取得・開示したのはやむを得なかったことを証明すれば，行為の違法性は阻却され，当該処分・解雇は相当性を失い権利の濫用として無効になる。

4 公益通報者保護法の功罪

公益通報者保護法は，審議会及び検討委員会の報告書からみると，最低限度の通報者保護ルールを明確化することにより，企業の法令遵守（自己浄化）を促進し行政の監視機能を補完して，消費者被害を防止する目的を有するものと

みることができる[119]。公益通報者保護法はそうした目的を達成するため現行の法制ないし一般法理に何を加えたといえるのかを以下に検討したい。

　第一に，公益通報者保護法は，派遣労働者の派遣先に関する内部告発を行ったことを理由として，派遣先が行う当該派遣契約の解除を無効とし（4条），または派遣元に当該派遣労働者の交代を求めるなどの不利益な取扱いを行うことを禁止した（5条2項）。また，派遣先または契約事業先に関する内部告発を行った場合にも雇用元から解雇その他の不利益取扱いを受けない（3条及び5条1項）。これらの規定がなくても，一般法理から当然に同様の法的効果を導き出せるとは言い難いので，その効果を明文の規定で定めたのは有意義である。ただ，退職者，役員，下請け業者等に対する保護を定めるに至らず，労働基準法上の労働者に限定されている。また，公益通報者保護法は，保護対象とされる内部告発を行った者に対する解雇以外の事実行為としての不利益取扱いを禁止したという点は評価できるが，罰則や行政救済を設けてはいない。また，保護対象とされる内部告発に関しては，内部通報がなく直接的に権限ある行政機関にもっていけるとしたことは，一般法理上，当然とはいえなかった内部告発の仕方に明確な保護を与えたものと評価できる。

　第二に，公益通報者保護法が保護の対象とする内部告発は，最終的に刑罰によりその実効性が担保されている法令違反に関する事実を対象とし，しかも，その法令は別表に掲げる法律の他，「国民の生命，身体，財産その他の利益の保護に関する法律として政令」で指定する法令に限定されている（附則2条）。また，保護される内部告発の内容は，「事実が生じ，又はまさに生じようとしていると信じるに足りる相当な理由」が存する場合に限定され，通報対象事実の切迫性と蓋然性の高いことが要件とされている（3条2号及び3号）。公益通報者保護法は，また，内部告発先を厳格に限定している。すなわち，労務提供先への内部通報を別にすると，告発先は権限ある行政機関とその他の第三者に分けられ，右の行政機関以外の第三者（権限のない行政機関を含む）への内部告

119　国民生活審議会消費者政策部会「21世紀型の消費者政策のあり方について―中間報告―」および公益通報者保護制度検討委員会「公益通報者保護制度の具体的内容について」。

263

発は，通報対象事実の「発生又はこれによる被害の拡大を防止するために必要である者に対して」，かつ，法定された5つの条件の下でのみなし得るに過ぎない（3条3項）。これらの規定は，前述した公益通報者保護法の立法趣旨からすればやむを得ないものといえないことはない。しかし，公益通報者保護法がその6条において他の法令の定める不利益取扱い規定および労基法18条の2の適用を排除しないとの規定をおいたからといって，労働者が一般法理によって，公益通報者保護法に規定された場合以外にも保護される可能性があることを当然に知り得ると考えるのは妥当ではない。したがって，公益通報者保護法が内部告発者保護の最低限度を明確に示すとの趣旨であれば，むしろ，内部告発者保護のための包括的な判断枠組みを示した上で，明らかに保護される場合を例示する方がよかったのではないかと思われる。少なくとも，労働者が規定された要件を満足しなければ保護されないかのような印象を払拭する必要がある。法律の名称にもかかわらず，労働者保護の側面が極めて希薄であることを示している。

　第三に，公益通報者保護法は，内部告発者が他人の正当な利益または公共の利益を害することがないように努力する義務を課して（8条），告発の仕方が個人情報漏洩などを通じ，企業や公益侵害にならないよう求めているが，それ以上に内部告発に伴う企業秘密の取得・開示の問題について具体的な規定を置いていない。これについては，全く裁判所の判断に委ねられたままといえる。また，立証責任の点においても，公益通報者保護法はなんらの特別の規定をおかず，保護対象を最終的に刑罰で実効性が担保されている法令違反に限定していることからすると，何らかの措置を講じる必要がある。これらの点からみると，公益通報者保護法の規定は保護の最低限度を示す趣旨としても自己完結性に欠けている。

　以上のことから，公益通報者保護法は，内部告発が保護される場合を明文化し内部告発の行為規範性を強化したこと及び前述の諸点において評価できるものの，内部告発者保護のための包括的な判断枠組みも示さないまま保護対象の内部告発を極度に限定したため，公益通報者保護法が対象としない内部告発を抑制してしまうおそれがある。

第7節　内部告発の問題

5　若干の付言

　本節の考察によれば，内部告発者の法的保護は，企業活動の公共の福祉による制約という観点から労働契約上の使用者の懲戒権と解雇権を限定的に解釈することによって，従来の判例実務と大きな齟齬のない妥当な解決を図ることが可能である。わが国においては，もともと，懲戒権や解雇権の行使は濫用にわたることができないという法理により，使用者の懲戒処分や解雇が客観的に合理的な理由を欠きまたは社会通念上相当として是認できない場合は，懲戒権または解雇権の濫用として無効になる。したがって，随意解雇が原則であるアメリカ[120]や規制が緩く不十分な救済しか与えない不公正解雇制度しかなかったイギリス[121]とは，内部告発者保護の立法を行うための法制上の基盤が大きく異なっている。特に，英米両国では復職を確保するためには，特別の立法上の措置は不可欠であったといえる。これに対し，わが国では，本節で検討したように，今日までに蓄積されてきた裁判実務に則して内部告発の一般法理が確立すれば，労働者の救済面では立法に依拠する必要性は両国に比べて格段に小さい[122]。したがって，わが国における立法の介入は，公益通報者保護法の内容を発展させ内部告発に関するより包括的な労使の行為規範を提示する役割に徹するか，あるいは反対に，アメリカの立法例にあるように，企業の側に一定の法令のコンプライアンスを励行させるため，告発者の保護にとどまらない不正行為是正の行政措置や手続を課する[123]という方向を目指すべきことになろう。後者の方向は個別法で行うのが筋だとすれば，公益通報者保護法は，その実施から5年後に予定されている見直し（附則2条）で前者の方向で再検討する必要がある。

120　アメリカの事情については，山川隆一「アメリカ合衆国における『内部告発（whistleblowing）』の法的保護」労旬1552号52頁参照（2003年），竹地潔「外国の内部告発保護者制度―アメリカ」大内伸也ほか『コンプライアンスと内部告発』（日本労務研究会，2004年）144-162頁。

121　イギリスの事情については，國武英生「イギリスにおける公益情報開示法の形成と展開」北大法学研究科ジュニア・リサーチ・ジャーナル9号1頁以下（2003年）参照。

122　司法手続の実効性が問題ではあるが，この点は労働審判制度の実施などに期待できる。

123　山川・前掲注（120）の論文参照。また，この方向からの内部告発法の設計を提案するものとして，阿部泰隆『内部告発〔ホイッスルブロウァー〕の法的設計』（信山社，2003年）参照。

結語　雇用終了法理の展望

　本書において，わが国の雇用終了法理の現状，問題点及びその解決の方向について検討を加えた。それを要約すると，次のようになると思われる。
　まず，第一に，解雇規制については，解雇権濫用法理が制定法上確認されたが，客観的な理由のない解雇については，判例上，解雇を最終的手段とする相当徹底した規制が行われていることが明らかになった。しかし，立証責任の問題については，未だ不明な点が多く残されており，筆者の一応の考えを明らかにした。このことは，また，解雇の正当事由の明定とその判断要素を定める指針等の必要性の肯定につながると思われる。今後，より透明性のある法理に発展させるためには，この問題は立法によって処理されるべきである。
　第二に，解雇救済に関しては，司法制度改革や労働審判制度等により長年の懸案事項であった被解雇労働者の迅速な救済はほぼ達成できたということができるが，解雇紛争の現実的かつ実質的な解決を考えると，解雇無効・地位確認判決だけではなく，どうしても解雇の金銭解決が必要と考えられるが，今のところ，判例法理だけでこの問題を解決することは期待し難い。労働審判制度等を通じ，低額な金銭解決が蔓延すると解雇権濫用法理の存立が脅かされる恐れもある。そこで，立法的解決を根本的に再考する必要があると思われる。
　第三に，雇用契約の自動終了については，判例は，法理論的には困難な問題を残しながらも，解雇権濫用法理の潜脱を防ぎ，かつ，当該労働者を保護するための，限界的な法理を発展させてきているが，とりわけ，濫用的な有期労働契約の反復更新を十分には規制できていない状況にある。また，法人の解散による解雇に関しては，偽装解散の場合法人格否認法理が比較的有効に機能していると思われるが，真実解散・営業譲渡などの場合には，労働者の地位確認に困難が生じる。これでは，労働契約承継法の適用を受ける会社分割の場合と比べて，労働者の保護に欠けるから，調和的な立法が必要であると思われる。
　第四に，退職強要については，判例は，辞職の認定を厳格にしたり，動機の錯誤を比較的広く認めたりして，労働者の真意に基づかない退職をチェックしているようにみえる。また，最近では，下級審判例の中には，労働者がその意

に反して退職しないようにする配慮義務を使用者に課することによって労働者の利益を保護しようとするものもみられる。しかし，使用者の退職追込み行為についてはこれを正面から規制する法律を導入する必要があると考えられる。

　第五に，懲戒解雇に関しては，就業規則規制を通じて使用者の懲戒解雇権の行使を厳しく規制してきたといえる。しかし，懲戒解雇の手続的規制は必ずしも十分とはいえず，懲戒解雇決定以前の告発書及び反論の機会の付与，さらには懲戒解雇決定後の解雇理由書の付与とその訴訟中の修正・変更の原則等を立法化する必要性がある。しかし，この手続規制の立法化に際しては，あらゆる手続違反を懲戒解雇の効力に直結させるのではなく，金銭的な救済措置も考えるべきである。

　最後に，わが国では，雇用終了規制は，主に判例主導で行われ，裁判所の創造した法理は，解雇権濫用規制のアナロジーを用いて脱法的な手段を規制し，場合によっては解釈の域を超えて，極めて弾力的に労使の利益調整を行ってきたということができるのであるが，判例法理であるがために，以上のような部分的に不十分ないし無理な箇所が生じてきているということができる。今まで構築されてきた解雇規制法理を補完して一貫した公正かつ透明な雇用終了法理を構築するための立法措置が必要な時期に来ているというべきである。

事項索引

〔あ 行〕

ILO　3
安全配慮義務　32, 104
慰謝料　97, 98, 103, 105, 109-111, 222
慰謝料制裁説　111
逸失利益　97, 98, 103-105, 109, 110, 114-117, 165, 202, 206, 207, 215, 217, 219, 220, 227, 245
違法解雇避止義務　32
営業秘密　259
Epstein 教授　12, 13-15, 17
欧州事業譲渡指令　72
欧州有期労働指令　130, 156
横断的賃金水準　10
OJT　16

〔か 行〕

解雇協議（同意）条項　58, 61, 62, 240-242
解雇猶予（期間）　177-179
解雇権濫用説　4, 5
解雇自由説　4, 7
会社解散の自由　60
会社法429条1項　109
解職手当　87, 117, 122, 123
解雇権留保付雇用契約　131
過失相殺　102, 108, 109
機械主義　14, 15
企業解散の自由　→会社解散の自由　60
企業規模　22, 83, 182
企業秘密　251, 259-263
企業（への）組み入れ　9, 10, 29
企業組織再編研究会　71
企業組織変更研究会　71
企業戦略型の整理解雇　53

企業秩序遵守義務　229
企業特殊的知識・技能　14
学習権　92
疑似パート　128
希望退職の募集　54-56, 58
逆選択　13, 15
キャリア（権）　8, 92
教育的機能論（懲戒処分の）　230, 231
協調性　41, 73, 79, 82, 83, 86
共同作業規律　230
強　迫　195-197, 202-205
業務上の傷病　176
金銭解決（解雇の）　112-115, 117, 267
金銭救済（解雇の）　23, 109, 114, 118
金銭的補償　101, 114, 115, 118, 206
禁反言の原則　106
クーリングオフの期間　206
継続雇用制度（高年法の）　172, 173, 175
継続性配慮義務　32, 33
契約の自由　1, 7
限定列挙（解雇事由の）　29, 36, 51, 104
憲　法
　13条　10, 93
　14条　171
　25条　93
　27条
　　1項　174
　　2項　174, 203, 205
　28条　66
　22条1項　60
　22条　249
　29条　249
　99条　248
公益通報者保護法

268

3条　　263, 264
　4条　　263
　5条1項　　263
　5条2項　　263
　6条　　264
　8条　　264
　附則2条　　265
公序違反（アメリカの）　17, 213, 214
高年齢者雇用安定法（高年法）
　8条　　172, 173
　9条1項　　172-175
　　　2項　　172-175
幸福追求権　　1, 10, 92, 93
合理的雇用継続期間　　107, 108
功労報償的性格（退職金の）　234, 235
顧客融資情報（内部告発と）　260, 261
個人の尊厳　　1, 10, 33, 39, 53, 92
小西國友教授　　2, 201
雇用継続措置（高年法の）　172
雇用契約解消判決　　120, 121, 123
雇用継続配慮義務　　62, 84-86, 104, 183, 186
雇用喪失補償金　　117
雇用存続想定期間　　110
コミットメント　　8, 9, 15, 35, 53, 85
コンプライアンス　　249, 265

〔さ　行〕

再就職支援　　59, 62
最低損害補償金　　115, 116
債務の本旨　　93, 182-184
先取り型の整理解雇
私怨（公益目的と）　　253
シカゴ学派　　11
事業譲渡（雇用保障）規則（イギリスの）　　72
試行雇用契約　　131, 132
自然退職→自動退職
実証研究（アメリカの）　17, 18
自動退職（制度）　24, 169, 170, 177, 180, 181, 184, 186
支配の要件（法人格濫用の）　　64

事項索引

ジャスト・イン・タイム・エンプロイメント　　125
社会的評価（企業の）　　14, 15, 250
　　〃　　（労働者の）　　111, 129, 249
就労妨害禁止（排除）の仮処分　　91, 92
守秘義務（内部告発と）　　250, 251, 259, 261
紹介予定派遣　　23, 133
小規模企業（の適用除外）　　23
証拠提出責任　　30
賞罰委員会　→懲戒委員会
消費者契約法12条　　205
職業選択の自由　　92
職場環境（整備）配慮義務　　32, 202-204, 206, 207, 224, 225
職場秩序違反行為　　73
試用期間　　23, 74, 81, 120, 131, 132, 151
人格権　　10, 92, 111, 199, 208, 249
新古典派経済学説　　11
人身拘束（的効力）　　7
心裡留保　　195
随意解雇（の原則）　　12, 13, 265
推定雇用存続期間　　108
制裁罰　　41, 228
精算終了　　1, 60, 62, 63
誠実・公正取引義務違反（アメリカの）　　17, 213
生存権　　1, 11, 33, 93
正当事由（必要）説　　4, 5, 29, 34
躁うつ病　　179
相互依存関係　　8, 11
損益相殺機能　　95

〔た　行〕

退職追込み（行為）　　2, 24, 32, 198, 200, 205-209, 220, 222, 268
中小（零細）企業　　23
秩序罰　　38, 39
懲戒委員会　　237, 241-244
懲罪委員会→懲戒委員会
懲罰的損害賠償（アメリカの）　　17

269

事項索引

長期雇用　　9, 20, 99, 104, 108, 117, 140, 171
低賃金　16
倒産管財人　　71
動機の錯誤　　197, 198
同伴権　　245
独善的態度　　73
トライアル雇用　　132
取引費用　　14
努力義務規定　　172-174

〔は 行〕

パートタイム労働者　　22, 125
パート労働法2条, 8条, 9条及び10条　　128
派遣労働者　　20
破産法98条1項, 149条　　60
非典型雇用　　20
非典型労働者　　2, 20, 21, 128
復　職　　87, 90, 91, 98, 100, 101, 106, 107, 120, 122, 123, 180-185, 219
不公正解雇（イギリスの）　　24, 107, 122, 158, 216, 265
不正競争防止法2条6項　　259
負担分担機能　　95
部分均衡論　　13
不法解雇法理（アメリカの）　　17
プライバシー　　185
不利益軽減措置（被整理解雇者の）　　59
フレキシビリティ　　16, 25, 34, 81
変更解約告知　　25, 57
弁明の機会　　103, 242-245
法人格否認の法理　　63, 68, 70, 71
法人格の形骸化　　63, 64, 68
法人格の濫用　　63, 64, 68, 69
補償金（解雇の）　　86, 87, 107, 117, 118, 120-124, 217, 219
補償金裁定　　87

〔ま 行〕

民事再生法

122条1項　　60
民事訴訟法
　135条　　87
　149条　　31
民　法
　1条　　30
　2条　　10, 203
　93条但書　　195, 203-25
　96条　　195-197
　306条2号　　60
　524条　　189
　536条2項　　93-96
　627条　　6, 7, 11, 189
　628条　　6, 162, 163, 166, 167
　629条1項　　134, 135, 137
名誉毀損　　97, 111, 250, 251
黙示契約違反（アメリカの）　　17, 18, 19
目的の要件（法人格濫用の）　　64
モラルハザード　　14

〔や 行〕

有期労働契約締結・更新の自由　　156
ユニオン・ショップ協定　　72
予防型の整理解雇　　52

〔ら 行〕

例示列挙（解雇事由の）　　36, 78
レッセ・フェール（自由放任）　　6
労働基準法（労基法）
　2条1項　　11
　2条2項　　205
　3条1項　　11
　5条　　165
　8条の2　　5
　13条　　173
　14条　　130, 134, 155, 156, 162
　16条　　233
　18条の2　　30, 34, 35
　19条　　204, 221
　20条　　166, 204, 221, 239, 240

270

事項索引

 22 条 2 項　　40, 41
 24 条　　233
 26 条　　93, 96
 89 条 3 項　　236
 91 条　　233, 235
 106 条 1 項　　236
 137 条　　163
労働組合法
 7 条　　66

 16 条　　240
労働契約法（労契法）
 15 条　　236
 16 条　　5, 27, 34, 35, 40, 46, 167
 17 条 1 項　　163, 167
 17 条 2 項　　156
労働権　　1, 11, 92, 93
労務受領義務　　93

判例索引
(年月日順)

[最高裁判所]

熊本電鉄事件・最二小判昭和28・12・4民集7巻12号1318頁　36

池貝鉄工事件・最一小判昭和29・1・21民集8巻1号123頁　241

決議無効確認等請求事件・最三小判昭和35・1・12裁判集民事39巻1号1頁　60

八幡製鉄所事件・最一小判昭和36・4・27民集15巻4号974頁　194

全駐労小倉支部山田分会事件・最二小判昭和37・7・20民集16巻8号1656頁　93, 95

十和田観光電鉄事件・最二小判昭和38・6・21民集17巻5号754頁　229

待命処分無効確認事件・最三小判昭和39・5・27民集18巻4号711頁　171

秋北バス事件・最大判昭和43・12・25民集22巻13号3459頁　9, 171

尊属殺人被告事件・最大判昭和48・4・4刑集27巻3号265頁　171

東芝柳町工場事件・最一小判昭和49・7・22民集28巻5号927頁, 判時752号27頁　35, 104, 136, 236

日本食塩製造事件・最二小判昭和50・4・25民集29巻4号456頁　4

大栄交通事件・最二小判昭和51・3・8労判245号24頁　170

高知放送事件・最二小判昭和52・1・31労判268号17頁　4

三晃社事件・最二小判昭和52・8・9労経速958号25頁　233

富士重工業事件・最三小判昭和52・12・13民集31巻7号1037頁　229, 256

西山記者事件・最一小判昭和53・5・31刑集32巻3号457頁　260

国鉄札幌運転区事件・最三小判昭和54・10・30民集33巻6号647頁　229

下関商業高校事件・最一小判昭和55・7・10労判345号20頁　199

航空自衛隊芦屋基地事件・最二小判昭和56・2・16民集35巻1号56頁, 判時996号47頁　104

ダイハツ工業事件・最二小判昭和56・9・16労判415号16頁　236

関西電力事件・最一小判昭和58・9・8労判425号29頁　229

電電公社帯広局事件・最一小判昭和61・3・13労判470号6頁　186, 232

日立メディコ事件・最一小判昭和61・12・4労判486号6頁　103, 136, 139

あけぼのタクシー事件・最一小判昭和62・4・2判時1244号126頁, 労判506号20頁　93, 95

東亜ペイント事件・最二小判昭和62・7・14労判477号2頁　199

大隈鐵工所事件・最三小判昭和62・9・18労判504号6頁　189

平安閣事件・最二小判昭和62・10・16労判506号13頁　139

神戸弘陵学園事件・最三小判平成2・6・5民集44巻4号668頁, 労判564号7頁　131

進学ゼミナール予備校事件・最三小判平成3・6・18労判590号6頁　145

日立製作所武蔵工場事件・最一小判平成3・11・23民集45巻8号1270頁　232

272

国鉄大阪工事局事件・最三小判平成 4・10・20 労判 617 号 19 頁　　149
山口観光事件・最一小判平成 8・9・26 労判 708 号 31 頁　　38
学校法人聖パウロ事件・最三小判平成 9・2・25 労判 740 号 85 頁　　131
片山組事件・最一小判平成 10・4・9 労判 736 号 15 頁　　182
渡島信用金庫（懲戒解雇）事件・最一小決平成 14・6・13 判例集未掲載　　90
フジ興産事件・最二小判平成 15・10・10 労判 861 号 5 頁　　229
JR 北海道・日本貨物鉄道事件・最一小判平成 15・12・22 民集 57 巻 11 号 2335 頁　　67
いずみ福祉会事件・最三小判平成 18・3・28 労判 933 号 12 頁　　93, 95

[高等裁判所]

日本通運事件・東京高判昭和 26・10・10 労民集 2 巻 6 号 682 頁　　242
名村造船所事件・大阪高判昭和 27・7・31 労民集 3 巻 4 号 364 頁　　223, 233
神戸タクシー事件・大阪高判昭和 28・3・10 労民集 4 巻 2 号 169 頁　　242
読売新聞社事件・東京高決昭和 33・8・2 労民集 9 巻 5 号 831 頁　　92
大平製紙事件・東京高判昭和 35・2・10 労民集 11 巻 1 号 104 頁　　35
日伸運輸事件・大阪高判昭和 40・2・12 判時 404 号 53 頁　　66
山陽電機軌道事件・広島高判昭和 40・9・13 労民集 16 巻 5 号 631 頁　　39
臨済宗相国寺派事件・大阪高判昭和 41・4・8 高民集 19 巻 3 号 226 頁　　195
松山市民病院事件・松山高判昭和 42・9・6 労民集 18 巻 5 号 890 頁　　66
山陽新聞社(仮処分)事件・広島高岡山支昭和 43・5・31 労民集 19 巻 3 号 755 頁　　254, 258
近畿大学事件・大阪高判昭和 43・9・30 労民集 19 巻 5 号 1253 頁　　237
国際自動車事件・東京高判昭和 44・2・26 労民集 20 巻 1 号 191 頁　　243
三豊製作所事件・東京高判昭和 45・4・14 判タ 252 号 281 頁　　180
東芝小向工場事件・東京高判昭和 48・9・27 判時 723 号 94 頁　　135, 147
石見交通事件・広島高高松支判昭和 48・10・26 高民集 26 巻 4 号 431 頁　　196
飛鳥車輌工業事件・大阪高判昭和 50・4・30 労判カード 227 号 11 頁　　61
下関商業高校事件・広島高判昭和 52・1・24 労判 345 号 22 頁　　199
日野自動車事件・東京高判昭和 52・11・22 労判 290 号 47 頁　　177
昭和自動車事件・福岡高判昭和 53・8・9 判時 919 号 101 頁，労判 318 号 61 頁　　189, 196
聖路加病院控訴事件・東京高判昭和 54・1・30 労判 313 号 34 頁　　254
三和銀行事件・東京高判昭和 54・2・27 労判 315 号 42 頁　　154
東洋酸素事件・東京高判昭和 54・10・29 労民集 30 巻 5 号 1002 頁，労判 330 号 71 頁　　43, 47, 52, 55
東京流機製造事件・東京高判昭和 54・12・24 労判 339 号 66 頁労民集 30 巻 6 号 1337 頁　　241
上野学園事件・東京高判昭和 55・3・26 労民集 31 巻 2 号 324 頁　　96
日立メディコ事件・東京高判昭和 55・12・16 労判 354 号 35 頁，労民集 31 巻 6 号 1224 頁　　148
高田製鋼所事件・大阪高判昭和 57・9・30 労民集 33 巻 5 号 851 頁　　58
旭硝子船橋工場事件・東京高判昭和 58・9・20 労判 416 号 35 頁，労民集 34 巻 5・6 号 799

判例索引

頁　148

EC委員会（日本代表部）事件・東京高判昭和58・12・14労民集34巻5・6号922頁　80
フォード自動車（日本）事件・東京高判昭和59・3・30労判437号41頁　80
布施自動車教習所事件・大阪高判昭和59・3・30労判438号53頁　63, 64, 240
日本高圧瓦斯工業事件・大阪高判昭和59・11・29労民集36巻6号641頁　234
全自交広島タクシー事件・広島高判昭61・8・28労判487号81頁　191
洋書センター事件・東京高判昭和61・5・29労民集37巻2・3号257頁，労判489号89頁　241
平安閣事件・東京高判昭和62・3・25労判506号15頁　139
持田製薬事件・東京高判昭和63・2・22労判517号63頁　80
中国電力事件・広島高判平成元・10・23労判583号49頁　254, 255, 258
中部日本広告社事件・名古屋高判平成2・8・31労判569号37頁，労民集41巻4号656頁　234
龍神タクシー（抗告）事件・大阪高決平成2・10・8労判581号39頁　139, 146
進学ゼミナール予備校事件・大阪高判平成2・11・15労判590号10頁　145
龍神タクシー（異議）事件・大阪高判平成3・1・16労判581号36頁　139, 146
国鉄大阪工事局事件・大阪高判平成3・10・11労判600号53頁　149
炭研精工事件・東京高判平成3・2・20労判592号77頁　37
千代田化工建設（本訴）事件・東京高判平成5・3・31労判629号19頁　9, 48, 55
松蔭学園事件・東京高判平成5・11・12判時1484号135頁　208
西武バス事件・東京高判平成6・6・17労判654号25頁　238
松蔭学園（森）事件・東京高判平成7・6・22労判685号66頁　84
富国生命保険事件・東京高判平成7・8・30労判684号39頁　178
日本マーク事件・東京高判平成9・10・16労判733号81頁　87
丸島アクアシステム事件・大阪高決平成9・12・16労判729号18頁　145, 152
安田病院事件・大阪高判平成10・2・18労判744号63頁　87
甲南学園事件・大阪高判平成10・11・26労判757号59頁　255
O法律事務所（事務員解雇）事件・名古屋高判平成11・3・23労判909号67頁　106
丸子警報器（雇止め・本訴）事件・東京高判平成11・3・31労判758号7頁　139, 149, 150
小樽双葉女子学園事件・札幌高判平成11・7・9労判764号17頁　184
首都圏高速道路公団事件・東京高判平成11・10・28判時1721号155頁　254
青山会事件・東京高判平成12・2・27労判824号17頁　67
群英学園（名誉毀損）事件・東京高判平成12・8・7労判799号40頁　250
旭川大学（外国人教員）事件・札幌高判平成13・1・31労判801号13頁　145
わいわいランド事件・大阪高判平成13・3・6労判818号73頁　226
カンタス航空事件・東京高判平成13・6・27労判810号21頁　141
ネスレジャパンホールディング事件・東京高判平成13・9・12労経速1781号16頁　196
富士見交通事件・東京高判平成13・9・12労判816号11頁　38
渡島信用金庫（懲戒解雇）事件・札幌高判平成13・11・21労判823号31頁　90
群英学園（解雇）事件・東京高判平成14・4・17労判831号65頁　41, 238, 253, 254, 255

274

吉沢学園事件・広島高判平成 14・4・28 労判 849 号 140 頁　　252
カントラ事件・大阪高判平成 14・6・19 労判 839 号 47 頁　　183
宮崎信用金庫事件・福岡高宮崎支判平成 14・7・2 労判 833 号 48 頁　　260
安川電機八幡工場（パート解雇）事件・福岡高決平成 14・9・18 労判 840 号 52 頁　　166
日本経済新聞社（記者HP）事件・東京高判平成 14・9・24 労判 844 号 87 頁　　255
大誠電機工業事件・大阪高判平成 15・1・28 労判 869 号 68 頁　　49, 50
大阪航空事業（関西工業）事件・大阪高判平成 15・1・30 労判 845 号 5 頁　　64
日本工業新聞社事件・東京高判平成 15・2・25 労判 849 号 99 頁　　243
大森陸運ほか2社事件・大阪高判平成 15・11・13 労判 886 号 75 頁　　62
小田急電鉄事件・東京高判平成 15・12・11 労判 867 号 5 頁　　235
東京女子醫科大学事件・東京高判平成 16・2・9 判例集未登載　　207
日欧産業協力センター事件・東京高判平成 17・1・26 労判 862 号 18 頁　　135
JT乳業事件・名古屋高金沢支判平成 17・5・18 労判 905 号 52 頁　　109
勝英自動車事件・東京高判平成 17・5・31 労判 898 号 16 頁　　67
JALメンテナンスサービス事件・東京高判平成 17・6・20 労判 894 号 86 頁　　170
東京日新学園事件・東京高判平成 17・7・13 労判 899 号 19 頁　　66, 67
牛根漁業協同組合事件・福岡高宮崎支判平成 17・11・30 労判 953 号 71 頁　　173
山田紡績事件・名古屋高判平成 18・1・17 労判 909 号 5 頁　　47
サン石油（視力障害者解雇）事件・札幌高判平成 18・5・11 労判 938 号 68 頁　　35, 194
クリスタル観光バス事件・大阪高判・平成 18・12・28 労判 936 号 5 頁　　170
第一交通産業（本訴）事件・大阪高判平成 19・10・26 労判 975 号 50 頁　　65, 69
日本アイ・ビー・エム事件・東京高判平成 20・6・26 労判 963 号 16 頁　　72
インフォーマテック事件・東京高判平成 20・6・26 労判 978 号 93 頁　　107

[地方裁判所]

京阪電鉄解雇事件・大阪地決昭和 23・3・13 労民集 4 巻 1 号 20 頁　　241
木南車輌製造事件・大阪地決昭和 23・12・14 労裁資 3 号 55 頁　　91
麓鉱業所事件・長崎地佐世保支判昭和 24・9・9 労裁資 5 号 125 頁　　91
日本セメント事件・東京地八王子支判昭和 24・11・11 労裁資 7 号 141 頁　　240
東京急行電鉄事件・東京地決昭和 25・1・21 労民集 1 巻 3 号 438 頁　　241
世田谷運送事件・東京地決昭和 25・2・13 労民集 1 巻 1 号 31 頁　　91
大林組事件・東京地決昭和 25・4・1 労民集 1 巻 1 号 54 頁　　193
日本製鉄事件・福岡地小倉支判昭和 25・5・16 労民集 1 巻 3 号 301 頁　　240
財団法人済生会支部東京都済生会事件・東京地決昭和 25・7・6 労民集 1 巻 4 号 646 頁　　91
理研発条興業事件・東京地決昭和 25・8・17 労民集 1 巻 5 号 795 頁　　242
渡辺工業事件・名古屋地決昭和 25・10・18 労民集 1 巻追録 1294 頁　　91
日本紙業事件・東京地判昭和 26・2・1 労民集 2 巻 1 号 1 頁　　240
富士精密工業事件・東京地判昭和 26・11・1 労民集 2 巻 5 号 537 頁　　179
神戸タクシー事件・神戸地判昭和 27・8・8 労民集 3 巻 4 号 313 頁　　242
日鉄鉱業事件・福岡地判昭和 28・8・5 労民集 5 巻 6 号 671 頁　　242

判例索引

麹町学園事件・東京地判昭和30・6・21労民集6巻3号326頁　239
電気学園事件・東京地決昭和30・9・22労民集6巻5号588頁　186
尼崎鉄工所事件・神戸地判昭和30・12・1労民集6巻6号1166頁　195
西宮タクシー事件・神戸地判昭和31・7・6労民集7巻4号629頁　240
読売新聞見習社員事件・東京地決昭和31・9・14労民集7巻5号851頁　177
淀川製鋼所事件・大阪地判昭和32・1・25労民集8巻1号16頁　242
杵島炭礦事件・佐賀地判昭和33・4・22労民集9巻2号169頁　243
本田技研工業事件・東京地判昭和33・11・24労民集9巻6号1013頁　243
十和田観光電鉄事件・青森地八戸支判34・3・2労民集10巻2号107頁　39
東洋バルブ事件・神戸地判昭和34・7・2労民集10巻4号741頁　134
十倉紙製品株式会社事件・大阪地判昭和34・7・22労民集10巻6号999頁　233
淀川製鋼所（仮処分取消）事件・大阪地判昭和34・7・20労民集10巻4号662頁　242
笹屋事件・神戸地判昭和34・10・31労民集10巻5号853頁　35
ヤマト交通事件・大阪地判昭和35・3・24労民集11巻2号184頁　37, 237
日本都市交通事件・東京地判昭和35・4・11労民集11巻2号339頁　243
王子製紙苫小牧工場事件・札幌地判昭和36・9・26労民集12巻5号845頁　241
作佐部工業事件・東京地判昭和36・11・14労民集12巻6号979頁　243
太陽タクシー事件・福岡地判昭和36・12・27労民集12巻6号1129頁　35
淀川製鋼所事件・大阪地判昭和34・7・20労民集10巻4号662頁　242
銀座タクシー事件・松山地判昭和37・12・14労民集13巻6号1199頁　241
下崎事件・福岡地飯塚支判昭和38・1・19労旬514号10頁　192
山本鉄工事件・大阪地判昭和38・3・1労民集14巻2号379頁　198
旭化成工業事件・宮崎地延岡支判昭和38・4・10労民集14巻2号514頁　37
東芝柳町工場（仮処分）事件・横浜地決昭和38・4・24別冊労旬605号22頁　138
山陽新聞社（仮処分）事件・岡山地判昭和38・12・10労民集14巻6号1466頁
　　　254, 258
三菱電機事件・神戸地昭和39・1・29労民集15巻1号26頁　138
札幌中央交通事件・札幌地判昭和39・2・24労民集15巻1号84頁　37
岡山電機軌道事件・山口地下関支判昭和39・5・8労民集15巻3号453頁　37
仁丹テルモ事件・東京地判昭和39・7・30労民集15巻4号877頁　254
友愛会病院解雇事件・大阪地判昭和39・9・25労民集15巻5号937頁　66
松山市民病院事件・松山地判昭和40・5・26労民集16巻3号394頁　66
杵島炭礦事件・佐賀地判昭和40・12・7労民集16巻6号1009頁　243
小糸製作所事件・東京地判昭和41・2・26労民集17巻1号81頁　243
山口赤十字病院事件・山口地判昭和41・5・16労民集17巻3号637頁　180
神戸製鋼所事件・神戸地判昭和41・5・25別冊労旬605号22頁　138
日本鋼管事件・東京地判昭和41・9・6判時466号50頁　135
三井化学事件・福岡地判昭和42・5・15労経速620号16頁　194
東洋酸素事件・東京地判昭和42・9・13判タ213号142頁　242
愛電交通解雇事件・名古屋地判昭和42・10・23労民集18巻5号1031頁　237

276

春風堂事件・東京地判昭和42・12・19 労民集18巻6号51頁　154
旭光学工業事件・東京地判昭和42・12・20 労民集18巻6号1267頁　195
広島化成解雇事件・広島地判昭和43・2・14 労民集19巻1号101頁　237
三朝電機製作所事件・東京地判昭和43・7・16 判タ222号27頁　38
松竹事件・東京地判昭和43・7・23 判時533号80頁　194
石見交通事件・松江地益田支判昭和43・11・18 労民集20巻6号1527頁　196
東芝柳町工場事件・横浜地判昭和43・8・1 民集28巻5号953頁　135
サッポロビール事件・東京地判昭和44・8・19 判時589号80頁　139
後藤ナット事件・東京地判昭和44・10・28 判時590号87頁　196
日報サービス事件・東京地判昭和45・2・15 判タ247号250頁　177
川岸工業事件・仙台地判昭和45・3・26 労民集21巻2号330頁　64
日本ペイント事件・東京地判昭和45・3・30 労経速709号6頁　237
山陽新聞社（本訴）事件・岡山地判昭和45・6・10 労民集21巻3号805頁　254
日本経済新聞社事件・東京地判昭和45・6・23 労民集21巻3号980頁　238
スイス事件・名古屋地判昭和45・9・7 労判110号42頁　92
日本計算機事件・京都地峰山支判昭和46・3・10 労民集22巻2号187頁　258
産経倶楽部事件・東京地判昭和47・5・15 判タ279号292頁　253
北海道電力事件・函館地判昭和47・7・19 労判282号263頁　197
高北農機事件・津地上野支決昭和47・11・10 労判165号36頁　92
第一運輸事件（清算結了無効確認請求）事件・和歌山地判昭和48・2・9 判タ292号303頁　63
田辺鉄工所事件・大阪地決昭和48・3・6 労経速819号22頁　191
中日本観光自動車事件・名古屋地判昭和48・3・26 労判180号44頁　242
飛鳥車輌工業事件・奈良地判昭和49・4・8 労判カード198号3頁　61
大栄交通事件・横浜地判昭和49・3・29 労判200号39頁　170
東芝小向工場事件・横浜地川崎支判昭和49・9・22 別冊労旬715号14頁　135
東芝事件・横浜地川崎支判昭和49・9・22 労判113号35頁　198
東洋精機事件・名古屋地判昭和49・9・30 労判211号38頁　154
東芝レイオバック事件・東京地判昭和49・11・29 判時765号109頁　139
寿建築研究所事件・東京地判昭和49・12・9 労経速868号4頁　35
常盤生コン事件・福島地いわき支決・昭和50・3・7 労経速893号3頁　78
朝日放送事件・東京地決昭和50・3・27 判時782号93頁　130
ソニー本訴事件・仙台地判昭和50・5・28 判時795号98頁　253
徳島船井電機事件・徳島地判昭和50・7・23 労民集26巻4号580頁　64, 65
天馬製糸事件・静岡地富士支判昭和50・8・19 労経速893号7頁　9
聖路加国際病院事件・東京地判昭和51・2・4 労判245号57頁　254
日電工業事件・横浜地決昭和51・3・26 労判254号52頁　240
大沢製作所事件・横浜地川崎支判昭和51・9・16 労判262号38頁　243
昌栄産業仮処分異議事件・横浜地横須賀支判昭和51・10・13 労経速938号12頁　242
昭和自動車事件・福岡地判昭和52・2・4 労判270号26頁　196

判例索引

東京通信機工業事件・山形地米沢支判昭和52・2・18労民集28巻1・2号30頁　37
桐生レミコン事件・東京地判昭52・6・28労判280号30頁　45
東北電算電子事件・福島地会津若松支判昭和52・9・14労判298号63頁　240
大隈鐵鋼所事件・名古屋地判昭和52・11・14労判294号60頁　198
尚絅学園事件・熊本地決昭和52・12・15労旬962号80頁　130
つくし保育園事件・大阪地決昭和53・1・13労判カード299号3頁　82
キングレコード事件・東京地判昭和53・2・3労判カード291号15頁　134
ユオ時計事件・仙台地判昭和53・3・27労判295号27頁　82
アドバンス販売事件・東京地決昭和53・7・19労判カード301号5頁　198
宝タクシー事件・東京地判昭和53・5・2労経速984号21頁　243
昭和建物管理事件・名古屋地判昭和54・1・31労判カード319号17頁　82
九十九里ホーム病院事件・千葉地判昭和54・4・25労判333号72頁　254
山崎技研事件・高知地判昭和54・5・31労判325号31頁　58
中小企業育成協会事件・名古屋地判昭和54・7・18労判327号72頁　82, 83
中本商事事件・神戸地判昭和54・9・21労判328号52頁　64
住友重機愛媛製造所（仮処分）事件・松山地西条支決昭和54・11・7労判334号53頁　52, 56
大鵬産業事件・大阪地決昭和55・3・26労判340号63頁　61
大照金属事件・大阪地判昭和55・11・7労判352号36頁　61
すし処「杉」事件・大阪地判昭和56・3・24労経速1091号3頁　193
セントラル病院事件・名古屋地決昭和56・8・12労経速1105号18頁　83
日本電電公社事件・東京地判昭和56・10・20労経速1097号15頁　185
三和交通事件・札幌地決昭和57・1・18労民集33巻1号31頁　186
姫路赤十字病院事件・神戸地姫路支判昭和57・2・15労判392号58頁　181
フォード自動車（日本）事件・東京地判昭和57・2・25労判382号25頁　80
マール社事件・東京地判昭和57・3・16労経速1116号13頁　180
EC委員会（日本代表部）事件・東京地判昭和57・5・14労判388号42頁　80
赤阪鉄工所事件・静岡地判57・7・16労判392号25頁　58, 141, 149
布施自動車教習所事件・大阪地判昭和57・7・30労判393号35頁　64
団地サービス事件・大阪地判昭和57・11・22労判400号46頁　145
群馬信用金庫事件・前橋地判昭和57・12・16労判470号61頁　37
浅野学園事件・横浜地判昭和58・2・24労判406号47頁　82
大成会福岡記念病院事件・福岡地決昭和58・6・7労判413号36頁　251
宝塚エンタープライズ事件・大阪地判昭和58・8・10労経速1159号3頁　233
東海カーボン事件・名古屋地判昭和58・8・31労判422号25頁　241, 242
聖マリア学園事件・横浜地決昭和58・11・26労判424号80頁　180
京福タクシー事件・福井地判昭和58・12・23労判424号35頁　37
エール・フランス事件・東京地判昭和59・1・27労判423号23頁　181, 185
丸中製糸事件・長野地諏訪支判昭和59・3・26労判435号74頁, 労経連1192号5頁　198
日本高圧瓦斯工業事件・大阪地判昭和59・7・25労判451号64頁, 労民集35巻3・4号

278

451 頁　234
宝塚映像事件・神戸地伊丹支決昭和59・10・3労判441号27頁　68
大阪畜産加工事件・大阪地決昭和59・10・5労経速1203号3頁　241
日の丸自動車教習所事件・東京地決昭和59・10・26労経速1206号11頁　78
浦安農協事件・広島地呉支決昭和59・10・26判タ549号291頁　38
大日本印刷事件・東京地判昭和59・12・21労判444号19頁　251
アメリカン・エキスプレス・インターナショナル事件・那覇地判昭60・3・20労判455号71頁　54
全自交広島タクシー事件・広島地判昭和60・4・25労判487号84頁　191
四日市カンツリー倶楽部事件・津地四日市支判昭和60・5・24労判454号16頁　43, 53
盛岡市農協事件・盛岡地判昭和60・7・26労判461号50頁　64
太平洋運輸事件・名古屋地判昭和60・9・11労判501号73頁　238
済生会中央病院事件・東京地判昭和61・1・23労判467号32頁　37
津軽三年味噌販売事件・東京地判平成61・1・27労判468号6頁　81
ニシムラ事件・大阪地決昭和61・10・17労判286号83頁　196
ヒノヤタクシー事件・盛岡地決昭和61・10・17労判488号92頁　79
廣崎会事件・大阪地判昭和61・11・28労判487号47頁　244
鳥取県教員事件・鳥取地判昭和61・12・4労判486号53頁　199
インタープレス事件・東京地決昭和61・12・23労判489号6頁　58
爽神堂七山病院事件・大阪地判昭和62・3・2労判494号85頁　37
アド建築設計事務所事件・東京地判昭和62・3・30労判497号70頁　81
津軽三年味噌販売（仮処分）事件・東京地決昭和62・3・30労判495号12頁　81
日本検査事件・東京地判昭和62・5・22労経速1292号13頁　78
法政大学事件・東京地判昭和62・8・19労判508号73頁　170
持田製薬事件・東京地判昭和62・8・24労判503号32頁　80
ニュートランスポート事件・静岡地富士支判昭和62・12・9労判551号65頁　180
宮崎鉄工事件・大阪地岸和田支決昭和62・12・10労経速1333号3頁　180
長崎生コンクリート事件・長崎地判昭和63・2・12労判513号34頁　96
近畿生コン事件・京都地判昭和63・4・6労判581号48頁　140
東北造船事件・仙台地決昭和63・7・1労判526号38頁　61
富士自動車学校事件・静岡地富士支判昭和63・9・28労判528号61頁　148
大野事件・大阪地決昭和63・10・18労判528号22頁　79
亜細亜大学事件・東京地判昭和63・11・25労判532号63頁，労民集39巻6号619頁　145
全国給食協同組合連合会事件・東京地決平成元・2・20労経速1351号29頁　83
新日本ハイパック事件・長野地松本支決平成元・2・3労経速1365号9頁　241
伊澤商店事件・大阪地決平成元・2・27労判536号1頁　196
守谷商会事件・大阪地決平成元・3・6労判536号31頁　243
大阪造船所事件・大阪地決平成元・6・27労判545号15頁　48, 55, 56
東京女子醫科大学事件・東京地判平成元・7・15労判865号57頁　207
国鉄大阪工事局事件・大阪地判平成元・11・13労判551号12頁　149

判例索引

三洋電機（池田）事件・大阪地決平成2・2・20労判558号45頁　　141, 149
東洋シート事件・広島地判平成2・2・19判タ757号177頁　　181
新三菱タクシー事件・大阪地判平成2・2・26労判580号72頁　　244
尚絅学園事件・熊本地判平成2・3・29労判560号6頁　　145
進学ゼミナール予備校事件・京都地判平成2・3・30労判568号69頁　　145
龍神タクシー事件・和歌山地田辺支決平成2・5・1労判568号43頁　　146
井谷運輸産業事件・大阪地決平成2・5・8労判565号70頁　　139
読売日本交響楽団事件・東京地判平成2・5・18労判563号24頁　　146
相互製版事件・大阪地決平成2・6・15労判565号58頁　　194
日新工機事件・神戸地姫路支判平成2・6・25労判565号35頁　　49, 56
東豊観光事件・大阪地決平成2・6・28労判565号28頁　　170
三菱重工事件・東京地判平成2・7・27労判568号6頁　　238
全国電気通信労組事件・東京地判平成2・9・19労判568号6頁　　180, 185
昭和女子大学事件・東京地決平成2・8・10労判568号38頁　　245
松下産業（外国人技術者）事件・大阪地決平成2・8・10労判571号24頁　　146
北海丸善運輸事件・大阪地決平成2・8・23労判570号56頁　　140
出前工機事件・東京地判平2・9・25労判570号35号　　55
福岡大和倉庫事件・福岡地判平成2・12・12労判578号59頁　　138
千葉リクリエーション都市開発事件・千葉地判平成3・1・23労判582号67頁　　237
クレジット債権管理組合事件・福岡地判平成3・2・13労判582号25頁労民集42巻1号83頁　　200, 222
コスモ石油事件・大阪地判平成3・3・26労判590号59頁　　237
岡山電気軌道事件・岡山地判平成3・11・19労判613号70頁　　189
相模原病院事件・横浜地判平成3・3・12労判583号21頁　　82
横須賀米海軍基地事件・横浜地決平成3・8・1労判597号68頁　　84
三洋電機事件・大阪地判平成3・10・22労判595号9頁　　136
三菱電機（パート年齢制限）事件・大阪地判平成3・10・22労判595号28頁　　145
和光商事事件・大阪地判平成3・10・29労判599号65頁　　195
エイゼットロープ事件・大阪地決平成3・11・29労判599号42頁　　79
安田火災海上保険事件・福岡地小倉支判平成4・1・14・労判604号17頁　　131
昭和女子大学（仮処分）事件・東京地決平成4・2・6労判610号72頁　　195
千種運送店事件・千葉地判平成4・3・25労判617号57頁　　87
東京教育図書（本訴）事件・東京地判平成4・3・30労判605号37頁　　47
大阪郵便輸送事件・大阪地決平成4・3・31労判611号32頁　　151
豊南学園事件・東京地判平成4・3・31判時1420号131頁　　144, 145
三浦学苑事件・横浜地横須賀支判平成4・4・10・労判606号10頁　　131
中川製作所事件・東京地判平成4・8・10労判616号96頁　　192
タカラ事件・東京地判平成4・9・8労判616号79頁　　187
エス・バイ・エル事件・東京地判平成4・9・18労判617号44頁　　243
吉村事件・東京地判平成4・9・28労判617号22頁　　97

判例索引

新大阪警備保障事件・大阪地判平成 4・9・30 労判 620 号 70 頁　195
ケーズインターナショナル事件・平成 4・9・30 労判 616 号 10 頁　164
三井石炭鉱業事件・福岡地判平成 4・11・25 労判 621 号 33 頁　57
昭和女子大学（本訴）事件・東京地判平成 4・12・21 労判 623 号 36 頁　195
ゾンネボード製薬事件・東京地八王子支決平成 5・2・18 労判 627 号 10 頁　53, 56
中部共石油送事件・名古屋地決平成 5・5・20 労経速 1514 号 3 頁　166
松蔭学園（森）事件・東京地判平成 5・6・23 労判 632 号 23 頁　78
正和機器産業事件・宇都宮地決平成 5・7・20 労判 642 号 52 頁　53
長野県厚生連事件・長野地判平成 5・8・5 労経速 1508 号 11 頁　37
ソニー長崎事件・長崎地大村支決平成 5・8・20 労判 638 号 44 頁　144, 148, 149
高田製鋼所事件・大阪地決平成 5・8・10 労経速 1505 号 11 頁　139
医療法人南労会（第一）事件・大阪地決平成 5・9・27 労判 643 号 37 頁　242
日本メタゲゼルシャフト事件・東京地判平成 5・10・13 労判 648 号 65 頁　83, 238
日本電子事件・東京地八王子支決平成 5・10・25 労判 640 号 55 頁　144, 148, 149
エール・フランス事件・千葉地判平成 6・1・26 労判 645 号 11 頁　199
JR 東日本（高田馬場）事件・東京地判平成 6・3・2 労判 654 号 60 頁　87
ユニスコープ事件・東京地判平成 6・3・11 労判 666 号 61 頁　82
レックス事件・東京地決平成 6・5・25 労経速 1540 号 28 頁　60
トヨタ工業事件・東京地判平成 6・6・28 労判 655 号 17 頁　244
源吉兆庵事件・大阪地決平成 6・7・11 労判 659 号 58 頁　244
新関西通信システムズ事件・大阪地決平成 6・8・5 労判 668 号 48 頁　69
大東設備工業事件・東京地判平成 6・8・8 労判 688 号 45 頁　146
新潟労災病院事件・新潟地高田支判平成 6・8・9 労判 659 号 51 頁　144
東海旅客鉄道事件・大阪地決平成 6・8・10 労判 658 号 6 頁　200
フィリップス・ジャパン事件・大阪地決平成 6・8・23 労判 668 号 42 頁　146
アール・エフ・ラジオ日本事件・東京地判平成 6・9・29 労判 658 号 13 頁　171
東洋学園事件・大阪地決平成 6・10・17 労判 672 号 79 頁　78
湯川胃腸病院事件・大阪地決平成 6・11・8 労経速 1550 号 19 頁　244
三井リース事件・東京地決平成 6・11・10 労経速 1550 号 23 頁　85
長野油機事件・大阪地決平成 6・11・30 労判 670 号 36 頁　244
カプコン事件・大阪地決平成 6・12・8 労経速 1565 号 30 頁　37
ダイフク事件・名古屋地判平成 7・3・24 労経速 1588 号 3 頁　141, 149
川中島バス事件・長野地判平成 7・3・23 労判 678 号 57 頁　242
マリンクロット・メディカル事件・東京地判平成 7・3・31 労判 680 号 75 頁　199
日本電信電話（仮処分）事件・大阪地決平成 7・5・12 労経速 1567 号 27 頁　244
吉野事件・東京地判平成 7・6・12 労判 676 号 15 頁　234
同盟交通事件・東京地判平成 7・6・29 労経速 1569 号 3 頁　244
山口観光事件・山口地判平成 7・6・28 労経速 1571 号 9 頁　40
コントロンインスツルメント事件・平成 7・7・14 労判 692 号 91 頁　60
大阪暁明館事件・大阪地決平成 7・10・20 労判 685 号 49 頁　57

281

判例索引

ジャレコ事件・東京地決平成7・10・20労経速1588号17頁　47
新日本ニューメディア事件・東京地判平成7・11・7労経速1585号9頁　93
学校法人徳心学園（横浜高校）事件・横浜地決7・11・8労判701号70頁　197
医療法人思誠会（富里病院）事件・東京地判平成7・11・27労判683号17頁　252, 253, 255, 257
バンク・オブ・イリノイ事件・東京地判平成7・12・4労判685号17頁　199
履正社事件・大阪地決平成7・12・28労経速1590号27頁　145
トーフレ事件・東京地判平成8・1・26労判1590号19頁　146, 151
日本マーク事件・東京地判平成8・1・26労判688号18頁　87
情報技術開発事件・大阪地決平成8・1・29労経速1591号24頁　141
横道エンジニアリング事件・東京地判平成8・2・2労経速1590号16頁　149
大阪神鉄交通事件・大阪地決平成8・2・7労経速1590号13頁　139
丸子警報器事件・長野地上田支判平成8・3・15労判690号32頁　129
芙蓉ビジネスサービス事件・長野地松本支決平成8・3・29労判719号77頁　144, 148
駸々堂（本訴）事件・大阪地判平成8・5・20労判697号42頁　139, 150
三洲海陸運輸事件・神戸地決平成8・6・11労判697号33頁　61
佐世保重工業事件・東京地判平成8・7・2労判698号11頁　243
中央林間病院事件・東京地判平成8・7・26労判699号22頁　243
日本電信電話（本訴）事件・大阪地判平成8・7・31労判708号81頁　244
日本周遊観光バス事件・大阪地判平成8・9・30労判712号59頁　87
旭商会事件・東京地判平成8・12・12労判688号33頁　234
ジオス事件・大阪地決平成8・12・16労判要旨719号89頁　134
池田学園事件・大阪地岸和田支判平成9・3・31労判718号40頁　145
京都セクハラ（呉服販売会社）事件・京都地判平成9・4・17労判716号49頁　203, 224
住友不動産ホーム事件・東京地判平成9・5・19労経速1645号25頁　79
首都圏高速道路公団事件・東京地判平成9・5・22労判718号17頁　252, 254
紀伊高原事件・大阪地判平成9・6・2労判740号54頁　134
ジャレコ事件・東京地判平成9・6・20労判720号24頁　189, 191
葉山国際カンツリー倶楽部事件・横浜地決平成9・6・27労判721号30頁　140
医療法人毅峰会事件・大阪地決平成9・7・14労判735号89頁　252
梅檀学園（東北福祉大学）事件・仙台地判平成9・7・15労判724号34頁　255
岩倉自動車教習所事件・京都地判平成9・7・16労経速1648号3頁　139, 140, 149
ペンション経営研究所事件・東京地判平成9・8・26労判734号75頁　89
オスロー商会事件・東京地判平成9・8・26労判725号48頁　89
上田株式会社事件・東京地決平成9・9・11労判739号145頁　40
丸島アクアシステム事件・奈良地決平成9・10・17労判729号21頁　145, 152
丸子警報器（雇止め・本訴）事件・長野地上田支判平成9・10・29労判727号32頁　139, 146, 149, 150
三菱電機（住道工場）事件・大阪地判平成9・12・22労判738号43頁　144, 145
ナショナル・ウエストミンスター銀行（第一次仮処分）事件・東京地決平成10・1・7労判

282

736号78頁　58
東洋リース事件・東京地判平成10・3・16労判736号73頁　144
小樽双葉女子学園事件・札幌地小樽支判平成10・3・24労判738号26頁　184
協和テックス事件・盛岡地判平成10・4・24労判741号36頁　144, 146
エヌ・ティ・ティ・テレホンアシスト事件・大阪地判平成10・5・25労経速1673号14頁　166
宗田ゴム事件・大阪地決平成10・6・4労判747号87頁　58
高松重機（本訴）事件・高松地判平成10・6・2労判751号63頁　49, 50, 58
興亜火災海上保険事件・福岡地小倉支判平成10・6・9労判753号87頁　129
本田金属技術事件・福島地会津若松支判平成10・7・2労判748号110頁　140
グリン製菓事件・大阪地決平成10・7・7労判747号50頁　62
大通事件・大阪地判平成10・7・17労判750号79頁　40, 190
ナショナル・ウエストミンスター銀行（第一次仮処分異議）事件・東京地決平成10・8・17労経速1690号3頁　48, 53
丸一商店事件・大阪地判平成10・10・30労判750号29頁　201, 223
北原ウエルテックス事件・福岡地久留米支決平成10・12・24労判758号11頁　49
日進工機事件・奈良地決平成11・1・11労判753号15頁　68
ナショナル・ウエストミンスター銀行（第二次仮処分）事件・東京地決平成11・1・29労判782号35頁　53
ロイター・ジャパン事件・東京地判平成11・1・29労経速1699号16頁　131, 145
松山市立中学校事件・松山地判平成11・2・24判例地方自治203号21頁　185
東京セクハラ（M商事）事件・東京地判平成11・3・12労判760号23頁　106, 192, 223
新星自動車事件・東京地判平成11・3・26労経速1697号14頁　38
日証（第1・第2解雇）本訴事件・大阪地判平成11・3・31労判765号57頁　56
長門市社会福祉協議会事件・山口地決平成11・4・7労経速1718号3頁　50
ヤマハリビングテック事件・大阪地決平成11・5・26労経速1710号23頁　198
キング商事事件・大阪地判平成11・5・26労判761号17頁　234
大京ライフ事件・横浜地決平成11・5・31労判769号44頁　144, 145, 152
エフピコ事件・水戸地下妻支判平成11・6・15労判763号7頁　202
泉証券（仮処分）事件・大阪地決平成11・7・19労判774号80頁　145
ナカミチ事件・東京地八王子支判平成11・7・23労判775号71頁　55
ゴールド・ハウス・インターナショナル事件・東京地地決平成11・9・1労判789号83頁　81
桜花学園事件・名古屋地決平成11・9・10労判792号142頁　145
北産機工業事件・札幌地判平成11・9・21労判769号20頁　181
シンガポール・デベロップメント銀行（仮処分）事件・大阪地決平成11・9・29労判778号84頁　49, 50, 51
ヘルスケアセンター事件・横浜地判平成11・9・30労判779号61頁　141, 149, 151
東海旅客鉄道（退職）事件・大阪地判平成11・10・4労判771号25頁　183
東洋印刷（仮処分）事件・東京地決平成11・10・4労旬1482号24頁　50, 51
セガ・エンタープライゼス事件・東京地決平11・10・15労判770号34頁　74, 208
全日本空輸事件・大阪地判平成11・10・18労判772号9頁　183

判例索引

帝塚山学院大学事件・大阪地判平成11・10・18労判780号83頁　145
毅峰会（吉田病院・賃金請求）事件・大阪地判平成11・10・29労判777号54頁　258
角川文化振興財団事件・東京地決平成11・11・29労判780号67頁　46, 50, 134
タジマヤ事件・大阪地判平成11・12・8労判777号25頁　66
日本エマソン事件・東京地判平成11・12・15労判789号81頁　80
明治書院（仮処分）事件・東京地決平成12・1・12労判779号27頁　51, 57, 59
ナショナル・ウエストミンスター銀行（第三次仮処分）事件・東京地決平成12・1・21労判782号23頁　35, 50
東京魚商業協同組合事件・東京地判平成12・1・31労判793号78頁　5, 30, 46
三田尻女子高校事件・山口地決平成12・2・28労判807号79頁　49
開智学園事件・浦和地判平成12・3・17労経速1756号14頁　145
群英学園（解雇）事件・前橋地判平成12・4・17労判790号55頁　252
ワキタ事件・大阪地決平成12・4・17労判792号138頁　144
三和銀行事件・大阪地判平成12・4・17労判790号44頁　254
北海道交運事業協同組合事件・札幌地判平成12・4・25労判805号123頁　53
プラウドフットジャパン事件・東京地判平成12・4・26労判789号21頁　80
エール・フランス事件・大阪地決平成12・5・9労経速1648号3頁　141
関西電力事件・大阪地判平成12・5・16判タ1077号200頁　183
大阪ビル管理事件・大阪地決平成12・5・16労経速1755号27頁　152
シンガポール・デベロップメント銀行（仮処分異議）事件・大阪地決平成12・5・22労判786号26頁，労経速1742号16頁　49, 54, 59
労働大学（仮処分）事件・東京地決平成12・5・26労旬1438号61頁　53, 59
泉証券（本訴）事件・大阪地判平成12・6・9労経速1753号20頁　145
シンガポール・デベロップメント銀行（本訴）事件・大阪地判平成12・6・23労判786号16頁　50, 55
わいわいランド事件・大阪地判平成12・6・30労判793号49頁　97
ネスレ日本（仮処分）事件・水戸地龍ヶ崎支決平成12・8・7労経速1781号26頁　196
サン・テクノス事件・大阪地決平成12・8・30労経速1748号15頁　145
揖斐川工業運輸事件・横浜地川崎支決平成12・9・21労判801号64頁　59
雪印ビジネスサービス事件・浦和地川越支決平成12・9・27労経速1749号10頁　145, 146
宮崎信用金庫事件・宮崎地判平成12・9・25労判833号55頁　260
沖歯科工業事件・新潟地決平成12・9・29労判804号62頁　57
アラコム事件・東京地判平成12・11・14労判804号94頁　166
瀧澤学館事件・盛岡地判平成13・2・2労判803号26頁　131
渡島信用金庫（懲戒解雇）事件・函館地判平成13・2・15労判812号58頁　90
東京国際学園事件・東京地判平成13・3・15労判818号55頁　139
ネスレジャパンホールディング事件・水戸地龍ヶ崎支判平成13・3・16労経速1781号20頁　196
大誠電機工業事件・大阪地判平成13・3・23労判806号30頁　49, 50
仙台セクハラ（自動車販売会社）事件・仙台地判平成13・3・26労判808号13頁　203

吉沢学園事件・広島地判平成 13・3・28 労判 849 号 144 頁　　252, 257
塚本庄太郎商店事件・大阪地決平成 13・4・12 労判 813 号 56 頁　　59
久留米信愛女学院事件・福岡地久留米支判平成 13・4・27 労経速 1775 号 3 頁　　131
三精輸送機事件・京都地福知山支判平成 13・5・14 労判 805 号 34 頁　　139
チボリ・ジャパン（楽団員）事件・岡山地判平成 13・5・16 労判 821 号 54 頁　　150
十和田運輸事件・東京地判平成 13・6・5 労経速 1779 号 3 頁　　238
ティアール建材事件・東京地判平成 13・7・6 労経速 1776 号 11 頁　　132
外港タクシー本訴事件・長崎地判平成 13・7・24 労判 815 号 70 頁　　45
オクト事件・大阪地決平成 13・7・27 労判 815 号 84 頁　　57
エース損害保険事件・東京地判平成 13・8・10 労判 820 号 74 頁　　77, 86
黒川建設事件・東京地判平成 13・9・25 労判 813 号 15 頁　　64
那覇市学校臨時調理員事件・那覇地判平成 13・10・17 労判 834 号 89 頁　　129
島之内土地建物事件・大阪地決平成 13・10・31 労判 816 号 85 頁　　50
カントラ事件・東京地判平成 13・11・9 労判 824 号 70 頁　　183
日本臓器製薬事件・大阪地判平成 13・12・19 労判 824 号 53 頁　　243
三室戸学園事件・平成 14・1・21 労判 823 号 19 頁　　170
上野労基所長事件・東京地判平成 14・1・31 労判 825 号 88 頁　　240
日本経済新聞社（記者HP）事件・東京地判平成 14・3・25 労判 827 号 91 頁　　255
中川工業事件・大阪地決平成 14・4・10 労経速 1809 号 18 頁　　183
岡田運送事件・東京地判平成 14・4・24 労判 828 号 22 頁，労経連 1817 号 3 頁　　179, 239
道後温泉観光バス事件・松山地判平成 14・4・24 労判 830 号 35 頁　　51, 55
日本郵便逓送事件・大阪地判平成 14・5・3 労判 830 号 22 頁　　129
岡山セクハラ（労働者派遣会社）事件・岡山地判平成 14・5・15 労判 832 号 54 頁　　224
国際信販事件・東京地判平成 14・7・9 労判 836 号 104 頁　　208
オープンタイド・ジャパン事件・東京地判平成 14・8・9 労判 836 号 94 頁　　81
三和交通事件・大阪地判平成 14・10・4 労判 843 号 73 頁　　138, 141, 150
ヒロセ電機事件・東京地判平成 14・10・22 労判 838 号 15 頁　　80
東芝事件・東京地判平成 14・11・5 労判 844 号 58 頁　　235
バイオテック事件・東京地判平成 14・11・27 労経速 1824 号 27 頁　　83
労働大学（本訴）事件・東京地判平成 14・12・17 労判 846 号 49 頁　　51, 56, 57
日本大学事件・東京地判平成 14・12・25 労判 845 号 33 頁　　170
大森陸運ほか 2 社事件・神戸地判平成 15・3・26 労判 857 号 77 頁　　60, 61
大建工業事件・大阪地決平成 15・4・16 労判 849 号 35 頁　　185
南明興産事件・東京地判平成 15・4・25 労経速 1748 号 24 頁　　166
東京貨物（解雇・退職金）事件・東京地判平成 15・5・6 労判 857 号 64 頁　　235
御園サービス事件・名古屋地判平成 15・5・26 労判 859 号 88 頁　　170
東京金属ほか 1 社事件・水戸地下妻支決平成 15・6・16 労判 855 号 70 頁　　61
大阪いずみ市民生協（内部告発）事件・大阪地堺支判平成 15・6・18 労判 855 号 22 頁
　　252, 254, 255, 257, 258
大阪証券取引所（仲立証券）事件・大阪地判平成 15・6・26 労判 858 号 69 頁　　64

判例索引

カテリーナビルディング（日本ハウズイング）事件・東京地判平成15・7・7労判862号78頁　254
協和精工事件・大阪地判平成15・8・8労判860号33頁　169
ジェネラル・セミコンダクター・ジャパン事件・東京地判平成15・8・27労判865号47頁　46
PwCフィナンシャル・アドバイザリー・サービス事件・東京地判平成15・9・25労判863号19号　53
日欧産業協力センター事件・東京地判平成15・10・31労判862号24頁　135
自警会東京警察病院事件・東京地判平成15・11・10労判870号72頁　134
東北住電装信州工場事件・長野地上田支決平成15・11・18労判861号85頁　49
ホンダ運送事件・大阪地決平成15・12・3労判865号85頁　81
勝英自動車事件・横浜地判平成15・12・16労判871号108頁　67
タイカン事件・東京地判平成15・12・19労判873号73頁　134
日水コン事件・東京地判平成15・12・22労判871号91頁　78, 80
生駒市衛生社事件・奈良地判平成16・1・31労旬1572号40頁　252
千代田学園事件・東京地判平成16・3・9労判876号67頁　51
ナショナルエージェンシー事件・大阪地判平成16・3・11労経速1883号3頁　88
アソシエーテッド・プレス事件・東京地判平成16・4・21労判880号139頁　54
独立行政法人N事件・東京地判平成16・3・26労判876号56頁　183
安川電機八幡工場（本訴）事件・福岡地小倉支判平成16・5・11労判879号71頁　166
静岡フジカラー他2社事件・静岡地判平成16・5・20労判877号24頁　60
昭和電線電纜事件・横浜地川崎支判平成16・5・28労判878号40頁　198
箕面自動車教習所事件・大阪地判平成16・11・24労判927号76頁　136
東京日新学園事件・さいたま地判平成16・12・22労判888号13頁　66
近畿コカ・コーラボトリング事件・大阪地判平成17・1・13労判893号150頁　147
宝林福祉会事件・鹿児島地判平成17・1・25労判891号62頁　49, 50, 59
宣伝会事件・東京地判平成17・1・28労判980号5頁　32, 104
カンドー事件・東京地判平成17・2・18労経速1904号3頁　179
山田紡績事件・名古屋地判平成17・2・23労判892号42頁　47
トナミ運輸事件・富山地判平成17・2・23労判891号12頁　252, 256, 257
ネスレコンフェクショナリー関西支店事件・大阪地判平成17・3・30労判892号5頁　167
B学園事件・大阪地決平成17・4・8労判895号88頁　183
板山運送事件・名古屋地判平成17・4・19労判899号76頁　64
社団法人K社事件・神戸地判平成17・9・28労判915号170頁　137, 168
アイビーエス石井スポーツ事件・大阪地判平成17・11・4労経速1935号6頁　36
三陸ハーネス事件・仙台地決平成17・12・15労判915号152頁　60, 61
コマキ事件・東京地決平成18・1・13判時1935号68頁　47, 56
日音事件・東京地判平成18・1・15労判912号6頁　234
富士電機E&C事件・名古屋地判平成18・1・18労判918号65頁　186
第一交通産業（本訴）事件・大阪地堺支判平成18・5・31判タ1252号223頁　69
東京自転車健康保険組合事件・東京地判平成18・11・29労判935号35頁　47

286

判例索引

社会福祉法人仁風会事件・福岡地判平成19・2・28労判938号27頁　49, 50
リアルゲート事件・東京地判平成19・4・27労判940号26頁　165
横浜商銀信用組合事件・横浜地判平成19・5・17労判945号59頁　57, 59
豊中市不動産事業協同組合事件・大阪地判平成19・8・20労判957号65頁　240
ヤマト運輸事件・東京地判平成19・8・27労判945号92頁　234
トヨタ車体事件・名古屋地判平成19・9・30労判871号168頁　234
Yタクシー会社事件・京都地決平成19・10・30労判955号47頁　137
インフォーマテック事件・東京地判平成19・11・29労判957号41頁　107
キャノンソフト情報システム事件・大阪地判平成20・1・25労判960号49頁　183
熊坂ノ庄スッポン堂事件・東京地判平成20・2・29労判960号35頁　39
日通岐阜運輸事件・岐阜地判平成20・9・8労経速2016号26頁　175
ニュース証券事件・東京地判平成21・1・30労判980号18頁　195
T&Dリース事件・大阪地判平成21・2・26労経速2034号14頁　237
NTT西日本事件・大阪地判平成21・3・25労旬1703号66頁　173
いすゞ自動車事件・宇都宮地栃木支決平成21・5・12労判984号5頁　90

〈著者紹介〉

小宮 文人（こみや・ふみと）

神奈川県立鎌倉高校，北海道大学卒業後，川崎製鉄勤務を経て，北海道大学大学院修士課程，カリフォルニア大学法科大学院修士課程及びロンドン大学経政学院（LSE）博士課程修了．論文博士（法学）（北大）・課程博士（法学）（ロンドン大学）．ルーヴァン・カトリック大学客員教授，ケンブリッジ大学チャーチルカレッジ海外フェローなどを経て，現在，北海学園大学法学部教授．

北海道人事委員会委員，中労委北海道地方調整委員長などを経て，現在，北海道労働審議会会長，北海道地方労働審議会会長及び北海道労働局個別紛争調整員．

主な著書として，『英米解雇法の研究』（信山社，平成4年），『雇用をめぐる法律問題』（道幸哲也教授，島田陽一教授との共著）（旬報社，平成10年），『EU労働法全書』（濱口桂一郎教授との共著）（旬報社，平成17年），『現代イギリス雇用法』（信山社，平成18年），A Comparative Analysis of the Law of Dismissal in Great Britain, Japan and the USA (ST/ ICERA, LSE, 1986), Labour Law and Industrial Relations in Japan (an integral part of *Labour Law and Industrial relations*) (Wolters Kluwer, 2010)（花見忠教授との共著）などがある．

学術選書
50
労働法

雇用終了の法理

2010年（平成22年）9月14日　第1版第1刷発行
5850-9：P304　¥8800E-012-050-015

著　者　小　宮　文　人
発行者　今井　貴　渡辺左近
発行所　株式会社　信　山　社
〒113-0033　東京都文京区本郷6-2-9-102
Tel 03-3818-1019　Fax 03-3818-0344
henshu@shinzansha.co.jp
エクレール後楽園編集部　〒113-0033　文京区本郷1-30-18
笠間才木支店　〒309-1600　茨城県笠間市笠間515-3
笠間来栖支店　〒309-1625　茨城県笠間市来栖2345-1
Tel 0296-71-0215　Fax 0296-72-5410
出版契約2010-5850-9-01010　Printed in Japan

©小宮文人，2010　印刷・製本／亜細亜印刷・渋谷文泉閣
ISBN978-4-7972-5850-9 C3332　分類328.600-a001 労働法
5850-0101：012-050-0150《禁無断複写》

蓼沼謙一著作集〔全8巻＋別巻〕

第Ⅰ巻　労働法基礎理論　￥16,000（税別）
　労働法一般・方法論／労働基本権／
　略歴・主要著作【作成】盛誠吾・石井保雄／【解説】毛塚勝利・石井保雄
第Ⅱ巻　労働団体法論　￥14,000（税別）
　労働組合／不当労働行為／団体交渉／労働協約／【解説】石井保雄
第Ⅲ巻　争議権論（1）　￥12,000（税別）
　争議権基礎理論／【解説】石井保雄
第Ⅳ巻　争議権論（2）　￥12,000（税別）
　ロックアウト論／労働争議法の諸問題／【解説】石井保雄
第Ⅴ巻　労働保護法論　￥8,000（税別）
　労働基準法／労働契約／就業規則／個別労働条件／【解説】毛塚勝利
第Ⅵ巻　労働時間法論（1）　￥16,800（税別）
　労働時間法制／労働時間／【解説】毛塚勝利
第Ⅶ巻　労働時間法論（2）　￥10,000（税別）
　年休権論
第Ⅷ巻　比較労働法論　￥10,000（税別）
　アメリカ法研究／書評・紹介（サヴィニー、ジンツハイマー等）／
　【解説】藤原稔弘
別　巻　労働法原理　H. ジンツハイマー 著　￥9,800（税別）
　楢崎二郎・蓼沼謙一 訳

信山社